U0444766

普通高中新课程教学指导丛书

# 高中数学新课程理念与教学实践

韩际清 田明泉 主编

商务印书馆
2007年·北京

**图书在版编目(CIP)数据**

高中数学新课程理念与教学实践/韩际清 田明泉主编.—北京:商务印书馆,2007
(普通高中新课程教学指导丛书)
ISBN 7-100-04979-2

Ⅰ.高… Ⅱ.韩… Ⅲ.数学课—教学研究—高中
Ⅳ.G633.602

中国版本图书馆 CIP 数据核字(2006)第 034557 号

所有权利保留。
未经许可,不得以任何方式使用。

GĀOZHŌNG SHÙXUÉ XĪNKÈCHÉNG LǏNIÀN YǓ JIÀOXUÉ SHÍJIÀN
**高中数学新课程理念与教学实践**
韩际清 田明泉 主编

商 务 印 书 馆 出 版
(北京王府井大街36号 邮政编码100710)
商 务 印 书 馆 发 行
北 京 民 族 印 刷 厂 印 刷
ISBN 7-100-04979-2/G·730

2007年2月第1版　　开本 787×960　1/16
2007年2月北京第1次印刷　印张 19

定价:26.00元

# 普通高中新课程教学指导丛书
## 编 委 会

主　编　王景华
副主编　高洪德
编　委　(以姓氏笔画为序)
　　　　王景华　王怀兴　王绍谦　孔令鹏
　　　　厉复东　米海峰　李　东　宋树杰
　　　　张可柱　周家亮　侣英超　姜建春
　　　　党好政　高洪德　韩际清

## 高中数学新课程理念与教学实践

主　编　韩际清　田明泉
编　者　(以姓氏笔画为序)
　　　　于善胜　王树臣　王　强　尹玉柱
　　　　艾志刚　田明泉　朱恒杰　牟善彬
　　　　杨本春　李明照　何锡冰　张玉起
　　　　张合钦　张　颉　秦玉波　接　迎
　　　　黄继芳　傅海伦

## 《普通高中新课程教学指导丛书》
## 前　　言

　　教育部发出通知，从 2004 年秋季开始进行普通高中新课程实验。新的普通高中课程方案适应社会和时代发展的要求，旨在推进教育创新，努力构建具有中国特色、充满活力的普通高中课程体系，为造就高素质劳动者、专门人才和拔尖创新人才打下基础。与建国以来历次普通高中课程改革相比，这次课程改革的力度最大。首批进入新课程实验的地区面临空前的挑战。

　　高中课程改革是一项系统工程，涉及课程目标、课程结构、课程内容和课程管理等方方面面。这种变革反映了当今经济全球化、文化多元化、社会信息化的时代特点，体现了世界教育发展的趋势，顺应了人民群众对优质高中教育的需求。历史经验告诉我们，教育的任何变革关键在于实施。教师是教育教学的主要参与者和具体实施者，课堂是实施教育教学的主要舞台。课程改革理念如不能转化为教师的教学行为并体现于课堂，再理想的课程改革都不会成功。让新理念走进课堂，融于教师和学生教与学的实践，比推出新的理念更加富有创造性，任务也更加艰巨。

　　改革是一个全新的过程，有很多东西需要花大力气学习。但对新课程的学习不能止于理解、认同或接受，更重要的是用心去感悟、内化，并且需要创造。改革过程中会遇到这样那样的困难和问题，需要教师来克服和解决。因此，应该对参与课改的教师给予充分的理解和支持，尽可能多地为教师提供服务，采取切实措施帮助教师提高自身素质，引领教师摆脱旧的教学观念的束缚，准确把握新课程标准的结构特点、思想体系以及精神实质，减少从观念到行为的落差。

　　在首批实验区进入课改之际，为了帮助参与实验的高中教师积极有效地应对课程改革的挑战，为大家提供课程改革的理论引领和实践示范，促进教师的专业成长，山东省教学研究室在开展大量调查研究和教学实验的基础上，联合全国知名专家学者、基层教研人员和骨干教师，编写了这套高中新课程教学指导丛书。本丛书据事实说理论，从课例看观念，努力实现三个目标：介绍新的课程理念；探索实施新课程的有效途径与方法；提供新课程教学实践案例。

  本丛书有三个方面的特色。一是理念的阐述通俗易懂。编者从一线教师的实际需要出发，深入浅出地介绍了新的课程理念，使广大教师能够轻松地理解新课程"是什么"、"为什么"；二是对蕴涵新理念的教学要素以及各教学要素如何体现新理念进行了深入探讨，帮助教师们掌握新课程教学理论及其运用方式，解决好"做什么"的问题；三是有大量承载新课程理念的鲜活案例。教师们通过这些案例，可真切地感受到如何把课程理念转化为教学行为，解决好"怎么做"的问题。相信丛书对教育教学工作者和广大教师们学习和实践新课程会有切实的帮助。

  我们希望，广大教师在实施新课程的伟大实践中，不断提高自身素质，不断升华教师的职业生命，为构建有中国特色的基础教育课程体系，全面提高普通高中教育质量，全面推进素质教育作出新的贡献。

编　者

# 目　　录

**理念篇** ……………………………………………………………………… 1

- 第一章　新课程理念 ……………………………………………………… 3
- 第二章　新课程培养目标 ………………………………………………… 11
  - 一、提高学生数学素养，满足个人发展与社会进步的需要 ………… 11
  - 二、保证获得必要的"双基"，突出核心内容，控制学习难度，
    扩大选择空间 ……………………………………………………… 12
  - 三、重视数学知识生成过程，提高数学应用意识，促进学生学习现实化、
    数学化 ……………………………………………………………… 13
  - 四、拓展视野，加强数学学习的情感体验，认识、体会数学的科学
    与文化价值 ………………………………………………………… 16
- 第三章　新课程内容要求 ………………………………………………… 19
  - 一、课程内容选择的基本原则与特征 ………………………………… 19
  - 二、必修课的内容与要求 ……………………………………………… 23
  - 三、选修课的内容与要求 ……………………………………………… 30
  - 四、数学探究、数学建模、数学文化的内容与要求 ………………… 37
- 第四章　新课程倡导的教学方式 ………………………………………… 41
  - 一、新课程下教师与学生角色的重新定位 …………………………… 41
  - 二、新课程下学生学习方式的转变 …………………………………… 42
  - 三、新课程倡导的四种教学方式 ……………………………………… 44
- 第五章　新课程的教学评价观 …………………………………………… 52
  - 一、传统教学评价存在的问题 ………………………………………… 52

二、新课程教学评价的基本特征 ……………………………… 53
　三、新课程教学评价的重要功能 ……………………………… 54
　四、新课程的数学教学评价 …………………………………… 55

第六章　新课程与教师专业发展 …………………………………… 65
　一、新课程对教师角色的挑战 ………………………………… 65
　二、教师专业发展的基本理论 ………………………………… 67
　三、教师专业发展的策略和途径 ……………………………… 68

## 探索篇 …………………………………………………………… 71

第七章　新课程的数学教学方法探讨 ……………………………… 73
　一、数学教学方法的回顾 ……………………………………… 73
　二、新课程的数学教学方法 …………………………………… 75

第八章　新课程的数学教学设计框架 ……………………………… 80
　一、新课程数学教学设计理论探究 …………………………… 81
　二、新课程的结构与教学目标 ………………………………… 84
　三、学习方式 …………………………………………………… 96
　四、教师角色的转变 …………………………………………… 98
　五、课程资源的开发和利用 …………………………………… 102

第九章　新课程的教学实施 ………………………………………… 107
　一、数学双基教学 ……………………………………………… 107
　二、数学探究教学 ……………………………………………… 112
　三、数学建模教学 ……………………………………………… 124
　四、数学文化教学 ……………………………………………… 139
　五、运用信息技术教学 ………………………………………… 150
　六、情感态度的培养 …………………………………………… 161
　七、学习策略的培养 …………………………………………… 170

第十章　新课程教学评价方式 ……………………………………… 184
　一、纸笔测验 …………………………………………………… 184

二、作业评价 ………………………………………………… 185
　三、即时性评价 ……………………………………………… 185
　四、成长记录 ………………………………………………… 186
　五、表现性评价 ……………………………………………… 187
　六、网络式评价 ……………………………………………… 189
　七、问卷法 …………………………………………………… 189
　八、访谈法 …………………………………………………… 190
　九、观察法 …………………………………………………… 190
　十、评语 ……………………………………………………… 190

第十一章　教师专业发展的模式 ……………………………… 192
　一、新课程理念下高中数学教师的专业素质结构 ………… 192
　二、高中数学教师如何适应新课程的教学 ………………… 197
　三、新课程理念下数学教师如何有效备课 ………………… 202
　四、课程改革对教案编写的新要求 ………………………… 204
　五、《课程标准》下的数学教师的主要任务 ……………… 205

## 案例篇 ……………………………………………………… 209

第十二章　教学设计与案例 …………………………………… 211
　一、求函数零点近似解的一种计算方法——二分法 ……… 211
　二、向量的加法 ……………………………………………… 214
　三、抛物线及其标准方程 …………………………………… 219
　四、相互独立事件同时发生的概率 ………………………… 227
　五、三角函数的最值问题 …………………………………… 233
　六、数列在分期付款中的有关应用 ………………………… 241

第十三章　教学评价实施案例 ………………………………… 247
　一、单元教学评价案例 ……………………………………… 247
　二、学生自评案例 …………………………………………… 259
　三、发展性成长记录案例 …………………………………… 265

四、终结性评价案例 …………………………………………… 277
后记 ……………………………………………………………… 285
参考文献 ………………………………………………………… 287

# 理　念　篇

목요반

# 第一章
## 新课程理念

课程理念是课程的灵魂.高中数学课程理念体现了"三个面向"和国家的教育方针；确立了以人为本,以学生的发展为本的教育观,着眼于为学生的未来和终身学习打基础；重视公民素质的全面提高和学生个性的健康发展；反映社会和时代的需求,并与社会发展相适应；注意我国数学教育特点与世界上发达国家和发展中国家数学课程改革先进经验的融合,具有全球意识；关注数学的教育价值和高中学生数学学习的心理特征,强调学习方式的转变.在处理知识性和教育性、基础性和先进性、统一性和选择性等多种关系上,体现了世界数学教育发展的共同趋势,并且具有鲜明的中国特色.新课程理念具有以下几个鲜明的特点.

(一)构建共同基础,提供发展平台

《普通高中数学课程标准(实验)》(以下简称《课程标准》)指出,普通高中教育是继义务教育之后的基础教育的高级阶段,仍然肩负着为学生的成长和发展打好全面基础的重任.因此,高中数学课程应具有基础性.

1.为所有学生的基本数学需求,打好共同的基础

数学素质作为公民所必须具备的一种基本素质,要求高中数学课程应包含数学中最基本的内容,体现高中数学课程的基础性.高中数学课程的基础性,包括两方面的含义:"第一,在义务教育阶段之后,为学生适应现代生活和未来发展提供更高水平的数学基础,使他们获得更高的数学素养；第二,为学生进一步学习提供必需的数学准备."使高中数学教育为学生获得进入学习化社会所必需的各种能力,进一步接受高等教育和面对社会就业所必需的生存能力、实践能力和创造能力,打好全面的基础.

高中数学课程重视在"必修课"中加强最基本的数学知识和数学思想方法,根据社会需求、学生必需和学科需要选取最基本的数学知识作为课程内容,突出支撑学科体系的主干部分,构建简明的数学结构,打好共同基础,让所有高中学

生获得必需的数学知识.

2. 为不同学生的不同数学需求,打好不同的基础

随着时代的发展,无论是在自然科学、技术科学等方面,还是在社会科学等方面,都需要一些具有较高数学素养的学生,这对于社会、科学技术的发展都具有重要的作用.根据学生的兴趣、志向与自身条件的不同,《课程标准》在设计"必修课"以满足所有高中生的共同需求的同时,充分关注不同学生在数学上的不同需求,设计了"选修课"以满足学生在数学上得到不同发展的要求.体现了数学课程对全体学生的适应性,有助于不同学生打好不同的基础,从而获得最佳发展.

《课程标准》在处理基础与发展的关系时,不仅关注学生的知识学习,为以后学习打好基础,而且更加关注数学学习对学生基本素质的提高作用,从而为学生走向社会和终身学习奠定基础.

(二) 提供多样课程,适应个性选择

为满足不同的个人发展和社会需求,"高中数学课程应具有多样性与选择性",使不同的学生学习不同的数学,在数学上获得不同的发展.

根据学生的潜能和兴趣爱好,"高中数学课程应为学生提供选择和发展的空间,为学生提供多层次、多种类的选择,以促进学生的个性发展和对未来人生规划的思考".高中数学课程设置了必修系列和4个选修系列课程,且每个系列又由若干模块或专题组成,可供学生"在老师的指导下进行自主选择,必要时还可以进行适当的转换、调整.同时,高中数学课程也应给学校和教师留有一定的选择空间,他们可以根据学生的基本需求和自身条件,制订发展计划,不断地丰富和完善供学生选择的课程".

《课程标准》的这种做法,充分考虑到学生的不同基础、不同水平、不同志趣和不同的发展方向,有助于因材选教和因材施教,体现了以学生发展为本的新理念.

(三) 关注学习过程,改善学生的学习方式

1. 让学生经历"再创造"过程

所有的新知识只有通过学生积极主动地参与学习过程,并根据自身已有的知识和经验进行理解、加工和建构,才能将其纳入自己的认知结构中,成为下一

个有效的知识.因此,学生在学习和接受人类所积累的知识时,需要发挥其主观能动性,使数学学习活动不应只限于接受、记忆、模仿和练习,自主探索、动手实践、合作交流、阅读自学等都是学生学习数学的重要而有效的方式."这些方式有助于发挥学生学习的主动性,使学生的学习过程成为在教师引导下的'再创造'过程".高中数学课程应力求通过各种不同形式的学习方式,让学生体验数学发现和创造的历程,发展他们的创新意识.

2.在"再创造"过程中获得积极的情感体验

《课程标准》不仅结合知识点明确提出了具体的结果性目标,还结合数学学科的特点,明确提出了一系列过程性目标和体验性目标,以期学生在获得知识的同时学会学习,获得积极的情感体验,并形成正确的价值观.高中数学课程设立的"数学探究"、"数学建模"等学习活动,为学生提供了主动参与活动、亲身感受和体验的机会,对激发学生的数学学习兴趣,形成积极主动的、多样的学习方式,养成独立思考、自主探索、自我建构知识的习惯,促进交流与合作,获得参与数学活动的经历和经验,发展情感态度和形成正确的价值观起到了重要作用.

(四) 注重提高学生的数学思维能力

1.数学思维能力及其价值

数学思维能力是数学能力的核心,它包括:形成数学概念的概括能力、发现关系的能力、发现属性的能力、数学变式的能力、形成数学通性通法的能力、识别模式的能力、数学推理能力、数学转换能力、迁移概括能力以及直觉思维能力等."人们在学习数学和运用数学解决问题时,不断地经历直观感知、观察发现、归纳类比、空间想像、抽象概括、符号表示、运算求解、数据处理、演绎证明、反思与建构等思维过程.这些过程是数学思维能力的具体体现,有助于学生对客观事物中蕴涵的数学模式进行思考和作出判断."数学思维能力的价值在于形成理性思维和求真务实的科学态度.

2.在学习和运用数学的过程中,提高数学思维能力

《课程标准》指出:"高中数学课程应注重提高学生的数学思维能力,这是数学教育的基本目标之一."数学是思维的体操,数学思维能力是在学习数学和运用数学的过程中逐步形成和提高的.因此,在数学课程设计中,应着眼于学生数

学思维活动的开展.在知识的学习过程中,必须注意概念的提出过程,规律的发现过程,知识的形成和发展过程,改变重结论轻过程的倾向,让学生体验数学的发现和创造历程.在知识的应用过程中,注意体现数学思维方法和数学探究活动的规律,加强数学方法训练,从而使数学课程成为提高学生数学思维能力的最好的素材和工具.

(五)加强数学应用,形成和发展学生的数学应用意识

1.数学应用的巨大发展,要求高中数学课程加强数学应用

20世纪下半叶以来,数学应用的巨大发展是数学发展的显著特征之一.当今数学已渗透到社会和自然的方方面面,而且已形成了一大批新的数学分支.数学和计算机技术的结合使得数学能够在许多方面直接为社会创造价值,推动社会生产力的发展,同时,也为数学发展开拓了广阔的前景.数学是一门普遍适用的技术,对此人们已取得广泛共识,这也反映出人们对数学应用价值有了更新、更高的认识.但是,长期以来,我国数学教育对于数学与实际、数学与其他学科的联系未能给予充分的重视,因此,作为数学教育核心的数学课程标准,应该认识并给予数学应用以应有的位置.这就要求大力加强高中数学在数学应用和联系实际方面的内容.

2.加强数学应用的教学

近几年来,我国大学、中学数学建模的实践表明,开展数学应用的教学活动符合社会需要,有利于激发学生学习数学的兴趣,有利于扩展学生的视野,有利于增强学生的应用意识.

数学应用的教学能开发学生智力,调节学生心理倾向、激发学生兴趣,有培养学生追溯背景和原则的作用,使其思维发散、个性得到发展,形成分析问题和解决问题的能力,有利于培养学生的创新精神和实践能力,增强对社会和自然的更深层次的认识.

为了不断促进学生逐步形成和发展数学应用意识,提高实践能力,高中数学课程应提供基本内容的实际背景,反映数学的应用价值,开展数学建模的学习活动,设立体现数学某些重要应用的专题课程,把数学应用教学当作数学教学的重要组成部分,融入在日常教学之中.

(六) 与时俱进地认识"双基"

高中数学教育仍是基础教育,着眼点是打好基础.但是,随着时代的发展,基础的内涵也在发生着变化.那么,什么是新世纪高中数学课程的基础呢?《课程标准》在继承和发扬我国过去高中数学课程重视基础知识教学、基本技能训练和能力培养的同时,提出:随着时代的发展,特别是数学的广泛应用、计算机技术和现代信息技术的发展对社会各个领域的影响,数学课程设置和实施应重新审视基础知识、基本技能和能力的内涵,形成符合时代要求的新"双基".例如,为了适应信息时代发展的需要,高中数学课程应增加算法内容,把最基本的数据处理、统计知识等作为新的数学基础知识和基本技能.同时,删减了繁琐的计算、人为技巧化的难题和过分强调细枝末节的内容,克服"双基异化"的倾向.

为使所有学生打好必需的新的"共同基础",在必修模块数学 3 中,增加"算法初步"、"统计"和"概率",这部分内容已成为新的重要的基础知识.为使不同学生打好不同的新的"不同基础",在选修课的 4 个系列中,分别增加"常用逻辑用语"、"统计案例"、"计数原理"等数学系列基础;"数学史选讲"文化基础;"优选法"、"统筹法"、"风险与决策"、"开关电路与布尔代数"等应用系列基础;"矩阵与变换"、"数列与差分"、"图论初步"、"信息安全与密码"、"球面上的几何"、"对称与群"、"欧拉公式与闭曲面分类"、"三等分角与数域扩充"等拓展系列基础,不论是新的"共同基础",还是新的"不同基础",都是符合时代发展的数学基础.

(七) 强调本质,注意适度形式化

1.形式化既是数学的基本特征,也是数学教学的基本要求

数学是研究空间形式和数量关系的科学.近现代数学的发展表明,数学的研究领域和对象早已超出了"数"与"形"的范畴,许多新的概念和理论,不是直接从现实世界中提取出来,而往往是在已经形成的概念和理论的基础上构造出来的.数学的对象可以包括客观现实中的任何形式和关系.如同生物学是有机体的科学,物理学是物能的科学一样,从某种意义上说,数学是"模式的科学",也是"秩序的科学".数学的这一发展过程,实际上就是不断地抽象和概括的过程.抽象和概括正是形式化的手段,而形式化是对数学对象及其性质高度抽象和概括的理论结构.因此,从某种意义上讲,高中学生学习数学的过程,就是学习如何抽象概

括的过程,也是学习研究模式如何形成的过程."模式"是一种形式结构,故学习研究模式的过程也是一种形式化的过程.培养学生抽象概括能力、数学建模能力,并使他们掌握高中数学的知识体系和逻辑结构,不断建构自己的认知结构,逐步形成完善的知识结构,从而提高分析问题和解决问题的能力,应是高中数学的重要目标,而形式化则是实现这一目标的必要手段和过程.所以,在高中数学教学中,学习形式化是一项基本要求.

**2. 注重数学本质,适度形式化**

数学教育的发展历程已清楚地表明,在中学数学中单纯强调形式化是注定要失败的.20世纪下半叶里,欧洲的布尔巴基学派的"结构主义"和美国的"新数运动",都是由于过分地强调数学的结构系统,而忽视生动的直观背景,违反了一般人的正常认知过程而惨遭失败.从历史的教训中,我们得出结论:数学教学不能过度形式化.否则会将生动活泼的数学思维活动淹没在形式化的海洋里.数学的现代发展也表明,全盘形式化是不可能的.因此强调数学教学应返璞归真,努力揭示数学概念、法则、结论的发展过程和本质.数学课程要讲逻辑推理,更要讲道理,通过典型例子的分析和学生自主探索活动,使学生理解数学概念、结论逐步形成的过程,体会蕴涵在其中的思想方法,追寻数学发展的历史足迹,把数学的学术形态转化为学生易于接受的教育形态.这既是对课程理念的阐释,同时也指出了数学教学的实施途径和方法.

**(八) 体现数学的文化价值**

数学是人类认识自然的中介,是自然科学的工具,是思想方法体系;数学是思维工具,是理性的艺术.数学的这些特质,使数学具有独特的文化价值,它的内容、思想、方法、精神和语言已广泛渗入人们的日常工作和生活中,影响着人们的思维方式.数学是人们生活、工作和学习必需的工具,它能促进人类文化的不断发展,促进人类文明的不断进步.数学与自然、社会的特殊关系,使得数学成为人的发展中不可或缺的重要内容.它对于培养学生奋发向上的精神、求真务实的科学态度,形成良好的个性品质、高度的社会责任感和美学价值具有重要作用.因此,作为传承人类文化的数学课程,应该理所当然地适当反映数学的历史、应用和发展趋势,数学对推动社会发展的作用,数学的社会需求,社会发展对数学发展的推动作用,数学科学的思想体系,数学的美学价值,数学家的创新精神;应该帮助学生了解数学在人类文明发展中的作用,逐步形成正确的数学观.

(九) 注重信息技术与数学课程的整合

1.树立现代信息技术与数学课程融合的观念

现代信息技术的发展和广泛应用正对数学教育的价值、目标、内容以及教与学的方式产生深刻的影响.面对21世纪的挑战,学生数学方面发展的愿望和能力最重要的基石之一就是现代信息技术与新的数学课程理念的融合.高中数学课程应提倡利用信息技术来实现以往数学中难以显现的课程内容,实现信息技术与数学课程的有机整合.

2.现代信息技术要致力于改善学生的学习方式

《课程标准》指出:"尽可能使用科学计算器、各种数学教育技术平台,加强数学教学与信息技术的结合,鼓励学生运用计算机、计算器等进行探索和发现."随着学校条件的不断改善,计算机等现代信息技术设备将成为数学教学的有力工具.这无疑将极大地影响数学教育的现状.教师可以利用各种现代化的技术平台,改善学生的学习方式;学生可以通过各种现代化媒介获取信息,以帮助思考、促进学习.作为可操作的探索工具,现代信息技术不仅能激发学生的兴趣,促进学生创新精神的发展,而且能帮助学生从一些繁琐、枯燥和重复性的工作中解脱出来,使他们有更多的机会动手、动脑、思考和探索.从而在真正意义上尊重学生的创造性,充分挖掘学生的潜能,促进师生、生生之间的交流与合作,使不断提出问题、解决问题的学习成为可能.

(十) 建立合理、科学的评价机制

现代社会对人的发展的要求必将引起评价体系的深刻变化,评价改革应当与数学课程改革同步进行.评价是管理的手段,管理通过评价而起作用.课程改革的理念和方案,若没有相应的评价与管理作保障,将难以落实到位.因此,应积极进行教育教学评价改革,建立合理、科学的评价体系(包括评价理念、评价内容、评价形式和方法、评价体制等),促进数学课程目标的全面实现.

1.突出评价的激励与发展功能,关注数学学习的全过程

要明确树立这样的观念:评价不是为了给出学生在群体中所处的位置,而是

为了每一个学生在现有的基础上谋求进一步的实实在在的发展.评价的主要目的是为了全面了解学生的数学学习过程,以及在此过程中所表现出来的情感和态度,帮助学生自我教育、自我进步、认识自我、建立信心.强调数学学习过程本身的价值,把学生在数学学习过程中的具体表现作为评价的主要内容.正如《课程标准》所指出的:"既要关注学生数学学习的结果,也要关注他们数学学习的过程;既要关注学生数学学习的水平,也要关注他们在数学活动中所表现出来的情感态度的变化."总之,应将评价贯穿数学学习的全过程,既要发挥评价的甄别与选拔功能,更要突出评价的激励与发展功能.

2.实施促进学生发展的多元化评价

为了更好地实现对学生多角度、全方位的评价与激励,努力使每一个学生都能得到成功的体验,有效地促进学生的个性和潜能的发展,在数学教育评价中,应建立多元化的目标.

促进学生发展的多元化评价,包括评价主体多元化、方式多元化、内容多元化和目标多元化等,应根据评价的目的和内容进行选择.

主体多元化,是指教师评价、学生自我评价、学生互评、家长和社会有关人员评价等结合起来;方式多元化,是指定性与定量相结合,书面与口头相结合,课内与课外相结合,结果与过程相结合,自评与互评相结合,管理性和激励性相结合等;内容多元化,是指包括知识、技能和能力,过程、方法,情感、态度和价值观,以及身心素质等内容的评价;目标多元化,是指对不同学生有不同的评价标准,即尊重学生个体差异,尊重学生对数学的不同选择,不以一个标准衡量所有学生的状况.

3.发挥评价的反思功能,促进教师改进教学

数学教学的评价应有利于营造良好的育人环境,有利于数学教与学活动过程的调控,有利于学生和教师的共同成长.不断改进教师的教学是评价的另一方面.教师通过对学生的评价,分析与反思自己的教学行为,从多种渠道获得信息,找到改进要点,提高教学水平.另外,建立以教师自评为主,校长、教师、学生和家长共同参与的评价制度,使教师有更为广泛地获取信息的机会,不断提高业务水平.

# 第二章
## 新课程培养目标

高中数学课程目标是课程标准的核心内容,是高中教育目标在数学教学中的体现和分解,包含了三个维度:知识与技能,过程与方法,情感、态度与价值观方面的要求.标准不仅强调基础知识与基本技能的获得,更强调让学生经历数学知识的形成过程,了解数学的文化与价值,增强应用数学的意识,充分发展学生的情感态度、价值观和一般能力.

### 一、提高学生数学素养,满足个人发展与社会进步的需要

高中数学是九年义务教育数学课程基础的发展和延伸,进一步强调数学素养的养成和获得,以满足个人发展与社会进步的需要.所谓数学素养指的是学生表现在数学方面的素质与修养.它包括:数学能力的提高,数学的学习方法、思维方法的掌握,应用数学解决实际问题的意识的培养,个性品质的培养.提高学生数学素养,大而言之关系到学生的成长方向和发展目标,小而言之关系到人的学习态度、学习习惯等.纵观整个课程标准,内容上精选了学生终身学习必备的基础内容,增强与社会进步、科技发展、学生经验的联系,拓展学生的数学视野,引导学生进行数学创新与实践;结构安排上重基础、有层次、综合性强,适应社会需求的多样化和学生全面而有个性的发展.必修课程的设置保证了学生数学素养的均衡,这也是对学生综合素质培养要求的满足,堵住了产生学生偏科的漏洞.为满足不同学生对课程的选择,在必修课程以外,设置了选修课程,分层次设计了多样的、可供不同发展潜能学生选择的课程内容,以满足学生对课程的不同需求.选修课程的开设,拓宽了学生数学学习的空间,使学生能够有个性、有特色地选修自己感兴趣的内容,真正体现以学生为本的理念.

## 二、保证获得必要的"双基",突出核心内容,控制学习难度,扩大选择空间

高中数学标准仍然把基础知识、基本技能和基本能力作为学生数学学习的重点.作为数学课程目标的主要因素,数学是学校教育中重要的基础学科和工具学科.要学好这门学科,就要正确地理解其中的基本概念,掌握其中的基本规律(包括公理、性质、法则、定理、公式),运用重要的数学思想、方法和语言.这些概念、规律、思想、方法和语言构成所谓数学基础知识.要研究空间形式,通常需要把客观存在的事物用图形表示出来,这就要绘图、识图;要研究数量关系,就要对数和式进行各种运算;要研究逻辑关系,就要从已知事实出发导出正确的结论,即要进行正确的逻辑推理.这三个方面的技能构成所谓数学的基本技能.数学概念的形成和命题的建立,通常要经过对具体事物进行观察、比较、分析、综合、抽象、概括的过程,要能够应用归纳、演绎和类比的方法进行推理,要能够简明地阐述自己的思想和观点,要具有良好的思维品质.这一切就是所谓逻辑思维能力.一定的逻辑思维能力同一定的运算技能相结合,可以使得运算正确、简洁、合理,就形成了运算能力.对空间事物观察、分析、综合,画出抽象的图形,以及反过来从抽象到图形,想像出它所反映的事物,这种从具体到抽象和从抽象到具体的思维能力就是所谓空间想像能力.逻辑思维能力、运算能力和空间想像能力构成所谓传统的数学的基本能力.

过去认为,形式化的概念与定理(法则)的表述和运用,快速、准确地从事复杂的数值计算与代数运算技能,多种类型、多种套路的解题技巧等也是这样的知识与技能.《课程标准》则认为,随着社会的进步,特别是科学技术和数学的飞速发展,对基础知识与基本技能的认识应当与时俱进.一些多年以前被看重的"基础知识"和"基本技能"已不再是今天或未来学生数学学习的重点.例如,某些复杂的、远超出学生认知水平和理解能力的运算技巧和证明技巧,那些人为编造、只和考试关联的"题型"等.相反,一些以往未受关注的知识、技能或数学思想方法却应当成为学生必须掌握的"基础知识"和"基本技能".在以信息技术为基础

的社会里,数据日益成为一种重要的信息.为了更好地理解世界,人们必须学会处理各种信息,尤其是数字信息.人们常常需要对大量纷繁复杂的信息作出恰当的选择与判断,并结合实际背景选择合适的算法.收集、整理与分析信息的能力已经成为信息时代每一个公民基本素养的一部分.随着社会的不断发展,统计与概率的思想方法将越来越重要,统计与概率所提供的运用数据进行推断的思考方法已经成为现代社会一种普遍适用并且强有力的思维方式.《课程标准》的这一要求正是对课程方案培养目标中提出的学会收集、判断和处理信息的体现.

## 三、重视数学知识生成过程,提高数学应用意识,促进学生学习现实化、数学化

　　数学教学是数学活动的教学,这是苏联著名数学教育学家斯托里亚尔提出的现代数学教学观点.所谓数学活动的教学,就是在数学领域内一定的思维活动、认识活动的教学.首先,从教学论研究对象的本质来看,传统教学论以教师、教材、课堂为中心,把教学过程理解为知识、技能的授—受过程,从而局限于学生个体的知识传授过程,所传授的知识也是发展到一定成熟阶段的学科知识,并将这些知识看成是静止稳定的、永恒不变的真理;现代教学思想则把学生视为具体的、活生生的、有丰富个性的、不断发展的认知主体,是具有主观能动性的独立个体和群体.教学是一个教师和学生双方共同活动的过程,这种活动过程是认知的主体——学生,在教师指导下的一种认知、思维过程.其次,从数学的本质看,数学科学具有两重性.它既是一门系统性的演绎科学,又是一门实验性的归纳科学.如果我们从其中已发现的现成的结论(公式、法则、定理等)来看,那么它是演绎推理的结果.它用一种形式化的语言、符号体系来表达,这是一种静态的数学观.然而,动态的数学观认为,任何数学对象都并非经验世界中的真实存在,而只是抽象思维的产物.美国数学家隆贝尔格指出,数学和其他知识一样都是人类创造性的产物,它是通过人类的一种创造性活动产生的.从微观讲,数学活动是一种思维活动,就其活动过程而言,是一种发现或创造的过程.因此,数学应理解成是数学活动的全部过程.

数学活动可以认为是按照下列三个阶段进行的一系列思维活动：

1. 经验材料的数学组织化．即借助于观察、试验、归纳、类比、概括积累事实材料；

2. 数学材料的逻辑组织化．即从积累的材料中抽象出原始概念和公理体系，并在这些概念和体系的基础上演绎地建立理论；

3. 应用理论．

从数学活动所经历的三个阶段不难看到数学不仅仅要教给学生已发现的现成的数学理论，而且还要教给学生如何进行数学活动．也就是说要教学生像数学家那样去"活动"、去思维，这并不意味要求学生重复数学家所经历的艰难曲折的道路，而是给学生创造一个"观察、试探、猜测"的情境，模拟数学家的活动，去体验数学家是怎样经历由实验到归纳、由类比到猜想、由发现到证明的艰难的思维认识活动．因此，数学教学既要教"数学知识"，又要教"数学活动"，既要教学生"证明"，还要教学生"猜测"．把数学知识的教学与获得知识的认识活动有机地结合起来．

传统的数学教育，把数学看成是一个已经完成的现成的形式化理论．因此，传统的数学教育内容只注重数学的概念和理论，讲概念、定理时，只讲形式，而不注重实质，忽视数学的现实意义．所谓现实意义有以下几层含义：第一，数学的概念、数学的运算法则，以及数学的习题，都是来自于现实世界的实际需要而形成的，是现实世界的抽象反映和人类经验总结．因此，数学教学内容来自于现实世界，把那些最能反映现代生产、现代社会生活需要的最基本、最核心的数学知识和技能作为数学教育的内容．第二，数学研究的对象，是现实世界同一类事物或现象的抽象，而非现成的量化模式．现实世界事物、现象之间又充满了各种各样的关系和联系，从而数学教育的内容就不能仅仅局限于数学内部的内在联系．就中学数学教学内容来讲，不能不考虑代数、几何、三角之间的联系，还应该研究数学与现实世界各种不同领域的外部关系和联系．如日常生活、工农业生产、货币流通和商品生产经营，以及与其他学科等联系．这样才能使学生一方面获得丰富多彩的数学知识，掌握比较完整的数学体系；另一方面学生也有可能把学到的数学知识应用于现实世界中去．第三，我们已指出社会需要的人才是多方面的、不同层次的,不同专业所需要的数学知识不尽相同.因而,数学教育应为不同的人提供不同层次的数学知识,这就是我们所说的不同的人有不同的数学需要.学生通过各种方式从所体验到的客观现实世界中获得的数学经验、数学知识以及关于这些知识的结构.从这个意义来讲,数学教育所提供的内容应该是学生的各自的数学现实,即学生自己的数学.通过"现实的数学教学",学生就可以通过自己的认知活动构建数学观,促进数学知识结构的优化.

著名的数学家和数学教育家弗赖登塔尔认为,人们在观察、认识和改造客观世界的过程中,运用数学的思想和方法来分析和研究客观世界的种种现象并加以整理和组织的过程就是数学化的过程.简单说,数学地组织现实世界的过程就是数学化.数学化是一种由浅入深,具有不同层次、不断发展的过程.对客观世界的数学化,形成了数学概念、运算法则、规律、定理,以及为解决实际问题而构造的数学模型等.数学学科不断使自身知识深化、系统,形成不同层次的公理体系和形式体系.因此,在数学的教育过程中就是要让学生学会用数学思想和方法去分析、研究客观世界的各种现象,形成数学的概念、运算的法则,构造数学模型,等等,同时还要让学生用所获得的数学知识、数学思想和方法去观察、分析客观世界的现象,为具体问题构造数学模型,以提高数学知识水平,掌握数学的技能.从这个角度讲,学习数学就是数学化.传统数学教育注重教数学活动的"最终"产物,向学生灌输已发现的现成的演绎体系.它过分地强调数学教学的科学性,即逻辑性、严密性和系统性.在教学中注重数学知识的系统性、完整性,追求精确、完美的形式.讲任何概念都要下定义,课堂上只能用严谨的数学语言,而不能用半点自然语言来描述概念、法则.这样做的结果使得我们在数学教育中,只注重形式,而不注重在教学过程中渗透数学思想和方法,不注重用数学思想和方法去观察、发现、分析数学的结论,不注重对这些结论的实质性理解和领悟.历史的事实告诉我们,数学家在研究数学时,建立公理系统或形式体系的过程本身,就是一个从不十分严谨(非形式化)到逐步严谨(形式化)的演变过程.就拿牛顿和莱布尼兹发明微积分来说,他们创建了微分和积分的运算,但作为这两种运算的最基本工具——极限,起初他们并没有给出严格的定义,而是后人逐步地给出精确的、严密的 $\varepsilon$-$\delta$ 形式定义.数学学习的过程就是要从学生的现实的数学水平出发,让学生在直观与抽象的结合过程中,像数学家那样去进行想像和猜测,然后再去进行检验和证实,用严谨的数学语言去表达所发现的数学事实,这就是所谓的"先做后说"的教学方式,这本身就体现了数学教学的科学性.这样的教学方式,才能使学生从"被动的接受"转向"主动的建构".

## 四、拓展视野,加强数学学习的情感体验,认识、体会数学的科学与文化价值

新课程努力改变原来课程内容"繁、难、偏、旧"和过于注重书本知识的状态,加强课程内容与学生生活以及现代社会和科技发展的联系,反映各学科的发展趋势,关注学生的学习兴趣和经验.课程内容的这一转变,就是要力争反映现代科技发展的新成果,使课程具有时代精神.关于增加课程内容与社会生活的联系,在新颁布的数学课程标准中,体现尤其突出.如"优选法与试验设计初步"、"统筹法与图论初步"、"风险与决策"、"开关电路与布尔代数"等课程内容,都与社会生活联系紧密,使学生开阔了数学视野,学到真正有价值的数学,更深入地体会数学思想、方法及思维特点,用数学的眼光看待、分析和解决实际问题."与时俱进",这是顺应时代潮流、时代发展的最新呼唤.在改革开放以前,我国的课程教材过分强调为政治和生产服务的课程观.改革开放以后重视和加强了基础知识、基本技能和学科知识的系统性,但由于过分强调学科知识体系的严密性、系统性,忽视了生活和社会实际,在一定程度上脱离时代发展的需要.课程内容的学科中心倾向明显,陈旧艰深、视野狭窄.随着时代的发展,社会和科技也在不断地进步与发展,因此课程、教材要及时调整、更新,使学生能从更广阔的范围、更高的角度学习数学,为个性发展和人生规划创造条件.

数学教学中的情感、态度、价值观教育是隐性教育,培养积极的情感、态度、价值观与掌握数学知识、形成数学技能、发展数学能力是相互促进的.结合数学教学内容对学生进行思想情感的教育是数学教学的一项重要任务.数学是一门古老的学科,历史悠久、源远流长.中华民族的数学为世界数学发展创立了丰功伟绩.早在公元前10世纪,成书于东汉时期的《九章算术》标志着独具特色的中

国传统数学体系已形成.随后出现的祖冲之圆周率、杨辉三角、祖暅定理、秦九韶公式乃至现代数学家苏步青、陈省身的微分几何,华罗庚、陈景润的数论,吴文俊的数学机械化方法等,都为世人留下了光辉灿烂的文化成果.在数学教学中,我们适时地渗透这些内容,会激发学生爱国主义热情,树立民族自豪感,激励学生学好数学的兴趣和信心.数学是一门充满辩证法的学科.在中学数学教材中,有理数与无理数、常量与变量、有限与无限等辩证关系比比皆是.如微分与积分是互相对立着的一对矛盾关系,矛盾着的双方在一定条件下可以相互转化.这种对立统一观点是辩证唯物主义的重要内容.数学的概念来源于现实世界,它是脱离事物内容的量的关系和空间形式,这种对客观事物的抽象,是对现实世界的能动反映,是事物发展的观点.上述辩证的丰富素材,只要我们在数学教育中有目的、有意识地渗透,必将有助于学生的科学世界观的形成.一份调查获得了这样的数据,在对数学有兴趣的学生中,成绩合格率为78%;在对数学不感兴趣的学生中,成绩合格率仅有45%.可见,学习兴趣对学习成绩的影响是非常显著的.对于大多数学生来说,数学学习兴趣不是先天就有的.对数学的兴趣是在数学活动中,随着对数学知识的理解,对数学美的体验,对数学探求成功的快感逐步产生和提高的.数学中大量的计算和严密的论证,都非常有利于班级中养成踏实细致的学习风气.数学是一门富有诗情画意、具有特殊美的学科.数学符号简练抽象美,数学图形和谐对称美,数学结构协调整齐美,数学方法多样奇妙美,等等.这些美既可以诱发出学生的非智力因素,又可以诱发学生的无限创造力,使学生的情操受到陶冶,对于学生树立正确的世界观和人生观将发挥特殊功效.

数学作为整个文化的一个有机组成成分,整体性的文化环境对于数学发展有着重要影响,而且也应看到数学对于整个文化,特别是人类文明进步的重要作用.这就是所谓的"数学的文化价值".特别地,我们在此应清楚地看到,关于数学文化价值的分析对于数学教育的特殊重要性.我国的教育正经历着由"应试教育"向"素质教育"的重要转变,而这也正是世界范围内教育事业发展的一个总的趋势,因为由工业时代向信息时代的转变已对教育提出了新的要求,即要求未来的劳动者普遍地具有较高的素质.充分发挥数学的文化价值无疑应当被看成"数学素质教育"的一个重要内涵.具体地说,这里所说的"数学的文化价值"主要是指数学对于人们观念、精神以及思维方式的养成所产生的十分重要的影响.尽管"数学的文化价值"主要是一种潜移默化的作用,但这种影响又确实是存在的,特别是,如果我们不是就个人,而是就整个民族、国家乃至整个人类文明的进步去进行考察的话,就可以更为清楚地看出数学作为一种"看不见的文化"对于人类的特殊重要性.首先,数学对于人类理性精神的养成与发展有着特别重要的意义.数学家克莱因在他的名著《西方文化中的数学》中这样写道:"数学是一种精神,一种理性的精神.正是这种精神,激发、促进、鼓舞并驱使人类的思维得以运用到最完善的程度.亦正是这种精神,试图决定性地影响人类的物质、道德和社会生活;试图回答有关人类自身存在提出的问题;努力去理解和控制自然;尽力去探求和确立已经获得知识的最深刻的最完美的内涵."其次,数学有着重要的思维训练功能,而这又不仅是指逻辑思维的训练,而是有着更为广泛的涵义.例如,由于数学并非对客观事物或现象的直接研究,而是通过相对独立的"模式"的建构,以此为直接对象来从事研究的.因此,作为"模式的科学",数学对于人们抽象思维能力的培养就有着特别的重要性.另外,我们在此还应突出地强调数学对于人们创造性思维发展的重要作用.由于数学的研究对象并不一定具有明显的直观背景,而是各种可能的"模式",因此,这也就为人们创造性才能的充分发挥提供了最为理想的场所.此亦为美学因素在数学学习与研究中占有特别重要位置的一个原因.这就更为清楚地表明了数学不仅有利于人们逻辑思维的发展,而且有利于人们创造性才能,包括审美直觉的发展,促进人们的右半脑与左半脑的均衡发展.我国数学家齐民友曾经说过:"历史已经证明,而且将继续证明,一个没有相当发达的数学文化的民族是注定要衰落的,一个不掌握数学作为一种文化的民族也是注定要衰落的."这一断言对于我们就更有着重要的现实意义.

# 第三章 新课程内容要求

## 一、课程内容选择的基本原则与特征

《课程标准》中的"内容标准"是数学课程目标的进一步具体化,是新课程理念的载体,虽然表现为关于一些学习内容的指标(或称规格、要求、目的等),但这并不是"内容标准"的全部内涵,不能以所谓的"指标"等这样浅层标准去分析、把握"内容标准",把它当作纯粹的知识纲要、考试指南.我们要站在更新教育观念、全面改进教育教学工作的高度,学习、理解和认识"内容标准",这将使我们获得创造性地实施数学课程标准所最需要,也是最有价值的原则、态度和方法.

(一) 面向全体学生,服务终身发展

基础性是高中课程内容选择遵循的基本原则之一,它要求既进一步提升所有学生的共同基础,同时又为每一位学生的发展奠定不同的基础.数学"内容标准"的基础性体现在:第一是内容的基础性.高中数学课程的必修课应当满足所有学生共同的数学需求,选修课也仍然是学生发展所需要的基础性数学课程,这样可以拓宽数学学习的知识面,使学生尽早体会到数学的全貌,破除数学的神秘感,从而树立起学好数学的信心.在高中阶段,学生学习内容的主体仍是集合、函数、数列、三角、不等式、向量、空间几何、解析几何、概率、统计等基本知识,并新增了算法、框图、推理和证明的基本知识,内容更多、比重更大、层次更丰富、涵盖面更广.又如,对口头、书面的数学表达能力提出了明确的要求.第二是"要求"的基础性.《课程标准》指出高中数学课程应为学生提供适应现代生活和未来发展所必需的重要数学知识(包括数学事实、数学活动经验),以及基本的数学思想方法和必要的应用技能,注重对知识及其背景的认识,不追求繁琐的运算和技巧."内容标准"删去了那些知识过于陈旧落后、过于繁杂、不利于学生发展的传统内容,削弱了因现代技术的发展而滞后的内容,控制容易导致人为综合和变相拔高的内容,规定了学生在相应学段应该达到的基本水平,在教学中应予以注意.

(二) 内容螺旋式呈现,渐次深化理解

根据学生学习的心理规律和认知规律,学生的数学学习是一个从量变到质变的过程,是既连续又有层次的过程,是螺旋上升的过程.在教学内容的安排上,"内容标准"对相应知识的理解是分阶段、有层次、循序渐进、逐步深入的,并且在内容的呈现过程中,努力将知识中蕴涵的思想方法体现出来.一些基本的数学概念、原理、思想、方法是通过前期孕伏、重点学习和后期发展的方法,使学生反复领会和运用;一些抽象程度较高的数学概念和原理,通过逐级渗透和逐步提高的方法,以加深学生对数量关系和空间形式的本质的认识;一些核心概念和基本思想(如函数、空间观念、数形结合、向量、导数、统计、随机观念、算法等)贯穿于高中数学教学的始终,有助于学生更好地理解和掌握.对原有的一些基础知识,教学中要用这种理念来组织教学.例如,空间几何的教学可从两个视角展开——从整体到局部,从具体到抽象,而且应注意用向量方法处理有关问题;不等式的教学要关注它的几何背景和应用;三角恒等变形的教学要加强与向量的联系,简化相应的运算和证明.以下就必修课程与选修课程中的"立体几何"、"平面解析几何"、"概率"、"统计"内容作些比较.

表3—1 必修与选修课程部分内容的比较

| 内容 | 必修 | 选修 |
| --- | --- | --- |
| 立体几何 | 要求从对空间几何体的整体观察入手认识空间图形;再以长方体作为载体,直观认识和理解空间点、线、面的位置关系;能用数学语言表述有关平行、垂直的性质与判定,并对某些结论进行论证.了解一些简单几何体的表面积与体积的计算方法. | 把平面向量及其运算推广到空间,运用空间向量解决有关直线、平面位置关系的问题,体会向量方法在研究几何图形中的作用,进一步发展空间想像能力和几何直观能力. |
| 平面解析几何 | 在平面直角坐标系中建立直线和圆的代数方程.运用代数方法研究它们的几何性质及其相互位置关系,并了解空间直角坐标系,体会数形结合的思想,初步形 | 学习圆锥曲线与方程,了解圆锥曲线与二次方程的关系,掌握圆锥曲线的几何性质,感受圆锥曲线在刻画现实世界和解决实际问题中的作用. |

(续表)

| 内容 | 必修 | 选修 |
|---|---|---|
|  | 成用代数方法解决几何问题的能力. | 结合已学过的曲线及方程的实例,了解曲线与方程的对应关系,进一步体会数形结合的思想. |
| 概率 | 结合具体实例,学习概率的某些基本性质和简单的概率模型,加深对随机现象的理解,能通过实验、计算器(或计算机)模拟估计简单随机事件发生的概率. | 学习某些离散型随机变量分布列及其均值、方差等内容,初步学会利用离散型随机变量思想描述和分析某些随机现象的方法,并能用所学知识解决一些简单的实际问题,进一步体会概率模型的作用及运用概率思考问题的特点,初步形成用随机观念观察、分析问题的意识. |
| 统计 | 通过实际问题情境,学习随机抽样、样本估计总体、线性回归的基本方法,体会用样本估计总体及其特征的思想;通过解决实际问题,较为系统地经历数据收集与处理的全过程,体会统计思维与确定性思维的差异. | 通过对典型案例的讨论,了解和使用一些常用的统计方法,进一步体会运用统计方法解决实际问题的基本思想,认识统计方法在决策中的作用. |

(三) 弹性选择与编排,促进学生个性发展

数学教学内容的选择要使不同的人在数学上得到不同的发展,满足所有学生的数学学习的要求,使全体学生都能得到相应的发展.所以《课程标准》在内容的选择与编排上有一定的弹性,为学生提供多层次、多种类的选择,以促进学生的个性发展和对未来人生规划的思考.例如,《课程标准》在选修课程中设置了系列1、系列2.系列1课程是为那些希望在人文、社会科学等方面发展的学生而设置的,系列2课程则是为那些希望在理工、经济等方面发展的学生设置的,学生可以在适当的指导下进行自主选择.在系列1、系列2课程中,有一部分内容是相同的,如常用逻辑用语、统计案例、数系扩充与复数、导数及其应用、圆锥曲线与方程等,学生在初步选择以后还可以进行适当的转换、调整.同时,《课程标准》给学校和教师也留有一定的选择空间,他们可以根据学生自己的社会环境特征、思维活动水平和学生的基本需求及自身的教学条件,制订课程发展计划,创造最

适合学生的数学学习活动.如选修课中系列3、系列4基本上不依赖其他系列的课程,可以与其他系列课程同时开设.这些专题的开设,不但可以不考虑先后顺序,而且可以予以扩充,不断丰富和完善供学生选择的课程.

此外,《课程标准》还强调用联系、运动的发展性眼光关注数学各分支之间、数学与其他学科之间的联系,使学生养成以联系和运动的观点看待客观世界的科学态度.例如,通过频率来估计事件的概率,通过样本的有关数据对总体的可能性作出估计等.再如从统计与概率的角度为学生提供问题情境,在解决统计与概率的问题时自然地使用其他领域的知识和方法,等等.

(四) 注重知识生成过程,引导学生主动学习

改善学生的学习是高中数学课程追求的基本理念.《课程标准》认为学习的素材应当来源于学生的现实,既可以是学生在自己的生活中能够见到的、听到的、感受到的,也可以是他们在数学或其他学科学习过程中能够思考或操作的,属于思维层面的现实.对知识的呈现形式力求体现"问题情境——建立数学模型——解释、应用与拓展"的模式,即从具体的问题情境中抽象出数学问题,用各种数学语言表达问题、建立数学模型、获得合理的解答并确认知识的学习.这样的呈现方式有利于学生理解并掌握相关的知识与方法,形成良好的数学思维习惯和应用数学的意识,感受数学创造的乐趣,增进学好数学的信心,获得对数学较为全面的体验与理解,促进一般能力的发展.

例如,《课程标准》常用"通过实例……"、"在实际情境中……"、"观察……"、"感受……"、"体会……"、"探索……",等等,这样的格式陈述学习的内容,要求学生主动参与数学活动,强化自主探索和合作交流的意识,使学生形成自己对数学知识的理解和有效的学习,从而加深对相关知识的理解,发展自己的思维能力,而不使用"掌握……"、"能熟练地……"、"受到……"等传统格式来陈述,将内容过程化.这样的教学容易发挥学生学习的主观能动性,使学生的学习过程成为在老师引导下的"再创造"过程;有助于激发学生学习数学的兴趣,发展学生的创新精神和实践能力;有助于学生初步了解数学概念和结论产生的过程,初步理解直观和抽象的关系,初步尝试数学研究的过程,体验创造的激情;有助于培养学生勇于质疑和善于反思的习惯,培养学生发现、提出和解决数学问题的能力.

## 二、必修课的内容与要求

(一)内容概述

必修课程是整个高中数学课程的基础,包括5个模块,共10学分,是所有学生都要学习的内容.其内容的确定遵循两个原则:一是满足未来公民的基本数学需求,二是为学生进一步学习提供必要的数学准备.

模块1中,学生将学会使用最基本的集合语言表示有关的数学对象,发展运用数学语言进行交流的能力.学习指数函数、对数函数等具体的基本初等函数,结合实际问题,感受运用函数概念建立模型的过程和方法,体会函数在数学和其他学科中的重要性,初步运用函数思想理解和处理现实生活和社会中的简单问题.学生还将学习利用函数的性质求方程的近似解,体会函数与方程的有机联系.

模块2中,立体几何初步部分,学生将先从对空间几何体的整体观察入手,认识空间图形;再以长方体为载体,直观认识和理解空间点、线、面的位置关系;能用数学语言表述有关平行、垂直的性质与判定,并对某些结论进行论证.学生还将了解一些简单几何体的表面积与体积的计算方法.在平面解析几何初步部分,学生将在平面直角坐标系中建立直线和圆的代数方程,运用代数方法研究它们的几何性质及其相互位置关系,并了解空间直角坐标系.体会数形结合的思想,初步形成用代数方法解决几何问题的能力.

模块3中,学生在义务教育阶段初步感受算法思想的基础上,结合对具体数学实例的分析,体验程序框图在解决问题中的作用;通过模仿、操作、探索,学习设计程序框图表达解决问题的过程;体会算法的基本思想以及算法的重要性和有效性,发展有条理的思考与表达的能力,提高逻辑思维能力.在义务教育阶段学习统计与概率的基础上,通过实际问题情境,学习随机抽样、样本估计总体、线性回归的基本方法,体会用样本估计总体及其特征的思想;通过解决实际问题,较为系统地经历数据收集与处理的全过程,体会统计思维与确定性思维的差异.学生将结合具体实例,学习概率的某些基本性质和简单的概率模型,加深对随机现象的理解,能通过实验、计算器(机)模拟估计简单随机事件发生的概率.

模块4中,学生将通过实例,学习三角函数及其基本性质,体会三角函数在解决具有周期变化规律的问题中的作用.了解向量丰富的实际背景,理解平面向量及其运算的意义,能用向量语言和方法表述和解决数学和物理中的一些问题,发展运算能力和解决实际问题的能力.运用向量的方法推导基本的三角恒等变换公式,由此出发导出其他的三角恒等变换公式,并能运用这些公式进行简单的恒等变换.

模块5中,学生在已有知识的基础上,通过对任意三角形边角关系的探究,发现并掌握三角形中的边长与角度之间的数量关系,并认识到运用它们可以解决一些与测量和几何计算有关的实际问题.通过对日常生活中大量实际问题的分析,建立等差数列和等比数列这两种数列模型,探索并掌握它们的一些基本数量关系,感受这两种数列模型的广泛应用,并利用它们解决一些实际问题.通过具体情境,感受在现实世界和日常生活中存在着大量的不等关系,理解不等式(组)对于刻画不等关系的意义和价值;掌握求解一元二次不等式的基本方法,并能解决一些实际问题;能用二元一次不等式组表示平面区域,并尝试解决一些简单的二元线性规划问题;认识基本不等式及其简单应用;体会不等式、方程及函数之间的联系.

(二)内容调整与发展

与现行教学大纲所规定的内容相比,《课程标准》在内容的知识体系方面有增有删.

随着现代信息技术飞速发展,算法在科学技术、社会活动中发挥着越来越大的作用,并日益融入社会生活的许多方面,算法思想已经成为现代人应具备的一种数学素养.因此《课程标准》中增加了算法的内容.增加的内容还有统计.统计是研究如何合理收集、整理、分析数据的学科,它可以为人们制定决策提供依据.

《课程标准》中删除的是一些要求较高的、非基础性的内容,包括简易逻辑、圆锥曲线方程和排列组合、二项式定理.

与原教学大纲所规定的内容相比,在内容的教学要求上,《课程标准》同样作出了及时和必要的调整.其中教学要求有所提升的内容主要有计算机技术的应用和函数与方程的联系.科技的高速发展,使得人们可以借助计算器或计算机来完成繁琐的计算和绘图、求方程的近似解等,因此要求学生掌握必需的计算机技术,也是社会发展的必然.二次函数与二次方程有着密切的联系,利用二次函数图像的直观性,可以判断一元二次方程根的存在性及根的个数,帮助学生体会"数形结合"的思想方法.

此外,教学要求有所提升的内容还有简单空间图形的视图,棱柱、椎、台的表面积和体积的计算公式,空间直角坐标系等.《课程标准》中教学要求有所降低的内容有:函数、立体几何初步、不等式.

在函数的内容要求中,更多强调的是现实世界中相互依赖的变量之间的数学模型.首先是在义务教育阶段的基础上,进一步用集合与对应的观点,给出函数的一般概念,并通过实例介绍一些基本初等函数(指数函数、对数函数和一些简单的幂函数,以及三角函数).通过这些基本的初等函数,加深对函数作为刻画事物变化规律的模型的理解.对于函数性质的研究,主要是研究它们的变化趋势以及现实世界的数量关系的模型,而不在定义域、值域或有关性质的讨论上作人为繁琐的技巧训练,淡化函数的形式化定义.

立体几何初步主要借助于实物模型,认识空间图形;借助于长方体模型,使学生在直观感知的基础上认识空间中点、线、面之间的位置关系,并通过对大量图形的观察、实验和说理,使学生进一步了解平行、垂直关系的基本性质以及判定方法,发展学生的空间想像能力,学会准确地使用数学语言表述几何对象的位置关系,不要求对有关的概念、性质进行较多的推理证明.而是更多地注意从整体到局部、从直观具体到抽象地认识空间中点、线、面之间的位置关系.

不等式的内容要求与以往大纲中的要求有很大的不同.在《课程标准》中,侧重通过具体情境,让学生感受在现实世界和日常生活中存在着大量的不等关系,认识到不等关系和相等关系都是客观世界中的基本数量关系,建立不等观念、处理不等关系与处理等量问题是同样重要的.理解不等式(组)对于刻画不等关系的意义和价值;掌握求解一元二次不等式的基本方法;能用二元一次不等式组表示平面区域;认识基本不等式及其简单应用;体会不等式、方程及函数之间的联系.删去了不等式的性质、不等式的证明和不等式的解法等内容.

与原教学大纲所规定的内容相比,在内容的结构组合方面有分有合.《课程标准》在数学学习内容的结构上,将"二元一次不等式表示平面区域"、"简单的线性规划"并入"不等式"领域;而将"三角函数"拆分为"三角函数"、"三角恒等变换"、"解三角形",在不同部分的侧重点有所不同.三角函数是从函数模型的角度,重点研究现实世界中这种周期性变化的对应关系.在"三角恒等变换"中,则要求学生经历用向量的数量积推导出两角差的余弦公式的过程,体会用向量处理问题的作用.然后引导学生在此基础上推导出两角和与差的正弦、余弦和正切公式,二倍角的正弦、余弦和正切公式,并作一些简单的三角恒等变形训练,为以后的进一步学习作一些准备.在"解三角形"中,是在探索三角形边角关系的基础上掌握正弦定理和余弦定理,并运用它们解决一些实际测量和计算问题,而不在恒等变形上作过于繁琐的训练.

总的说来,在《课程标准》中,加强的内容有:(1)知识的实际背景,(2)知识的直观感知,(3)计算器和计算机的运用,(4)收集、整理、分析数据的能力.削弱的内容有:(1)繁杂的计算,(2)逻辑推理.

(三) 教学要求

集合是一个不加定义的概念,教学中应结合学生的生活经验和已有数学知识,通过列举丰富的实例,使学生理解集合的含义.在教学中要创设使学生运用集合语言进行表达和交流的情境和机会,以便学生在实际使用中逐渐熟悉自然语言、集合语言、图形语言各自的特点,进行相互转换并掌握集合语言.本部分教学中,注意使用 Venn 图,有助于学生学习、掌握、运用集合语言和其他数学语言.

函数概念的教学要从实际背景和定义两个方面帮助学生理解函数的本质.从学生已掌握的具体函数和函数的描述性定义入手,引导学生联系自己的生活经历和实际问题,尝试列举各种各样的函数,构建函数的一般概念,符合多数高中学生的认知特点,有助于他们对函数概念本质的理解.通过对指数函数、对数函数等具体函数的研究,加深学生对函数概念的理解.函数是核心概念,需要多次接触、反复体会、螺旋上升,才能逐步加深理解,才能真正掌握、灵活应用.在教学中,应强调对函数概念本质的理解,避免在求函数定义域、值域及讨论函数性质时出现过于繁琐的技巧训练,避免人为地编制一些求定义域和值域的偏题.反函数的处理,只要求以具体函数为例进行解释和直观理解,例如,可通过比较同底的指数函数和对数函数,说明指数函数 $y=a^x$ 和对数函数 $y=\log_a x$ 互为反函数($a>0,a\neq 1$).不要求一般地讨论形式化的反函数定义,也不要求求已知函数的反函数.在函数应用的教学中,教师要引导学生不断地体验函数是描述客观世界变化规律的基本数学模型,体验指数函数、对数函数等函数与现实世界的密切联系及其在刻画现实问题中的作用.指数幂的教学,应在回顾整数指数幂的概念及其运算性质的基础上,结合具体实例,引入有理指数幂及其运算性质,以及实数指数幂的意义及其运算性质,进一步体会"用有理数逼近无理数"的思想,并且可以让学生利用计算器或计算机进行实际操作,感受"逼近"过程.注意鼓励学生运用现代信息技术学习、探索和解决问题.例如,利用计算器、计算机画出指数函数、对数函数的图像,探索、比较它们的变化规律,研究函数的性质,求方程的近似解等.

立体几何初步的教学重点是帮助学生逐步形成空间想像能力.教师应提供丰富的实物模型或利用计算机软件呈现的空间几何体,帮助学生认识空间几何体的结构特征,并能运用这些特征描述现实生活中简单物体的结构,巩固和提高义务教育阶段有关三视图的学习和理解,帮助学生运用平行投影与中心投影,进一步掌握在平面上表示空间图形的方法和技能.几何教学应注意引导学生通过对实际模型的认识,学会将自然语言转化为图形语言和符号语言.教师可以使用具体的长方体的点、线、面关系作为载体,使学生在直观感知的基础上,认识空间中一般的点、线、面之间的位置关系.通过对图形的观察、实验和说理,使学生进一步了解平行、垂直关系的基本性质以及判定方法,学会准确地使用数学语言表述几何对象的位置关系,并能解决一些简单的推理论证及应用问题.立体几何初步的教学中,要求对有关线面平行、垂直关系的性质定理进行证明;对相应的判定定理只要求直观感知、操作确认,在选修系列2中将用向量的方法加以论证.有条件的学校应在教学过程中恰当地使用现代信息技术展示空间图形,为理解和掌握图形几何性质(包括证明)的教学提供形象的支持,提高学生的几何直观能力.教师可以指导和帮助学生运用立体几何知识选择课题,进行探究.

在平面解析几何初步的教学中,教师应帮助学生经历如下的过程:首先将几何问题代数化,用代数的语言描述几何要素及其关系;进而将几何问题转化为代数问题,处理代数问题;分析代数结果的几何含义,最终解决几何问题.这种思想应贯穿平面解析几何教学的始终,帮助学生不断地体会"数形结合"的思想方法.

算法内容是将数学中的算法与计算机技术建立联系,形式化地表示算法,在条件允许的学校,使其能在计算机上实现.本模块的主要目的是使学生体会算法的思想,提高逻辑思维能力,不要将此部分内容简单处理成程序语言的学习和程序设计.算法教学必须通过实例进行,使学生在解决具体问题的过程中学习一些基本逻辑结构和语句.有条件的学校,应鼓励学生尽可能上机尝试.算法思想方法应渗透在高中数学课程其他有关内容中,鼓励学生尽可能地运用算法解决相关问题.

教师应引导学生体会统计的作用和基本思想,统计是为了从数据中提取信息,教学时应引导学生根据实际问题的需求选择不同的方法合理地选取样本,并从样本数据中提取需要的数字特征.不应把统计处理成数字运算和画图表.对统计中的概念(如"总体"、"样本"等)应结合具体问题进行描述性说明,不应追求严格的形式化定义.统计教学必须通过案例来进行.教学中应通过对一些典型案例的处理,使学生经历较为系统的数据处理全过程,并在此过程中学习一些数据处理的方法,并运用所学知识、方法去解决实际问题.例如,在学习线性相关的内容时,教师可以鼓励学生探索用多种方法确定线性回归直线.在此基础上,教师可以引导学生体会最小二乘法的思想,根据给出的公式求线性回归方程.对感兴趣的学生,教师可以鼓励他们尝试推导线性回归方程.学生应体会统计思维与确定性思维的差异,注意到统计结果的随机性,统计推断是有可能犯错误的.

概率教学的核心问题是让学生了解随机现象与概率的意义.教师应通过日常生活中的大量实例,鼓励学生动手试验,正确理解随机事件发生的不确定性及其频率的稳定性,并尝试澄清日常生活遇到的一些错误认识(如中奖率为 $\frac{1}{1000}$ 的彩票,买1000张一定中奖).古典概型的教学应让学生通过实例理解古典概型的特征:实验结果的有限性和每一个实验结果出现的等可能性.让学生初步学会把一些实际问题化为古典概型.教学中不要把重点放在如何计数上,应鼓励学生尽可能运用计算器、计算机来处理数据,进行模拟活动,更好地体会统计思想和概率的意义.例如,可以利用计算器产生随机数来模拟掷硬币的试验等.

三角函数的教学中,教师应根据学生的生活经验,创设丰富的情境,使学生体会三角函数模型的意义.例如,通过单摆、弹簧振子、圆上一点的运动,以及音乐、波浪、潮汐、四季变化等实例,使学生感受周期现象的广泛存在,认识周期现象的变化规律,体会三角函数是刻画周期现象的重要模型.应发挥单位圆的作用,帮助学生直观地认识任意角、任意角的三角函数,理解三角函数的周期性、诱导公式、同角三角函数关系式,以及三角函数的图像和基本性质.借助单位圆的直观,教师可以引导学生自主地探索三角函数的有关性质,培养他们分析问题和解决问题的能力.提醒学生重视学科之间的联系与综合,在学习其他学科的相关内容(如单摆运动、波的传播、交流电)时,注意运用三角函数来分析和理解.弧度是学生比较难接受的概念,教学中应使学生体会弧度也是一种度量角的单位(圆周的$\frac{1}{2\pi}$所对的圆心角或周角的$\frac{1}{2\pi}$).随着后续课程的学习,学生将会逐步理解这一概念,在此不必深究.

向量概念的教学应从物理背景和几何背景入手,物理背景是力、速度、加速度等概念,几何背景是有向线段.教师还可以引导学生运用向量解决一些物理和几何问题.例如,利用向量计算力使物体沿某方向运动所做的功,利用向量解决平面内两条直线平行与垂直的位置关系等问题.对于向量的非正交分解只要求学生作一般了解,不必展开.

在三角恒等变换的教学中,可以引导学生利用向量的数量积推导出两角差的余弦公式,并由此公式推导出两角和与差的正弦、余弦、正切公式,二倍角的正弦、余弦、正切公式.鼓励学生独立探索和讨论交流,引导学生推导积化和差、和差化积、半角公式,以此作为三角恒等变换的基本训练.鼓励学生使用计算器和计算机探索和解决问题,如,求三角函数值,求解测量问题,分析$y = A\sin(\omega x + \varphi)$中参数变化对函数的影响等.在三角函数、平面上的向量和三角恒等变换相应的内容中可以穿插数学探究或数学建模活动.

解三角形的教学要重视正弦定理和余弦定理在探索三角形边角关系中的作

用,引导学生认识它们是解决测量问题的一种方法,不必在恒等变形上进行过于繁琐的训练.

教学中应重视通过具体实例(如教育贷款、购房贷款、放射性物质的衰变、人口增长等),使学生理解等差数列和等比数列这两种数列模型的应用,培养学生从实际问题中抽象出数列模型的能力.在数列的教学中,应保证基本技能的训练,引导学生通过必要的练习,掌握数列中各量之间的基本关系.但训练要控制难度和复杂程度.

一元二次不等式教学中,应注重使学生了解一元二次不等式的实际背景.求解一元二次不等式,首先可求出相应方程的根,然后根据相应函数的图像求出不等式的解,也可以运用代数的方法求解.鼓励学生设计求解一元二次不等式的程序框图.不等式有丰富的实际背景,是刻画区域的重要工具.刻画区域是解决线性规划问题的一个基本步骤,教学中可以从实际背景引入二元一次不等式组.线性规划是优化的具体模型之一.在本模块的教学中,教师应引导学生体会线性规划的基本思想,借助几何直观解决一些简单的线性规划问题,不必引入很多名词.

## 三、选修课的内容与要求

在完成必修课程学习的基础上,希望进一步学习数学的学生,可以根据自己的兴趣和需求,选择学习选修课程系列1、系列2.

系列1是为希望在人文、社会科学等方面发展的学生而设置的,包括2个模块,共4学分.系列2则是为希望在理工、经济等方面发展的学生设置的,包括3个模块,共6学分.在系列1、系列2的课程中,有一些内容及要求是相同的,例如,常用逻辑用语、统计案例、数系扩充与复数等;有一些内容基本相同,但要求不同,如导数及其应用、圆锥曲线与方程、推理与证明;还有一些内容是不同的,如系列1中安排了框图等内容,系列2安排了空间中的向量与立体几何、计数原理、离散型随机变量及其分布列等内容.

(一)系列1、系列2

1. 内容概述

(1) 系列 1

学生将在义务教育阶段的基础上,学习常用逻辑用语,体会逻辑用语在表述和论证中的作用,利用这些逻辑用语准确地表达数学内容,更好地进行交流.

在必修课程学习平面解析几何初步的基础上,学生将学习圆锥曲线与方程,了解圆锥曲线与二次方程的关系,掌握圆锥曲线的基本几何性质,感受圆锥曲线在刻画现实世界和解决实际问题中的作用,进一步体会数形结合的思想.

学生将通过大量实例,经历由平均变化率到瞬时变化率刻画现实问题的过程,理解导数的含义,体会导数的思想及其内涵;应用导数探索函数的单调性、极值等性质及其在实际中的应用,感受导数在解决数学问题和实际问题中的作用,体会微积分的产生对人类文化发展的价值.

学生将在必修课程学习统计的基础上,通过对典型案例的讨论,了解和使用一些常用的统计方法,进一步体会运用统计方法解决实际问题的基本思想,认识统计方法在决策中的作用.

学生将通过对已学知识的回顾,进一步体会合情推理、演绎推理以及二者之间的联系与差异;体会数学证明的特点,了解数学证明的基本方法,包括直接证明的方法(如分析法、综合法)和间接证明的方法(如反证法);感受逻辑证明在数学以及日常生活中的作用,养成言之有理、论证有据的习惯.

学生将在问题情境中了解数系扩充的过程以及引入复数的必要性,学习复数的一些基本知识,体会人类理性思维在数系扩充中的作用.

学习用"流程图"、"结构图"等刻画数学问题以及其他问题的解决过程;并在学习过程中,体验用框图表示数学问题解决过程以及事物发生、发展过程的优越性,提高抽象概括能力和逻辑思维能力.

(2) 系列 2

学习常用逻辑用语,体会逻辑用语在表述和论证中的作用,利用这些逻辑用语准确地表达数学内容,从而更好地进行交流.

在必修阶段学习平面解析几何初步的基础上,学生将学习圆锥曲线与方程,了解圆锥曲线与二次方程的关系,掌握圆锥曲线的基本几何性质,感受圆锥曲线在刻画现实世界和解决实际问题中的作用.结合已学过的曲线及其方程的实例，了解曲线与方程的对应关系，进一步体会数形结合的思想.

学生将在学习平面向量的基础上，把平面向量及其运算推广到空间，运用空间向量解决有关直线、平面位置关系的问题，体会向量方法在研究几何图形中的作用，进一步发展空间想像能力和几何直观能力.

通过大量实例，使学生经历由平均变化率到瞬时变化率刻画现实问题的过程，理解导数概念，了解导数在研究函数的单调性、极值等性质中的作用，初步了解定积分的概念，为以后进一步学习微积分打下基础.学生将体会导数的思想及其丰富内涵，感受导数在解决实际问题中的作用，了解微积分的文化价值.

通过对已学知识的回顾，进一步体会合情推理、演绎推理以及二者之间的联系与差异；体会数学证明的特点，了解数学证明的基本方法，包括直接证明的方法（如分析法、综合法、数学归纳法）和间接证明的方法（如反证法）；感受逻辑证明在数学以及日常生活中的作用，养成言之有理、论证有据的习惯.

学生将在问题情境中了解数系扩充的过程以及引入复数的必要性，学习复数的一些基本知识，体会数系扩充中人类理性思维的作用.

学习计数基本原理、排列、组合、二项式定理及其应用，了解计数与现实生活的联系，会解决简单的计数问题.

学生将在必修课程学习概率的基础上，学习某些离散型随机变量分布列及其均值、方差等内容，初步学会利用离散型随机变量思想描述和分析某些随机现象的方法，并能用所学知识解决一些简单的实际问题，进一步体会概率模型的作用及运用概率思考问题的特点，初步形成用随机观念观察、分析问题的意识.

通过对典型案例的讨论，使学生了解和使用一些常用的统计方法，进一步体会运用统计方法解决实际问题的基本思想，认识统计方法在决策中的作用.

2. 内容调整与发展

与原教学大纲所规定的内容相比，《课程标准》中的选修内容有增有减，大多是把原必修和选修部分内容作了适当的调整.选修部分增加的内容包括常用逻辑用语、圆锥曲线与方程、空间向量与立体几何、推理与证明、计数原理和框图，删减的内容是极限.

正确地使用逻辑用语是现代社会公民应该具备的基本素质.无论是进行思考、交流,还是从事各项工作都需要正确地运用逻辑用语表达自己的思想.

通过学习圆锥曲线与方程,了解圆锥曲线与二次方程的关系,掌握圆锥曲线的基本几何性质,感受圆锥曲线在刻画现实世界和解决实际问题中的作用,结合已学过的曲线及其方程的实例,了解曲线与方程的对应关系,进一步体会数形结合的思想.

在学习平面向量的基础上,把平面向量及其运算推广到空间,运用空间向量解决有关直线、平面位置关系的问题,为解决三维空间中图形的位置关系与度量问题,提供了新的几何视角和一个十分有效的工具.

推理与证明是数学的基本思维过程,是人们学习和生活中经常使用的思维方式.推理一般包括合情推理和演绎推理.合情推理是根据已有的事实和正确的结论(包括定义、公理、定理等)、实验和实践的结果,以及个人的经验和直觉等推测某项结果的推理过程.归纳、类比是合情推理常用的思维方法.在解决问题的过程中,合情推理具有推测和发现结论、探索和提供思路的作用,利于创新意识的培养.演绎推理是根据已有的事实和正确的结论(包括定义、公理、定理等)按照严格的逻辑法则得到新结论的推理过程.培养和提高学生的演绎推理或逻辑证明的能力是高中数学课程的重要目标.合情推理和演绎推理之间联系紧密、相辅相成.数学结论的正确性必须通过演绎推理或逻辑证明来保证,即在前提正确的基础上,通过正确使用推理规则推出结论.通过学习,进一步体会合情推理、演绎推理以及二者之间的联系与差异,体会数学证明的特点.了解数学证明的基本方法,包括直接证明的方法(如分析法、综合法)和间接证明的方法(如反证法);感受逻辑证明在数学以及日常生活中的作用,养成言之有理、论证有据的习惯.

计数是离散数学的重要组成部分.分类加法、分步乘法计数原理是解决计数问题的最基本、最重要的方法,也称为基本计数原理,它们为解决很多实际问题提供了思想和工具.

框图是系列 1 中安排的内容,以利于提高学生抽象、概括的能力.

极限是导数的理论基础,《课程标准》强调知识的实际背景和直观理解,对理论不作要求.因此删去了极限.

《课程标准》对微积分的要求有所提高,不仅要了解微积分的科学价值和文化价值,而且要了解定积分的基本思想和微积分基本定理的含义.

3. 教学要求

常用逻辑用语教学中的命题是指明确地给出条件和结论的命题,对"命题的逆命题、否命题与逆否命题"只要求作一般性了解,重点关注四种命题的相互关系和命题的必要条件、充分条件、充要条件.对逻辑联结词"或"、"且"、"非"的含义,只要求通过数学实例加以了解,帮助学生正确地表述相关的数学内容.对于量词,重在理解它们的含义,不要追求它们的形式化定义.注意引导学生在使用常用逻辑用语的过程中,掌握常用逻辑用语的用法,纠正出现的逻辑错误,体会运用常用逻辑用语表述数学内容的准确性、简洁性.避免对逻辑用语的机械记忆和抽象解释,不要求使用真值表.

在引入圆锥曲线时,应通过丰富的实例(如行星运行轨道、抛物线运动轨迹、探照灯的镜面),使学生了解圆锥曲线的背景与应用.教师应向学生展示平面截圆锥得到椭圆的过程,使学生加深对圆锥曲线的理解.有条件的学校应充分发挥现代教育技术的作用,利用计算机演示平面截圆锥所得的圆锥曲线.教师可以向学生展现圆锥曲线在实际中的应用,例如,投掷铅球的运行轨迹、卫星的运行轨迹.曲线与方程的教学应以学习过的曲线为主,注重体会曲线与方程的对应关系,感受数形结合的基本思想.对于感兴趣的学生,教师也可以引导学生了解圆锥曲线的离心率与统一方程.有条件的学校应充分发挥现代教育技术的作用,通过一些软件向学生演示方程中参数的变化对方程所表示的曲线的影响,使学生进一步理解曲线与方程的关系.

空间向量的教学应引导学生运用类比的方法,经历向量及其运算由平面向空间推广的过程.教学过程中应注意维数增加所带来的影响.在教学中,可以鼓励学生灵活选择运用向量方法与综合方法,从不同角度解决立体几何问题.

教学中,可以通过研究增长率、膨胀率、效率、密度、速度等反映导数应用的实例,引导学生经历由平均变化率到瞬时变化率的过程,知道瞬时变化率就是导数.通过感受导数在研究函数和解决实际问题中的作用,体会导数的思想及其内涵.在教学中,要防止将导数仅仅作为一些规则和步骤来学习,而忽视它的思想和价值.应使学生认识到,任何事物的变化率都可以用导数来描述.教师应引导学生在解决具体问题的过程中,将研究函数的导数方法与初等方法作比较,以体会导数方法在研究函数性质中的一般性和有效性.

教学中应通过实例,引导学生运用合情推理去探索、猜测一些数学结论,并用演绎推理确认所得结论的正确性,或者用反例推翻错误的猜想.教学的重点在于通过具体实例理解合情推理与演绎推理,而不追求对概念的抽象表述.在教学中,应通过实例,引导学生认识各种证明方法的特点,体会证明的必要性.对证明的技巧性不宜作过高的要求.教师应借助具体实例让学生了解数学归纳法的原理,对证明的问题要控制难度.

在复数概念与运算的教学中,应注意避免繁琐的计算与技巧训练.对于感兴趣的学生,可以安排一些引申的内容,如求 $x^3=1$ 的根,介绍代数学基本定理等.

分类加法计数和分步乘法计数是处理计数问题的两种基本思想方法.教学中,应引导学生根据计数原理分析、处理问题,而不应机械地套用公式.同时,在这部分教学中,应避免繁琐的、技巧性过高的计数问题.可以在二项式定理中介绍我国古代数学成就"杨辉三角",在统计案例中介绍所学统计方法在社会生活中的广泛应用,以丰富学生对数学文化价值的认识.

通过实例引入二项分布和超几何分布这两个应用广泛的概率模型,不追求形式化的描述.教学中,应引导学生利用所学知识解决一些实际问题.

统计案例的教学中,应鼓励学生经历数据处理的过程,培养他们对数据的直观感觉,认识统计方法的特点(如统计推断可能犯错误,估计结果的随机性),体会统计方法应用的广泛性;应尽量给学生提供一定的实践活动机会,可结合数学建模的活动,选择一个案例,要求学生亲自实践.对于统计案例内容,只要求学生了解几种统计方法的基本思想及其初步应用,对于其理论基础不作要求,避免学生单纯记忆和机械套用公式进行计算.教学中,应鼓励学生使用计算器、计算机等现代技术手段来处理数据,有条件的学校还可运用一些常见的统计软件解决实际问题.

(二) 系列 3 与系列 4

系列 3、系列 4 分别由若干专题组成,每个专题 1 学分.系列 3、系列 4 所涉及的内容都是基础性的数学内容,不仅应鼓励那些希望在理工、经济等方面发展的学生积极选修,同时也应鼓励那些希望在人文、社会科学方面发展的学生选修这些课程.

1. 内容概述

选修3—1"数学史选讲"使学生了解数学发展过程中若干重要事件、重要人物与重要成果,初步了解数学产生与发展的过程,体会数学对人类文明发展的作用.选修3—2"信息安全与密码"介绍和学习初等数论的某些知识(如整除与同余),以及数论在现代信息安全中的某些重要应用,使学生了解数学在信息科学中的应用.选修3—3"球面上的几何",让学生了解一个新的数学模型——球面几何,初步学习球面几何的一些基本知识及其在实际中的一些应用,通过类比比较球面几何和欧氏平面几何的差异和联系,感受自然界中存在着丰富多彩的数学模型,提高空间想像和几何直观能力.选修3—4"对称与群",使学生了解变换群的概念,学习群的表达方法,学会求出一些比较简单的几何图形的对称群,并进一步体会群在研究事物对称性质和研究其他数学对象中的重要作用.选修3—5"欧拉公式与闭曲面分类"讨论欧拉公式和欧拉示性数等重要的拓扑不变量,并利用它们对曲线、曲面进行分类.选修3—6"三等分角与数域扩充",让学生了解解决三等分角这类问题的基本思想方法,并能用此方法解决倍方问题和仅用圆规直尺不能作正七边形的问题.另外还介绍用代数方法讨论正十七边形是可作图的(即可用尺规作图方法作出正十七边形).

选修4—1"几何证明选讲"中,证明一些反映圆与直线关系的重要定理,并对圆锥曲线的性质进行了进一步的探索和研究.选修4—2"矩阵与变换"通过平面图形的变换,讨论二阶方阵的乘法及性质、逆矩阵和矩阵的特征向量等概念,并以变换和映像的观点理解解线性方程组的意义,初步展示矩阵应用的广泛性.选修4—3"数列与差分"初步研究数列的差分和简单的差分方程,使学生掌握一些用离散变量分析解决问题的方法.选修4—4"坐标系与参数方程"的学习,要求学生掌握极坐标和参数方程的基本概念,了解曲线的多种表现形式,体会从实际问题中抽象出数学问题的过程,体会数学在实际问题中的应用价值,提高应用意识和实践能力.选修4—5"不等式选讲"介绍一些重要的不等式和它们的证明、数学归纳法和它的简单应用.强调不等式及其证明的几何意义与背景.选修4—6"初等数论初步"通过具体的问题学习有关整数和整除的知识,探索用辗转相除法求解简单的一次不定方程、简单同余方程、同余方程组等.选修4—7"优选法与试验设计初步"初步地介绍单因素、双因素的优选法和多因素的正交试验设计方法,并对方法给予简单的说明.选修4—8"统筹法与图论初步"通过实例介绍统筹法及其应用,同时介绍图的基本概念,给出图上最短路和最小生成树算法,使学生对图论及其应用有一初步了解.选修4—9"风险与决策",要求学生掌握一些简单的统计决策方面的知识和方法,形成初步的决策意识.选修4—10"并联电路与布尔代数"中,将电路设计数学化为电路代数和电路多项式,再数学地研究电路代数和电路多项式,完全解决并联电路设计问题,完整地给出一个电路代数的数学模型.

系列3、系列4的素材比较丰富,随着课程的发展,这些内容将进一步拓展、丰富和完善.

2. 教学要求

系列3、系列4课程的教学,要求教师充分利用学生已有生活经验及数学知识,采用直观、形象、简洁的语言,通过生动有趣的、符合学生接受水平的事例,引导他们分析日常生活中的问题,并尝试运用所学知识加以解决,提高他们应用数学的意识.教学可以采取多种形式,如讲故事、科普介绍、讨论交流、查阅资料、撰写报告等.教师还可以根据学生的实际情况,选择某些案例作较详细的讨论,鼓励学生独立地或相互合作地提出解决方案,力求使学生切身体会"做数学"是学好数学的有效途径,独立思考是"做数学"的基础.

## 四、数学探究、数学建模、数学文化的内容与要求

数学探究、数学建模、数学文化是贯穿于整个高中数学课程的重要内容,这些内容不单独设置,渗透在每个模块或专题中.高中阶段至少应各安排一次较为完整的数学探究、数学建模活动.

(一) 内容概述

数学探究课题的选择是完成探究学习的关键.课题的选择要有助于学生对数学的理解,有助于学生体验数学研究的过程,有助于学生形成发现、探究问题的意识,有助于鼓励学生发挥自己的想像力和创造性.课题应具有一定的开放性,课题的预备知识最好不超出学生现有的知识范围.课题应该多样化,可以是某些数学结果的推广和深入,不同数学内容之间的联系和类比,也可以是发现和探索对自己来说是新的数学结果.数学探究课题可以从教材提供的案例和背景材料中发现和建立,也可以从教师提供的案例和背景材料中发现和建立,应该特别鼓励学生在学习数学知识、技能、方法、思想的过程中发现和提出自己的问题并加以研究.学会查询资料、收集信息、阅读文献;养成独立思考和勇于质疑的习惯;同时也应学会与他人交流合作,树立严谨的科学态度和不怕困难的顽强精神.初步了解数学概念和结论的产生过程,体验数学研究的过程和创造的激情,提高发现、提出、解决数学问题的能力,发挥自己的想像力和创新精神.

数学建模的问题应是多样的,应来自学生的日常生活、现实世界、其他学科等多方面.同时,解决问题所涉及的知识、思想、方法应与高中数学课程内容有联系.了解和经历解决实际问题的全过程,体验数学与日常生活及其他学科的联系,感受数学的实用价值,增强应用意识,提高实践能力.学生根据自己的生活经验发现并提出问题,对同样的问题,可以发挥自己的特长和个性,从不同的角度、层次探索解决的方法,从而获得综合运用知识和方法解决实际问题的经验,发展创新意识.学生在发现和解决问题的过程中,应学会通过查询资料等手段获取信息.学生在数学建模中应采取各种合作方式解决问题,养成与人交流的习惯,并获得良好的情感体验.

数学文化应尽可能有机地结合高中数学课程的内容,选择介绍一些对数学发展起重大作用的历史事件和人物,了解人类社会发展与数学发展的相互作用,即反映数学在人类社会进步、人类文明发展中的作用,同时也反映社会发展对数学发展的促进作用.通过介绍数学文化,让学生认识数学发生、发展的必然规律,了解人类从数学的角度认识客观世界的过程,发展求知、求实、勇于探索的情感和态度,体会数学的系统性、严密性、应用的广泛性,了解数学真理的相对性,并最终激发学生学习数学的兴趣.

## （二）教学要求

教师应努力成为数学探究课题的创造者，有比较开阔的数学视野，了解与中学数学知识有关的扩展知识和内在的数学思想，认真思考其中的一些问题，加深对数学的理解，提高数学能力，为指导学生进行数学探究作好充分的准备，并积累指导学生进行数学探究的资源．教师要成为学生进行数学探究的组织者、指导者、合作者．教师应该为学生提供较为丰富的数学探究课题的案例和背景材料；引导和帮助而不是代替学生发现和提出探究课题，特别应该鼓励和帮助学生独立地发现和提出问题；组织和鼓励学生组成课题组合作地解决问题；指导和帮助学生养成查阅相关的参考书籍和资料、在计算机网络上查找和引证资料的习惯．教师一方面应该鼓励学生独立思考，帮助学生建立克服困难的毅力和勇气，另一方面应该指导学生在独立思考的基础上用各种方式寻求帮助．在学生需要的时候，教师应该成为学生平等的合作者，教师要有勇气和学生一起进行探究．

数学探究的结果以课题报告或课题论文的方式完成．课题报告包括课题名称、问题背景、对事实的观察分析、对结果的猜测、对结果的论证、合作情形、对探究结果的体会或评论、引证的文献资料等方面．可以通过小组报告、班级报告、答辩会等方式交流探究成果，通过师生之间和学生之间的讨论来评价探究学习的成绩，评价主要是正面鼓励学生的探索精神，肯定学生的创造性劳动，同时也指出存在的问题和不足．教师应该根据学生的差异，进行有针对性的指导．在鼓励学生创新的同时，允许一部分学生可以在模仿的基础上发挥自己的想像力和创造力．

数学建模可以由教师根据教学内容以及学生的实际情况提出一些问题供学生选择；或者提供一些实际情景，引导学生提出问题；特别要鼓励学生从自己生活的世界中发现问题、提出问题．数学建模可以采取课题组的学习模式，教师应引导和组织学生学会独立思考、分工合作、交流讨论、寻求帮助．教师应成为学生的合作伙伴和参谋．数学建模活动中，应鼓励学生使用计算机、计算器等工具．教师在必要时应给予适当的指导．教师应指导学生完成数学建模报告，报告中应包括问题提出的背景、问题解决方案的设计、问题解决的过程、合作过程、结果的评价以及参考文献等．

数学建模报告及数学探究报告及评价可以记入学生成长记录,作为反映学生数学学习过程的资料和推荐依据.对于学生中优秀的论文应该给予鼓励,可以采取表扬、评奖、推荐杂志发表、编辑出版、向高等学校推荐等多种形式.

数学文化的教学可采取多样化的教学方式.教师可以在教授数学知识时介绍有关的背景文化,可以作专题演讲,也可以鼓励和指导学生就某个专题查找、阅读、收集资料文献.在此基础上,编写一些形式丰富的数学小作文、科普报告,并组织学生进行交流.教师在教学中应尽可能对有关课题作形象化的处理,例如,使用图片、幻灯、录像以及计算机软件.教师应充分开发和利用校内外的教育资源,并主动地与其他学科的教师(包括人文各学科)交流,更好地促进学科间的交融和渗透.

教材中有关数学文化的内容,要注意介绍重要的数学思想、优秀的数学成果、有关人和事的人文精神,贯穿思想品德教育,要短小生动、有趣自然、深入浅出、通俗易懂.教师应结合有关内容有意识地强调数学的科学价值、文化价值、美学价值,不追求数学的形式化表述.

# 第四章

## 新课程倡导的教学方式

### 一、新课程下教师与学生角色的重新定位

数学教学活动应当赋予学生们最多的思考、动手和交流的机会,与此相伴的是教师的角色要作出转变.

《课程标准》指出:学生的学习方式应是"自主探索、动手实践、合作交流、阅读自学等方式.这些方式有助于发挥学生学习的主动性,使学生的学习过程成为在教师的引导下的'再创造'的过程".这一基本理念给出了新课程下教师与学生的新定位:学生是数学学习的主人,教师是学生学习的组织者、引导者和合作者.数学课堂的一切活动都要围绕学生的发展展开,所以,学生是当然的主人.明确指出这一点,意在进一步改变传统的数学教学模式,拓宽学生在数学教学活动中的空间.

拓宽学生的空间和改变教师角色密切相关.教师要从一个知识的传授者转变为学生发展的促进者;要从教室空间支配者的权威地位,向学生数学学习活动的组织者、引导者和合作者的角色转换.

1."组织者"的含义包括

组织学生发现、寻找、搜集和利用学习资源,组织学生营造和保持教室中和学习过程中积极的心理氛围,等等.

2."引导者"的含义包括

引导学生设计恰当的学习活动,引导学生激活进一步探究问题所需的已有知识储备,引导学生围绕问题的核心进行深度探索、思想碰撞,等等.

3."合作者"的含义包括

建立人道的、和谐的、民主的、平等的师生关系,让学生在平等、尊重、信任、

理解和宽容的氛围中受到鼓励和鼓舞,得到指导和建议.

以上概括性的描述,只是大致指出了教师角色转换的方向,教师如何成为学生学习的真正意义上的组织者、引导者和合作者,是一个需要不断深入研究、探讨和实践的课题.重要的是,教师角色转变的重心在于使传统意义上的教师教和学生学,不断让位于师生互教互学,彼此形成一个真正的"学习共同体".表面上看,似乎教师的空间被"压缩"了,实际上,《课程标准》赋予了教师更高的要求、更大的责任和更多的期望.过去,教师只要告诉学生什么是数学、怎么"做数学"就可以了,现在则要引导学生经历"做数学"的过程,并在这个过程中与学生平等地交流和给以恰到好处的点拨.教师的作用,特别要体现在引导学生思考和寻找眼前的问题与自己已有的知识体验之间的关联方面,在于提供把学生置于问题情境之中的机会,在于营造一个激励探索和理解的气氛,在于为学生提供有启发性的讨论模式.教师要鼓励学生表达,并且在加深理解的基础上,对不同的答案开展讨论.要引导学生分享彼此的思想和成果,并重新审视自己的想法.教师要善于抓住学生的想法,不断启发学生关注问题的重要方面,及时提示那些出现在学生学习中新鲜的、有意义的交流实例.

## 二、新课程下学生学习方式的转变

《课程标准》设立了"数学探究"、"数学建模"、"数学文化"等专题课程.注重"动手实践、合作交流",为学生形成正确的、积极主动的、多样的学习方式创造了有利条件.

从本质上说,学生的数学学习过程是一个自主构建自己对数学知识的理解过程:他们带着自己原有的知识背景、活动经验和理解走进学习活动,并通过自己的主动活动,包括独立思考,与他人交流和反思等,去建构对数学的理解.因此,可以说学生数学学习的过程是一个再创造过程,而且是真正意义上的再创造:学生从事对数学知识的提炼和组织,把低层次的知识变为高层次的知识,再经过提炼和组织而形成更高层次的知识,如此循环往复,再把数学放到现实中去加以应用.在这一活动过程中,获得经验,对经验的分析与理解,对获得经验的过程以及活动方式的反思至关重要.

具体来说,新课程要求学生的有效数学学习活动主要呈现如下一些特点.

1.学生数学学习的过程是建立在经验基础上的一个主动建构的过程

高中的学生已经拥有了大量的日常生活经验.而随着学生的成长,他们从学校获得的经验会比在学校外的日常生活中获得的经验更多、更重要.正是基于这些校内、校外的经验,学生才能够通过各种活动将新旧知识联系起来,思考现实中的数量关系和空间形式,由此发展他们对数学的理解.而数学中量的关系、量的变化都是以符号(关系符号、运算符号、图形、图表等)加以表示的.学生身心发展的特点和数学的抽象性特征共同决定了学生数学学习基本是一种符号语言与生活实际相结合的学习,两者之间的相互融合与转化成为学生主动建构的重要途径.

2.学生数学学习的过程充满了观察、实验、猜想、验证、推理与交流等丰富多彩的数学活动

从学生认识发生、发展的规律来看,传统的数学学习中,教师讲授、学生练习的单一学习方式已不能适应学生发展的需求了,这种方式甚至造成了学生学习的障碍.注重学生发展的数学学习应该提供多样化的活动方式,让学生积极参与,并在这些丰富的活动中进行交流.

从数学的发展来看,它本身也是充满着观察与猜想的活动,传统的教科书把这一活动过程"压缩"成了毫无生机的形式结构.这实在是一种"误导".更何况数学发展到了今天,由于借助了计算机手段,其应用的方式大大拓展.现代公民收集数据、处理数据、解决问题的方式也是多样的,学校中的数学教育就有必要改变传统数学的面貌以便和人们日常生活中使用的数学趋于一致.学生在学校学习数学的目的不仅仅是获得计算的能力,而更重要的是获得自己去探索数学的体验和利用数学去解决实际问题的能力,获得对客观事实尊重的理性精神和对科学执著追求的态度.

鉴于此认识,学生的数学学习必须以观察、描述、操作、猜想、实验、收集、整理、思考、推理、交流和应用为主要方式.让学生亲眼目睹数学过程形象而生动的性质,亲身体验如何"做数学",如何实现数学的"再创造",从中感受到数学的力

量,促进数学的学习.

3.学生的数学学习过程应当是富有个性,体现多样化学习需求的过程

不同发展阶段的学生在认知水平、认知风格和发展趋势上存在差异,处于同一发展阶段的不同学生在认知水平、认知风格和发展趋势上也存在着差异.

学生的智力结构是多元的,有的学生善于形象思维,有的学生长于计算,有的学生擅长逻辑推理,这本没有优劣之分,只表现出不同的特征与适应性.另外每个学生都有自己的生活背景和一定的文化感受,从而导致不同的学生有不同的思维方式和解决问题的策略.就整个数学学习而言,多种风格的认知方式可以为其形成良好的数学认知结构提供保证.重要的数学观念、数学思想方法和数学活动应当成为数学学习的主线,并且尽可能地以不同的形式,反复出现在学生的数学学习活动中.这一方面可以使学生有机会逐步建构对同一知识的不同层次的理解,另一方面也和处于不同认知发展阶段的学生的思维方式相适应.

## 三、新课程倡导的四种教学方式

鉴于新课程下学生的数学学习过程呈现出上述三个特点,学生数学学习方式发生了根本的转变,这就必然要求有与学习方式相适应的教学方式.教学方式的变革已成为必然.新课程的基本理念要求数学课堂教学要实现三维目标:知识与技能、过程与方法、情感态度与价值观.由以知识本位、学科本位转向以学生的发展为本,通过课堂教与学的过程,真正对知识、能力、态度进行有机的整合,体现出对人的生命存在及其发展的整体关怀.因此,新课程的课堂教学方式应包含三大理念:生活性、发展性和生命性.

我们不能把数学的课堂教学完全等同于生活,但是,必须旗帜鲜明地强调数学教学与生活的紧密联系.回归生活,让数学课堂教学与生活紧密相连,是新课程下数学教学的基本特征.因为我们知道,只有植根于生活世界,为生活世界服务的课堂,才是具有强盛生命力的课堂.所以,新课程中删去或淡化了原来内容陈旧、方法偏难的内容,使学生学习生活中的数学,把数学课堂变成学生探索世界的窗口成为现实,使数学课堂教学的过程就是学生生活、经历、体验、探究、合

作交流、感悟的过程,这就是数学课堂教学最为重要的行为动词.

我们说数学课堂教学要回归生活,并不否定间接经验的作用,而是认为,只有当间接经验转化为学生的直接经验的时候,它才更具有教育价值,才能成为人的发展价值.

教师是新课程教学的实施者、实践者,数学课程标准的落实很大程度上依赖于教师的劳动.数学教学过程是教师引导学生进行学习活动的过程,是教师和学生之间互动的过程,是师生共同发展的过程.数学活动就是学生探索、掌握和应用数学知识的活动.从建构主义的角度看,数学学习是指学生自己建构数学知识的活动,在数学活动中,学生与教材及教师产生交互作用,形成了数学知识、技能和能力,发展了情感和思维能力.在数学教学过程中,教师与学生是人格平等的主体,教学过程是师生进行平等对话和交流的过程.教师与学生之间,学生与学生之间开展动态的交流对话活动,其内容包括知识信息、情感态度、行为规范和价值观等各个方面.在这个活动中,学生应当成为学习活动的主体,而教师始终是学生参与学习活动的组织者、引导者,是共同的参与者.教师的一切教学行为都是围绕引导学生开展观察、操作、比较、概括、猜想、推理、交流等学习活动服务的,都是为促使学生掌握基本的数学知识和技能,产生学习数学的愿望和兴趣服务的.

《课程标准》对教师提出了明确的要求,要求教师做到"关注、尊重、理解"学生.首先是"关注",即关注学生的成长,关注学生的感受,关注学生的需要,关注学生的学习方式,而不是只关心他的分数.要关注学生的发展,包括关注他们的全面发展和长期发展.对学生的关注来源于"尊重"."尊重"有着十分广泛的内容,即要求教师在实施新课程的课堂教学中做到:尊重自己,强调自立自强;尊重他人,强调平等;尊重社会,强调规则;尊重自然,强调和谐;尊重知识,突出探索,突出应用;尊重所教育的对象,突出以人为本."尊重"来源于"理解",即教师自我对人生的理解,对教育事业的理解,对所教数学的理解,对认知心理学和学生学习心理学的理解.

综上所述,教师是新课程教学的实施者、实践者,数学课程标准的落实很大程度上依赖于教师教学观的转变.根据新课程的教学理念,体现以学生的发展为

本的教学观.我们倡导的数学课堂教学应体现出:

课堂是师生心灵互动、心灵对话的舞台,而不仅仅是教师展示授课技巧的表演场所;

课堂是师生共同创造奇迹、唤醒各自沉睡的潜能的时空,离开学生的主体活动,这个时空就会破碎;

课堂是向未知方向挺进的旅程,随时都有可能发现意外的通道和美丽的图景,而不是一切都必须遵循固定线路的没有激情的行程;

课堂是向在场的每一颗心灵都敞开温情双手的怀抱,平等、民主、安全、愉悦是其最突出的标志;

课堂是点燃学生智慧的火把,而给予火把、火种的是一个个具有挑战性的问题,让学生走出教室的时候仍然面对问号、怀抱好奇;

……

如果用一句话来概括就是,焕发出生命活力的课堂才是理想的课堂.这样的课堂,也就是新课程所追求的课堂.基于以上对新课程课堂教学理念的认识,提出下列四种教学方式.

(一)"探索——转化——创造"的探究式教学方式

新课程的教学理念要求数学学习的过程要力求体现数学知识的形成、发展与应用过程.采用"问题情境探索——建立数学模型(转化)——解释、应用、拓宽与创造"的探究式教学方式,即从具体的问题情境中探索抽象出数学问题,使用各种数学语言表达问题,建立数学模型,获得合理的解释、解答.学会确认知识的拓展与应用,创造出高层次的理性认识.这样的教学呈现方式有利于学生理解并掌握相关的知识与方法,形成良好的数学思维习惯和应用数学的意识,感受数学创造的乐趣,增进学好数学的信心,获得对数学较为全面的体验与理解,促进数学能力的发展.这种探究式教学方式对培养学生的创新意识和实践能力,是一种较为有效的方式,它的许多优势是传统教学方式所不可比拟的.但是,探究式教学方式也有其不足之处,它比接受性学习方式要多花很多时间,这就决定了课堂教学不可能都采用探究方式,而且有些内容也不适合探究的方式.

(二)"自主学习质疑——合作研究——目标实现"的合作式教学方式

《课程标准》在学生的数学学习方式上明确地提出了要构建学生之间的互动式"合作交流的学习方式",这就要求教师的课堂教学有与之相匹配的教学方式.合作式的教学方式要求教师指导学生组成学习小组,为了完成共同的任务,有明确的责任分工.使学生明确合作式学习是一种互助性学习,它不仅是数学认知的需要,而且有着更广泛、更深刻的意义.教学过程中,教师应当根据教学的实际需要,选择易于产生争论的、有价值的,而且是个人难以完成的内容,让学生在自主学习、独立思考的基础上提出质疑、交换意见、合作研讨.教师还必须选择恰当的时机进行引导、点评,如方法多样时,学生思考出现困难或意见不统一时.在这一合作研讨的过程中,教师要时刻关注提出的问题能否提供合作的契机,是不是值得讨论的问题.若提出的问题过于简单或过难,合作研究将流于一种表面形式,更不能认为,学生围坐在一起进行简单的讨论就会出现合作的效应.

我们倡导的合作式教学模式在课堂呈现中应体现以下特点:积极的相互支持配合;积极承担在完成共同任务中个人的责任.它不再是数学课堂教学的点缀,而是一种具有实际意义的学习方式.

在合作式学习的教学方式中,教师要培养学生"三会":一是学会倾听,不随便打断别人的发言,努力掌握别人的发言要点,对别人的发言作出评价;二是学会质疑,听不懂时请求对方作出进一步的解释;三是学会组织、主持小组学习,能根据他人的观点,作总结性发言.使学生在交流中不断完善自己的认识,不断产生新的想法,同时也在交流和碰撞中,一次又一次地学会理解他人、尊重他人,共享他人的思维方式和思维成果,最终达到学习目标的实现.

合作式学习的教学要求强调学生是学习的主体,强调学生自主学习,提出问题、质疑,合作研讨式的学习;这并不是不要教师的指导,也不是说教师可以撒手不管,更不能认为教师可以推卸教育学生的责任.学生讨论时,教师应该以听、看为主,把注意力集中在了解学生活动上.在此基础上,迅速加以思考:下一步的教学应该作哪些调整?哪些问题值得提出来全班讨论?哪些问题需要教师点评、讲解?教师要及时地作出最恰当的选择,使学生的合作研究向着学习目标的实现推进.

(三)"师生互动、共同参与、平等对话"的谈话式教学方式数学教学的过程也就是"师生互动、共同参与"的过程,在这个过程中特别强调学生的参与,即强调活动、操作、实践、考察、研究、交流等亲身经历的学习活动.通过这个"活动",调动学生的个人知识、直接经验和生活世界.

有了学生对学习活动的积极参与,对学生来说,学习就不成为负担,学习的效果就会事半功倍.学生的积极参与,获得了学习的经验和体验,使学习进入生命领域.因为有了体验,知识的学习不再是仅仅属于认知、理性的范畴,它已扩展到情感和人格等领域,从而使学习过程不仅是知识增长的过程,同时也是学生身心和人格健全与发展的过程.

美国教育家彼得·克莱恩说:"学习的三大要素是接触、综合分析、实际参与."要实现学生的主动发展,参与是基本的保证条件.教师在教学过程中,不能只满足于学生表面的、形式上的参与.如果教师在课堂上依然采取简单的问答式,一问一答,学生好像忙得不亦乐乎,但实际上学生的思维仍在同一水平上重复.一些课堂表面上呈现出热热闹闹,学生能准确地回答教师提出的问题,但很少有学生提出自己的见解,表面上看是师生互动,实际上是用提问的方式"灌",直到让学生认同教师事先设计好的答案.师生、生生之间没有真正地互动起来.

什么是参与?每一个学生都发言就是参与吗?应该说,站起来发言是参与,是一种行为的参与.但关键还要看学生的思维是否活跃,学生所回答的问题、提出的问题是否会引起其他学生的思考;要看参与是不是主动、积极,是不是学生的自我需要;要看学生交往的态度,思维的状态,不能满足于学生都在发言,而要看学生有没有独立的思考.引导学生参与课堂教学,要在激活学生思维方面做文章.

怎样调动学生的"思维参与"呢?教师应当创设情境,巧妙地提出问题,引发学生心理上的认识冲突,使学生处于一种"心求通而未得,口欲言而弗能"的状态.同时教师要放权给学生,给他们想、做、说的机会,让他们讨论、质疑、交流,围绕问题展开讨论.教师应当给学生时间和权利,让学生充分进行思考,给学生充分表达自己思维的机会,让学生放开说,并且让尽可能多的学生说.条件具备了,学生自然就会兴奋,参与的积极性就会高起来,参与度也会大大提高.只有积极、主动、兴奋地参与学习过程,个体才能得到发展.

新课程倡导的学生的自主学习、合作学习、探究性学习,都是以学生的积极参与为前提的,没有学生的积极参与,就不可能有自主、探究、合作学习.可以说学生参与课堂教学的积极性,参与的深度与广度,直接影响着课堂教学的效果.没有学生真正的主动参与,就没有成功的课堂教学.

教师在师生互动、共同参与的教学方式中,要纵观全局,要看学生参与的主动性,要看学生参与的深度、广度,要看学生在学习过程中的交往情况,要看学生在学习过程中的智力活动情况、情感体验情况,要看学生在学习过程中的发展情况,随时机智地调整自己的课堂教学行为.

(四)"提供资料——小专题研究——成果展示"的研究性学习的教学方式

研究性学习是在新课程理念下出现的一种全新的教学方式,有效地改变了学生的学习方式及教师的教学方式.与传统的教学方式相比,研究性学习以学生发展为本,更有效地突出学生学的方式,是一种让学生主动探求知识并重视解决实际问题的积极的教学方式.研究性学习的教学中,重过程、重应用、重体验、重全员参与,它把学生置于一个动态、开放、主动、多元的学习环境中,给学生提供了更多的获取知识的方式和渠道.研究性学习的课堂教学中体现了以下四个特征.

1. 探究性

探究性是人类认识世界的一种基本方式,这种探究性表现在研究课题的结论是未知的、非预定的,结论的获得也不是由教师传授或从书本上直接得到,而是学生以类似科学研究的方式,查阅资料、作实验,通过假设、求证,最终解决问题、得出自己的结论.

2. 开放性

研究性学习过程是一个开放的教学空间.体现在:(1)学生在研究性学习过程中的心态是开放的、自由的;(2)教学内容不拘泥于教材,也不拘泥于教师的知识视野,更接近于学生的日常生活和社会生活实际;(3)许多课题没有惟一正确的答案,只能从不同的角度、不同的方法、不同的需要去权衡利弊,进行评价,这就为学生的创新思维提供了广阔的天地;(4)时空的开放性.研究性学习的教学设计中体现了让学生走出书本和课堂,走向社会,利用图书馆、网络和调查访问等方式收集资料.把课内与课外、学校与社会有机地联系起来.

3. 实践性

研究性学习的教学中,强调学生通过亲身实践获取直接经验,以养成科学的精神和态度,掌握基本的科学方法.促使学生到社会中学习,增强面向社会的能力,并提高综合运用所学知识解决实际问题的能力.使学生能够自己提出问题和研究问题,来体验知识的产生和发展过程.

4. 过程性

研究性学习的教学注重学生的学习过程,更关注学习过程中学生的思维方式、个人体验,及对信息、资料的整理与综合.教学过程中应通过学生的主动探究过程来培养他们的创新精神、动手能力和解决实际问题的能力.使学生在这个过程中增强研究意识、问题意识,学会如何学习、如何去解决问题.

在指导学生进行研究性学习的过程中,教师要与学生共同研究,随时调控课题的研究情况,及时总结,使课题逐步深入、落到实处.要求学生把收集到的原始资料进行整理、归纳、分析与概括,以小论文、图表、调查报告、实验报告等形式得出自己的结论,提出个人的建议.同时,学生通过参与对话,比较各自的研究成果,或把结果与教师或教材上提出的结果相比较,作出各种可能的解释.

总之,课堂教学方式是为教学目标服务的,教学目标是多元的,教学方式也不应该是单一的.科学有效的教学方式是实现教学目标的重要途径,但教学过程不应该是一个不变的程序,更不应该成为僵化的模式,而应该是一个需要教师随机应变的过程,是学生实现知识与能力、过程与方法、情感态度与价值观三者浑然一体的过程,应该是充满创造性、神奇而又多变的过程.在落实新课程教学目标的课堂里,当教师把过程还给学生的时候,一堂课究竟需要一个什么样的教学方式,已经远远不是在备课时就能完全了然于胸、把握在手的,它需要遵循学生认知的规律,随时调控教学环节.既定的模式已变得并不重要,重要的是有没有完成教学任务、实现教学目标,学生的思维是不是真正被激活,课堂里有没有充满学生主动学习的气息.

"教学有法,教无定法".在具体的教学实践中,教师要深层次地学习、感悟数学新课程的课堂教学理念,针对具体的教学内容、具体的学生背景,选择或创设最佳的教学方式,取得理想的课堂教学效果.

# 第五章
## 新课程的教学评价观

《课程标准》指出：数学教学评价，既要重视学生知识技能的掌握和能力的提高，又要重视其情感、态度和价值观的转变；既要重视学生学习水平的甄别，又要重视其学习过程中能动性的发挥；既要重视定量的认识，又要重视学生的自评、互评。总之，应将评价贯彻于数学学习的全过程，不忽视评价的甄别选拔功能，更要突出评价的激励与发展功能。

### 一、传统教学评价存在的问题

长期以来，我国教学评价实践的依据主要是传统教学评价理论，因此带有鲜明的"技术理性"色彩和管理主义倾向，追求效率和控制，导致教学评价的机械化和非人性化。具体说来，评价主要存在如下一些问题。

首先，评价者与被评价者形成主体与客体、控制与被控制的关系，评价者成为绝对权威，被评价者对评价产生消极、抵触或刻意迎合的心理。其次，评价者为了在评价过程中保持所谓客观性，极少投入感情，评价者与被评价者之间缺乏情感交流和相互理解，致使评价的过程变得冷漠而成为令人恐惧或讨厌的事情，非但不能促进被评价者的发展，反而对被评价者的心理造成伤害。再次，学校一般采用定量的评价方法，评价者对定量方法有特殊的偏爱，因为定量的评价方法被标以"科学"、"准确"的标签。而事实上，定量评价方法是有局限性的，表现在：第一，定量方法适用于评价能够量化的那些方面，而不能评价无法量化的那些方面。第二，定量评价无法评价学生在学习过程中的情感变化、内心感受，以及对数学的兴趣，等等。第三，由于数学教师对数学的理解不甚相同，所以往往使用惟一的、固定的评价标准，只允许学生按照书本上的方式解答问题，学生的答案必须与标准答案相符，对学生的另类探索和答案不仅不鼓励反而批评，只关注学生学习过程中究竟发生过哪些疑惑,怎样解除疑惑,使用怎样的思维策略等方面的问题。长此以往对学生的学习非常不利,致使学生对学习产生了厌烦情绪,学习的动力也会不足,阻碍了学生的进一步发展。

## 二、新课程教学评价的基本特征

和传统的教学评价相比,新课程需要的教学评价既要遵循教育理论的一般原理,也要具有一些区别于传统教学评价的特征。其基本特征表现在如下几个方面。

（一）发展性

在评价中强调重视方法和学习技能的掌握,在此前提下重视学生的学习态度的转变,重视学习过程的体验,重视学生之间交流与合作,重视动手实践与解决问题的能力,归根结底是重视学生各种素质尤其是创新精神和实践能力的发展状况。

（二）多元化

新课程需要的教学评价要求评价主体是多元的。评价体系应包括教师评价、学生自评和互评、学生与教师互动评价,等等。提倡把学校评价、社会评价和家长评价结合起来。教学评价不是评价者对被评价者的单向刺激反应,而是评价者之间互动的过程。在新课程所需要的教学评价中,学生应该是主动的自我评价者——通过主动参与评价活动,随时对照教学目标,发现和认识自己的进步和不足,从而促使评价成为学生自我教育和促进自我发展的有效方式。

（三）多样性

评价方法应该是：可以量化的部分,使用"指标＋权重"方式进行；不能量化的部分,则应该采用描述性评价、档案评价、课堂激励评价等多种方式,以动态的评价替代静态的一次性评价,视"定量评价"和"定性评价"为同等重要。把期末终结性的测验成绩与日常激励性的描述评语结合在一起,而不是把教学评价简单理解为总结性地"打分"或"划分等级"。

（四）多面性

为了全面真实地反映全体学生的学业成绩和学习潜能,新课程需要的教学评价把教学过程与评价过程融为一体,最大限度地发挥了评价对于教学活动的导向、反馈、诊断、激励等功能,评价的信息来源不再仅仅局限在课堂,而是拓展到了学生的各种空间.评价也不再仅由教师通过课堂内外的各种渠道采集学生素质发展的信息,而是设计种种评价工具,鼓励学生主动收集和提供自我发展的评价信息.

### 三、新课程教学评价的重要功能

(一) 教学评价在课程体系中起着激励导向和质量监控的作用

评价应反映学生数学学习的成就和进步,激发学生的数学学习;评价应诊断学生在数学学习中存在的困难,帮助教师找到问题所在,及时调整与改善教学过程,促进教师全面发展;评价应体现评价内容、主体和方法的多元化,既要关注结果,更要关注过程,在关注过程的评价中,帮助学生认识到自己在学习方法、解题策略、思维或习惯上的长处和不足,使学生形成学习数学的积极态度、情感和价值观,帮助学生认识自我,树立学习的信心.

(二) 教学评价应有助于学生素质的全面提高

新课程教学评价不仅要关注学生的学业成绩,还要充分发挥评价的教育功能,通过评价内容、评价主体、评价标准的多元化,充分、全面了解学生,帮助学生认识自我、建立自信,通过关注每个学生的差异,了解学生在发展过程中的需要,为每个学生的个性发展提供充分的个性空间,发现发展每个学生的潜能,促进每一个学生在已有水平上的健康发展,促进学生素质的全面提高.

(三) 教学评价应有助于"改进教师的教学"

这其中有两方面的含义:首先,教师通过对学生的评价,以及有校长、同行、学生家长共同参与的评价,分析与反思自己的教学行为,找到改进方法,提高教师的教育教学水平;其次,专门建立促进教师发展的评价体系和方法,使教师从多方面获得改进工作的信息,诊断、反思教学行为,完成从知识传授到数学学习的组织者、引导者、合作者、管理者以及资料的提供者的角色转换,促进教师的专业发展.

（四）教学评价应有助于深化课程改革

因为高中阶段的教育仍然是基础教育,对于提高国民素质承担着重要任务.所以,我们要对课程方案的执行情况及实施效果,进行周期性的监测和评估,及时调整课程内容,形成课程不断完善的有效机制.

（五）教学评价应有助于教育价值提升

从评价与教育的关系来看,教育评价活动只是实现教育目的的手段,它永远不可能上升为教育目的本身,更不能超越教育目的.教育评价最终目的就在于促进教育教学质量的提高,促进学生身心全面发展.无论是怎样的评价,在评价的过程中,我们可以实现教育价值的发现和创新,从而可以更深入地认识作为评价对象的一些活动和现实表现,进而实现教育价值的提升.

（六）教学评价有利于继续改革和完善考试制度

考试作为学业评价的一种形式,应遵循全面推动素质教育的基本原则,按照不同考试的目的和性质,确定考试方法和考试结果的处理.考试的内容要依据课程标准,杜绝设置偏题、怪题和难题的现象.在对考试结果的处理上,要求作出具体的分析指导.考试与其他评价方法一样,是为了促进学生的发展.因此,对考试的结果应加强分析指导,重在为学生提供建设性的改进意见,而不是成为给学生"加压"的手段.学校和教师应关注学生的处境和发展的需要,保护学生的自尊、自信,认真思考、谨慎选择,以激励为主的方式对考试的结果进行反馈,促进学生在原有水平上的发展.教师应保护学生的隐私权,不排名公布考试成绩,教师应对每位学生的考试情况作出具体的分析指导.

## 四、新课程的数学教学评价

数学教学评价是指对照数学教学目标、教学计划、教学成果,运用系统科学和统计方法收集信息,对数学教学过程及教学效果得出价值判断,并把判断的结果反馈于数学教学实践,为数学教学决策提供依据的过程.

1. 数学教学评价的作用、原则

(1) 数学教学评价的作用

管理作用、诊断作用、调节作用、导向作用、激励作用.

(2) 数学教学评价的基本原则

目标性原则、科学性与教育性原则、整体性原则、客观性与实践性原则、标准化与可行性原则、民主性原则.

2. 数学教学评价的方法

(1) 设计评价指标

要进行数学教学评价,在选择好评价对象之后,首先应根据教学目标设计评价指标体系,这是正确实施教学评价的关键,直接影响着评价的客观性和有效性.

(2) 收集评价信息

收集评价信息是教学评价的第二个阶段,主要工作是选择、制作测量评价指标和储存评价资料等.在教学评价中,收集评价信息和资料的方法主要有观察法、谈话法、问卷法、考试法、个案研究等.

(3) 加工评价信息和资料,作出评价结论

在获得了大量的评价信息形成评价资料之后,要着手加工评价资料并作出评价结论.这里常用的方法有定性分析法、定量分析法等.作出评价结论就是给出价值判断,一般采用给出数量性评价或定性和定量相结合等方法.

(一) 重视对学生数学学习过程的评价

《课程标准》指出:相对于结果,过程更能反映每一个学生的发展变化,体现出学生成长的历程.因此,数学学习的评价既要重视结果,又要重视过程.对学生数学学习过程的评价,包括学生参与数学活动的动机和态度,完成数学学习的自信,独立思考的习惯,合作交流的意识,数学认知的发展水平等方面.

1. 对学生数学学习过程的评价中,关注学习的准备状态

从学习的准备来看,关注学习的准备状态非常重要.在学习即将进行时,应充分调动学生的积极的情绪和思维,唤起学习的欲望.此项活动应包括原有知识的储备、相应的能力、情绪、态度、激活的思维等.为学习活动的顺利进行作好心理的准备后,有助于学生愉快而高效率地学习,也只有这样,学生才能坚定学好

数学的信念,会更加勤奋、刻苦地学习数学,当遇到困难时,会克服困难,始终保持旺盛的学习斗志.

2. 对学生数学学习过程的评价中,关注对学生学习动机和合作精神的评价

在评价中应关注学生是否积极主动地参与数学学习活动,是否愿意与同伴交流数学学习的体会,与他人合作探究数学问题.在评价过程中应努力引导学生正确认识数学的价值,产生积极的学习态度、动机和兴趣.只有当一个人有强烈的学习动机的时候,他才会有探索的动力,才会坚持不懈地去作各种尝试,克服困难,这是获得成功的开始.否则,我们只重视结果,不重视过程,并且评价不科学,这样就容易挫伤学生学习数学的积极性,最后导致学生可能因此丧失学习数学的信心.所以,我们评价重点应是动机和合作精神.

3. 对学生数学学习过程的评价中,应关注学生学习数学的独立思考和独立学习能力的评价

独立思考和独立学习是数学学习的基本特征之一,而每个学生,除了有特殊原因外,都有相当强的潜在的和显在的独立思考和独立学习能力,不仅如此,每个学生同时都有一种独立的需求,都有一种表现自己独立学习能力的欲望,他们在学校的整个学习过程也就是一个争取独立和日益独立的过程.低估、漠视学生的独立学习能力,忽视、压制学生的独立要求,从而导致学生独立性的不断丧失,这是传统教育的根本弊端.所以,我们在教学中要充分尊重学生的独立性,积极鼓励学生独立学习,从而让学生发挥自己的独立性,培养独立学习的能力.因此,我们在教学中,应建立评价学生是否独立思考的方法与过程,从根本上提高学生的独立思考、独立学习的能力.

4. 对学生数学学习过程的评价中,关注学生学习数学的差异性

每个学生都有自己独特的内心世界、精神世界和内在感受,有着不同于他人的观察、思考和解决问题的方式.正如多元智力理论所指出的,每个人的智慧类型不一样,他们的思考方式、学习需要、学习优势、学习风格也不一样,因此每个学生具体的数学学习方式是不同的.由于实际具备的认知基础和情感准备以及学习能力倾向不同,他们对同样的内容和任务的学习速度和掌握所需要的时间及需要的帮助不同.所以,我们要尊重学生的这种客观存在的差异,并把它视为

一种亟待开发和利用的教育教学资源,努力实现学生学习数学时的个性化和教师指导的针对性.

5. 对学生数学学习过程的评价中,关注学生对数学思想方法的学习的评价

从分析数学认知结构与解决数学问题可知,它们所需要的知识,是那些具有较高概括性和包容性,显示数学特色和贯穿数学前后的基本概念、原理、观念和方法,即数学思想方法.一旦学生掌握了它,就能触类旁通.因此,学习基本的数学思想方法是形成和发展数学能力的基础.许多心理学家都十分重视学科基本原理、概念的学习,对数学来说,也就是基本思想方法的学习.美国心理学家布鲁纳在《教育过程》中,强调学习学科的基本结构,也即学习学科的基本原理和概念,他认为有四点好处:第一,懂得基本原理可以使得学科更容易理解;第二,学习基本原理、概念,有助于长期记忆,就是在部分知识遗忘的时候,也能得以重新构思起来;第三,领会基本的原理和概念是通向适当的"训练迁移"的大道;第四,学习基本的原理和概念,能够缩小"高级知识"和"初级知识"的差距.也就是说,我们在学习数学时,要学习数学本质,要理解数学的核心,才能够将数学基本思想方法用得对、用得好、用得活.

6. 对学生数学学习过程的评价中,关注学生应用知识解决实际问题的能力与创新能力的评价

在数学教学过程中,坚持创新的价值取向对评价体系的保障至关重要.知识和技能的掌握易于评测,而创新素养的形成则是长效的、隐性的.对于中学生来说,数学学习不仅意味着掌握数学知识、形成数学技能,而且会发现与创建"新知识"(再创造),即能够进行一定的创造性的数学活动.当然中学生的创造性思维活动,即创新能力不同于科学家的创新能力和创造活动.只要他们在学习数学的活动中不断产生对他们自己来说是新鲜的、开创性的东西,这就是一种创新能力的体现.正如教育家刘佛年指出的:"只要有点新意思、新思想、新观念、新设计、新意图、新做法,就称得上创造.我们要把创造的范围看得广,不要把它看得太神秘,非要有新的科学理论才可叫创造,那就高不可攀了."所以必须改进我们的评价体系,日常教育教学的评价中应突出"创新"的衡量标准,重过程、重综合、重全面,立足于鼓励、激发和引导,通过评价的实施,从根本上改变压抑创新的"传

统"教学方式,为祖国培养更多的创新型人才.

(二) 正确评价学生的数学基础和基本技能

《课程标准》指出:学生对基础知识和基本技能的理解和掌握是数学教学的基本要求,也是评价学生的基本内容.评价要注意对数学本质的理解和思想方法的把握,避免片面强调机械记忆、模仿以及复杂技巧.

1. 对数学知识理解的评价

对数学知识理解的水平,在很大程度上取决于概念的理解水平.而概念的形成是指这样的获得的方式,即在教学条件下,从大量具体的例子出发,从学生实际经验的肯定例证中,以归纳的方式概括出一类事物的本质属性.

概念形成的具体过程为:辨别一类事物的不同例子,概括出各例子的共同属性,提出它们的共同本质属性的各种假设,并加以检验;把本质属性与原认知结构中的适当的知识联系起来,使新概念与已知的有关概念区别开来;把概念的本质属性推广到一切同类事物中去,以明确它的外延,扩大或改组原有数学认知结构.可以说概念的形成是一个非常复杂的过程,一般应包括分析、综合、比较,抽象和具体化,概括和专门化,类比的确定和运用,分类和系统化等智力活动.评价中可将学生对概念的理解划分成几个不同层次的水平:联系水平、方法水平、策略水平、数学水平、探究水平.此外,学生能否在分类上准确把握概念,能否准确地用数学语言表述,或能对其作出直观性描述,能否在归纳和类比中理解概念,以及学生生活经验和过去学习经验对概念理解的影响,都可列为评价的因素.还可以关注学生能否独立举出一定数量的用于说明问题的正例和反例.特别是核心概念对数学学习的影响是深远的,对它们的评价应该贯穿在高中数学学习的整个过程中.

2. 评价学生的数学基本技能

学生自动地完成最简单的基本活动叫做技巧.技能是完成某种任务的心智或动作的活动方式,它需要通过练习才能形成.数学技能是数学学习过程中,通过训练而形成的一种动作或心智的活动方式.在数学技能形成中应注意:①数学教学中,技能的学习要以知识的理解为前提.但是知识的理解也不等于技能的形成,它必须通过练习才能获得.当然在技能的形成过程中,也会促进知识的理解,并且在技能形成后,将十分有利于后面知识的学习,而成为以后学习的不可缺少的条件.②技能学习要经历一个从"会"到"熟"的过程,其间要通过有计划、有目的的练习,才能完成这一转变.首先要对形成什么技能及其意义有明确的认识,对所需的知识要清楚理解,这样才能产生学习的主动性与积极性.③及时矫正错误,注意总结经验教训,由于数学技能的学习过程是一步接一步的,每一步都是下一步的基础,一步出现偏差,则影响后面各步的学习.所以应在各环节过程中注意对学习进行及时评价,通过及时评价,让学生及时调整在学习中的行动.在评价学生数学基础知识和基本技能时,对学生数学语言的形成过程也要有一个适当的评价,能否恰当地运用自然语言和数学语言进行交流也是评价的重要内容.

(三)重视对学生数学基本能力的评价

学生的数学学习能力是和学生的数学学习同步发展的,培养学生基本的数学能力也是数学教学最重要的目标之一,而在这些能力中,核心是数学思维能力.所以教师在指导学生学习数学时,要先对学生已有的数学思维能力作一评价,这样我们所安排的内容,才能与学生思维发展的进程相吻合,既不能不顾学生思维发展的阶段水平,也不能低估学生思维发展水平,降低学习要求,影响学生的发展和能力的提高.所以,在向学生提供学习材料时,既不应使学生轻易地得到解决,也不能使他们力所不及,无法解决.而是经过学生的努力可以解决的,这样才能促进学生数学思维能力的发展和提高.数学思维能力一旦形成,它有相对的稳定性,对数学的进一步学习有很大的促进作用.而在评价测量中容易实施,既可以用定性的方法评价,也可以用定量的方法评价.《课程标准》中讲述了学生基本数学能力的评价要求:是否具有问题意识,即是否善于发现和提出问题;是否选择有效的方法和手段收集信息,提出解决问题的思路,建立恰当的数学模型,进而尝试解决问题;是否在解决问题的过程中,既能独立思考,又能与他人很好地交流与合作;能否对解决问题的方案产生质疑;是否能调整和完善解决问题的方案与结果,用书面或口头等形式比较准确地表达并进行交流,根据问题的实际要求进行分析、讨论或应用.

这里着重提出数学思维能力的评价,数学思维能力突出反映的是学生的数

学学习能力,其主要特点是:

1. 思维活动的自觉性

这是学生学习能力的主要成分,取决于思维实际活动成分和数学语言、逻辑成分之间相互掌握的程度.反映为学生对外来的信息予以充分考虑,从而保证有可能从本身的经验和错误中学习,并根据错误来校正自己的活动.

2. 思维活动的广阔性

它表现在能多方面、多角度去思考问题,善于发现事物之间的多方面的联系,找出多种解决问题的办法,并能把它推广到类似的问题中去.

3. 思维活动的深刻性

它表现在能深入地钻研与思考问题,善于从复杂的事物中把握住它的本质,而不被一些表面现象迷惑,特别是能在学习中克服思维表象性、绝对化与不求甚解的毛病.

4. 思维活动的灵活性

大科学家爱因斯坦把思维的灵活性看成是创造性的典型特点.在数学学习中,思维的灵活性表现在能对具体问题作具体分析,善于根据问题的变化,及时调整原有的思维过程,理性地运用有关定理、公式、法则,并且思维不囿于固定程式或模式,具有较强的应变能力.

5. 思维的稳定性

对于问题情境中有意义的本质特征,可根据现实要求予以合理保持,在相应条件下发现它们,由此逐步形成系统,为较长时间的紧张而有效的思维创造条件.

6. 思维的批判性

思维的批判性表现在能有主见地评价事物,能严格地证明自己提出的假设或解题的方法是否正确和优良;喜欢独立思考,善于提出问题和发表不同的看法,既不人云亦云,也不自以为是.如有的学生能自觉纠正自己所做作业中的错误,分析错误的原因,评价各种解法的优点和缺点等.

7. 思维活动过程中对帮助的感受性

对帮助的感受性是指,学生碰到自己不能独立解决的问题时,对帮助的敏感程度越高则接受和掌握新知识的能力越强,他的思维能力也越容易得到充分发展.

评价中要关注学生能否对自己提出问题和解决问题的过程进行自评和互评,要充分肯定学生在数学学习中的发展和进步、特点和优点,同时指出他们今后发展的方向.

(四) 实施促进学生发展的多元化评价

《课程标准》指出:促进学生发展的多元化评价的涵义是多方面的,包括评价主体多元化、方式多元化、内容多元化和目标多元化等,应根据评价的目的和内容进行选择.

1. 主体多元化

是指将教师评价、自我评价、学生互评、家长和社会有关人员评价等结合起来.无论是怎样的评价,评价应以尊重被评价对象为前提,评价主体要参与学校数学教育活动,并注意主体间沟通,也就是要注意主体互动性.即强调评价主体间的双向选择、沟通和协商,关注评价结果的认同问题,也就是如何使评价对象最大限度地接受评价结果而不是结果本身的正确性.

2. 方式多元化

是指将定性和定量相结合,书面与口头相结合,课内与课外相结合,结果与过程相结合等.学生的学习结果具有确定性的一面,也存在着不确定的一面.所以我们要注意评价方式的多元化.

3. 内容多元化

学生的发展可以分解为不同阶段,学生的活动可以分解为不同的部分,但对学生的评价则应注意整体性,要注重学生素质的考查,要从知识与能力、过程与方法、情感态度与价值观几方面进行评价,不仅要关注学生的学业成绩,更要关注学生创新精神和实践能力的发展,以及良好的心理素质、学习兴趣与积极情感体验等方面的发展,帮助学生发挥潜能,从而建立自尊、自信、自强,且持续发展的心理状态.

4. 目标多元化

是指对不同的学生有不同的评价标准,即尊重学生的个体差异,尊重学生对数学的不同选择,不以一个标准衡量所有学生的状况.

总之,通过多元化的评价,可以更好地实现对学生多角度、全方位的评价与激励,努力使每个学生都能得到成功的体验,有效地促进学生的发展,让"评价"成为学生发展的一种动力.

(五) 根据学生的不同选择进行评价

学生的数学知识、技能的获得,数学能力的提高,直至目标的实现等,都是在教师的指导帮助下,通过他们自己的努力和充分发挥主观能动性实现的.在数学教学中,教师起着主导作用,十分重要,决不能轻视;但也不能忽视学生的巨大作用,因为在学生头脑里进行的学习活动,别人无法代替,他们是学习的主体.这正如乔治·波利亚说的:"教师在课堂上讲什么当然是重要的,然而学生想的是什么却是千百倍的重要.思想应当在学生的脑子里产生出来,而教师仅仅只应起一个助产婆的作用."

从这个意义上讲,有效的学习方式都是个性化的,每个学生的思考方式、学习需要、智力优势、认知水平不相同.我们教师就应尊重学生的个性差异,并把它视为一种亟待开发和利用的教育教学资源,努力提高学生的个性化学习水平和教师指导的针对性.

《课程标准》要求:学生可以根据个人不同的条件以及不同的兴趣、志向,在高中阶段不同的数学课程组合进行学习.学校和教师应当根据学生的不同选择进行评价,为学生建立相应的学习档案.当学生完成课程模块或专题的学习时,将反映学生水平的学习成果记入档案;当学生调整自己的课程组合时,学校和教师应及时帮助学生作好已完成课程的评价,以及系列转换工作.学校和教师的这些评价,将成为学生进入社会求职或高等院校招生时评价学生的依据.

在评价中,尊重学生个性的同时,还要正视不同学生之间的差异,对于不同选择的学生不能用同样的评价标准,对同一选择中的不同层次的学生也不宜使用同样的评价标准.例如:在考试时,可以试行"二次考试",一个学生在测验后,对答卷不满意时,允许他们二次答卷或再考.学生通过努力改正了错误,教师可以把学生第二次的成绩作为学生的学科成绩.这样成绩好的同学可以多次地证实自己,成绩稍差一点的同学也有了"补正"的机会,促进了学生自身的健康发展.同时教师还要根据学生的不同情况指导他们进行课程组合,尊重他们的选择,最大限度满足学生个性化需要,促进学生的发展.

# 第六章
## 新课程与教师专业发展

我国正在组织和开展的新一轮基础教育课程改革对我们中学数学教师提出了前所未有的崭新挑战,正如国家教育部颁布的《基础教育课程改革纲要(试行)》和《课程标准》所指出的那样:教师在数学教学过程中应与学生积极互动、共同发展,要处理好传授知识与培养能力的关系,注重培养学生的独立性和自主性,引导学生质疑、调查、探究,在实践中学习,促进学生在教师指导下主动地、富有个性地学习.教师应尊重学生的人格,关注个体差异,满足不同学生的学习需要,创设能引导学生主动参与的教育环境,激发学生的学习积极性,培养学生掌握和运用知识的态度和能力,使每个学生都能得到充分的发展.

因为,课程改革的最大动力是教师,最大阻力也是教师,成功与否也在教师.所以,为了适应新课程的需要,必须建立促进教师不断发展的评价体系,强调教师对自己教学行为的分析与反思;建立以教师自评为主,校长、教师、学生和学生家长共同参与的评价制度,使教师从多种渠道获得信息,不断提高教学水平.

数学教育作为教育的组成部分,在发展和完善人的教育活动中、在形成人们认识世界的态度和思想方面、在推动社会进步和发展的进程中起着重要的作用.在现代社会中,数学教育又是终身教育的重要方面,它是公民进一步深造的基础,是终身发展的需要.数学教育在学校中占有特殊的地位,它使学生掌握数学的基础知识、基本思想,使学生表达清晰、思考有条理,使学生具有实事求是的态度、锲而不舍的精神,使学生会用数学的思考方式解决问题、认识世界.

### 一、新课程对教师角色的挑战

基础教育课程的改革已经启动,新课程体系在功能、结构、内容、实施、评价以及管理等方面都有了重大的创新和突破.它给我们带来了严峻的挑战和诸多发展的机遇,可以说,新课程正在使我国教师队伍发生一次历史的变化,教师角色也发生了重大变革.

(一) 过去——教师传统角色分析

我国传统的教育中,社会对教师赋予了很多的角色形象,如"教师是人类灵魂的工程师"、"教师是辛勤的园丁"、"教师是蜡烛"、"教师是导演、校园警察"等都是社会对教师角色的一种认识.在这样一种认识下,淡漠了教师的内在尊严与劳动欢乐,并且认为教师是知识权威,是单纯的知识传授者,课程的被动执行者.由此导致忽视教师的创造性劳动,忽视教师的持续学习成长,教师不能在与学生的发展中共同成长.

(二) 现在——新课程与教师新角色

原有教师角色的存在有其客观原因,而新课程为教师的角色生长提供了条件.要做一名称职的现代教师,首先要求教师本人养成不断学习的习惯,锻炼不断获取知识的本领,教师"以其昏昏"怎么能"使人昭昭"？因此教师必须不断学习,不断进取,不断丰富自己的知识内涵.同时一名出色的教师,还应教会学生思考、学习、批判的本领,培养学生开拓新领域、分析新情况、迎接新挑战的能力,使每个学生都能得到全面健康的发展.

(三) 走向成功——教师角色的适应与发展

新课程为教师的角色发展提供了良好的契机和条件,在新课程里,教师是学生学习的合作者、引导者和参与者,是课程的研制开发者.这些将有助于教师专业意识和专业水平的提升,但是教师角色的发展必须有切实可行的规划.新课程的实施与原有的教育环境、教育观念、评价标准、教育者自身的条件等都可能存在着矛盾与冲突,因此,教师将面临许多困难与障碍,而教师就是要面对这些困难,通过各种形式的业务发展,适应新课程的要求.

总之,新课程向教师提出了新的挑战:教学内容的飞速翻新,教学方法的日益进步,教学手段的逐步现代化,以及终身教育观念的逐步深化,要求教师不断地重新学习,接受在职教育,增加自己的知识储备,改善自己的知识结构,不断地提高教育教学专业水平.

## 二、教师专业发展的基本理论

不断变革是现代教育的基本特征之一,目前,我国正经历一场如火如荼的基础教育课程改革,素质教育、主体教育、创新教育的意蕴是这次改革的根本目的.面对学生独立个性的张扬,全面素质的提升,主体能力的增强,创新潜能的开发,广大中小学教师仅满足于"教书匠"的角色已远远不能适应时代精神的迫切要求.要与新课程同步,教师专业必须得到发展.

(一)什么是教师专业发展

教师的专业发展,是指教师个体内在专业素质的提高和专业实践的改进.具体体现在:教师教科研成果的呈现,职业阶梯的上升,学位的授予和专业荣誉、称号的获得.与教师专业发展相近、相似的概念是:教师专业成长、教师职业成熟、教师培训、教师在职进修以及教师的继续教育等.

(二)教师专业发展的相关理论

1.教师专业发展的过程理论

教师专业发展首先强调教师作为一个教育教学的专业对口人员,要经历一个由不成熟到相对成熟的专业对口人员的发展历程,教师的发展空间是无限的,成熟只是相对而言,而发展则是绝对的.教师的专业对口发展一般划分为这样的五个阶段:新手阶段;进步的新手阶段;胜任阶段;熟练阶段;专家阶段.

2.教师专业发展的内容理论

从教师的专业发展的历程来看,教师的专业发展并不仅仅是一个时间的延续,伴随着这一历程的是教师专业的各个方面内容上的发展.(1)知识:教师应具有良好的、全面的知识结构,这其中相当重要的部分是教学的实践性知识;(2)效率:教师解决教学领域的效率比较高;(3)洞察力:教师在解决教学领域的问题时,应富有创造性和洞察力.而教师在各个内容上专业发展始终不可能离开教学,只有致力于解决学校中现实的教学问题,教师才有可能不断提高自己的专业素质.

## 三、教师专业发展的策略和途径

随着新课程的实践,教师专业发展的迫切性和重要性日渐突显出来.而要实现和促进教师的专业发展的策略有二:一是国家和地方的政府部门以及教育行政部门为教师专业发展建立各种导向和激励机制;二是对教师实施各种形式的引导和培训.下面我们一起关注第二种策略.

(一)听课促进教师专业发展

在我国传统教研活动中,比较盛行教师听课,学校基本上每学期都要安排一些听课活动.其实这是一种非常好的促进教师专业成长的途径.

听课按目的可分为两类:一类是以考核为目的的,另一类是以专业发展为目的的.以专业发展为目的的听课,是一种横向的同事间的互助指导,重点是帮助教师提高教学水平,改进教学行为,是促进教师专业发展的一种行之有效的方法.

1. 听课能培养教师解决实际课堂教学问题的能力

听课活动中,授课教师与听课教师在课堂教学中都身临其境,观察、反思、体验教学中的各个环节,能看到平时看不到的问题,能想出更好的解决办法.授课教师课后自省,与听课教师讨论,寻求问题答案,并继续实验,不断改良.在听课活动中,参与者获得的是内化的知识和元认知的经验,伴随着积极的情感体验,增长了解决实际问题的能力.

2. 听课活动鼓励教师审视提升自己的经验

教师有了经验是建构新能力的固着点.教师总是用已有的经验来同化或顺应新的理论.如果不对自己原有的经验进行分析和省察,新的理论和方法就不会被内化和应用到课堂教学中.听课提供了一个使教师反省自己经验的情境和条件,教师在问题情境下审视和反省已有的经验,用行动来整合教育教学中那些不确定性的知识,获得一种贯通感.实证研究表明,学校内教师之间的相互听课和指导,能使教师把在职业培训所学到的知识更新,把培训所学到的技能运用到日常课堂上,有效地解决从理论到实践的转移问题.

(二)教学反思促进教师专业发展

教学反思是促进教师发展的重要环节.通过反思探索解决教学中的问题,提高教学的主动性、目的性和创造性,能够帮助教师获得理性的升华,没有反思的教学行动是机械的运动,也不会改善教师的教学行为.如教师按教学进程进行的反思过程.(1)教学前进行前瞻性反思:教师在备课前认真分析教材、学生及学生以前生活、学习状况,通过教学前反思准备出符合班情、生情的个性化教案;(2)教学中及时进行调整性反思:教师要根据课堂上随时出现的问题即时反思,抓住契机,调整自己的教学策略;(3)教学后进行批判性反思:反思自己在教学中的得与失,不断改进自己、完善自己,促进教师课堂教学水平的提高.

当然,反思的范围比较广泛,教师只有通过对照新课程的理念,反思教学中对数学课程标准的把握,对知识与技能、过程与方法、情感态度价值观三位一体教学目标的落实等,改进教师的教育教学策略,促进教师的专业发展.

(三)课题研究促进教师专业发展

提高教师的教科研能力是引导教师由经验型向专家型转变的关键.而教科研能力提高的策略之一,就是课题研究.教师结合自己在教学中遇到的实际问题,以课题的形式进行研究.其中教师是研究者,这也是新课程对教师的要求.教师要敢于打破研究高不可攀的神话,在教学的过程中要勇于反思、探询、研究,以自己亲身感受去验证、理解、关注,进而发现、提出、解决所面临的各种实际问题.这样就能把工作融于课题研究中去.教师在这一过程中学会了反思,学会了合作,学会了交流,使自己从不成熟到成熟,从新手到专家,有效地促进了教师专业发展.

(四)校本课程开发促进教师专业发展

校本课程开发就是:在学校现场发生并展开,以国家及地方制定的课程纲要的基本精神为指导,依据学校自身的性质、特点、条件及可利用和开发的资源,由学校成员志愿、自主、独立或与校外团体或个人合作开展的旨在满足本校所有学生学习需求的一切形式的课程开发活动,是一个持续和动态的课程改进的过程.

通过校本课程开发,教师可以亲自参与课程编制的整个过程.国家提供的课程标准成为他们主动学习研究的指导性纲要,国家提供的配套教材成了他们自主选择的对象,不再是教师的课程集装箱.这样教师就能在学校这块基石上,纵观国家的课程或其他学校的课程,使我们教师都"站起来".

校本课程开发给教师松绑,让教师自主决策,这无疑为教师的专业发展提供了广阔的空间.另外,校本课程开发是一个复杂的过程,需要各位教师的共同参与、探究合作,在这样的过程中,教师能在相关人员的指导和帮助下,反思自己在教学中所遇到的问题,并找到问题的答案.这样的探究合作十分有利于培养教师的专业精神,提升教师的专业技能,从而促进教师的专业发展.

# 探索篇

# 第七章

## 新课程的数学教学方法探讨

在实施新课程的过程中,人们可能会关心这样一个问题:会不会再次出现"穿新鞋,走老路"的现象,回答这个问题的关键是,如何把新课程先进的教育理念转化为能够被广大基层教师理解和接受的,针对具体教学问题可以操作的教学方法.带着这个问题,让我们首先一起简要回顾过去50多年来国内流行的一些有一定代表性的数学教学方法,希望从中可以得到对新课程数学教学应采取什么样的教学方法的启示.

### 一、数学教学方法的回顾

每一种教学方法都脱离不开其所在的教育大环境的影响,并受当时的历史、社会和经济背景的制约;同样,历史、社会和经济的发展也影响和推动着教育包括教学方法的变革.

(一)凯洛夫与"五步教学法"

20世纪50年代兴起的苏联教育家凯洛夫的"五步教学法",其实施程序是:组织教学;检查复习;新授;巩固练习;布置作业.这种结构在一定程度上反映了学生学习知识的一般规律,在当时的时代背景下,这种教学方法很长一段时期在我国课堂教学中大行其道.它是通过教师系统讲授使学生获得知识,它强调教学的高度计划性、系统性和目的性,即教师中心、课堂中心、教材中心,人们称之为"三个中心"的传统教学方法.这种传统结构是为传统教学目标而设计的.但是这种传统的教学方法逐渐不适应科技飞速发展的现代社会的要求,它忽视学生的存在和需求,不利于学生的全面发展.

(二)卢仲衡与"自学辅导教学"

自学辅导教学实验,是中国科学院心理研究所研究员卢仲衡"文革"前创建的.卢仲衡研究员从事自学辅导教学理论与实验研究30余年,实验班遍布30余个省、市、自治区.这项教改课题一直是国家教育部重点科研课题,它从最初的中学数学学科,发展到物理、化学、语文等多学科实验;从最初的仅是教学方法的改革,发展到基本形成比较完备的自学辅导教学体系.卢仲衡研究员根据学生认知发展规律,吸收了美国教育心理学家斯金纳的"程序教学法"的思想,建立了编写教材的九条心理学原则、七条教学原则和四种学习类型教学模式,对传统教学有较大突破.他总结的启(启发)、读(阅读)、练(练习)、知(当时知道结果)、结(小结)课堂教学结构,充分地保证了"教师主导、学生主体"作用的发挥.

(三) 顾泠沅与"青浦试验"

顾泠沅教授主持的青浦县数学教改实验小组提出"单科突破,各科迁移,诸育并进,整体受益"的指导思想.其"尝试指导,效果回授"是从1977年起,经过三年的调查、一年的筛选经验、三年的科学实验和三年的推广应用而提出的.该方法是将教材组织成一定的尝试层次,通过教师指导学生尝试来进行学习;同时又非常注意回授学习的结果,以强化所获得的知识和技能,重在培养学生获得和运用知识的能力.这种教学方法具体包括下列内容:(1)启发诱导,创设问题情境;(2)探求知识的尝试;(3)归纳结论,归入知识系统;(4)变式练习的尝试;(5)回授尝试效果,组织质疑和讲解;(6)单元教学效果的回授调节.这种教学法逐步从中学发展到小学,从数学迁移到语文、外语、理化等其他学科.

(四) 邱学华与"尝试教学法"

邱学华教授从1980年开始主持试验"尝试教学法".1982年,他写出《尝试教学法的实践和理论》一文,从理论高度对实验进行总结.尝试教学法实验很快就在许多地方开展起来.在教学实践过程中,"尝试教学法"逐步形成了"六段式"课堂结构:(1)基本训练(5分钟左右);(2)导入新课(2分钟左右);(3)进行新课(15分钟左右);(4)试探练习(第二次尝试练习,6分钟左右);(5)课堂作业(10分钟左右);(6)课堂小结(2分钟左右).这一教学方法的基本精神是"四前四后":(1)学生在前,教师在后;(2)尝试在前,指导在后;(3)练习在前,讲解在后;(4)活动在前,结论在后.反对教师"满堂灌",充分相信学生、尊重学生,注重以人为本.相信学生能尝试,尝试能成功,成功能创新.

通过从20世纪50年代到现在不同时期的部分数学教学方法实验探索发展的回顾,我们可以看出数学教学方法的改革趋势,它逐渐从只重视教师"如何教"和单纯地以提高学生的学科成绩为主要目标,转向研究学生"如何学",而且在提高学生学科成绩的同时,更加注重学生的全面发展.这次新课程改革试验,要求教师通过教学理念的转变来带动教学方法的变革.

## 二、新课程的数学教学方法

(一)新课程教学方法的特点

1. 新课程教学方法要依据新课程倡导的教育理念

《课程标准》的核心理念是"以人为本,全面发展".在《课程标准》中规定了国家对未来国民数学素质方面的基本要求:"人人学有价值的数学;人人都能获得必需的数学;不同的人在数学上得到不同的发展".突出高中数学学习的普及性和多样性的要求,提倡素质教育,着重培养学生的创新意识和实践能力,实现高中阶段的"升学教育"向"大众教育"的转化.以应试和升学教育为主要目的的传统教学方法已不符合新课程的教育理念.

2. 新课程教学方法要实现新课程提出的教学目标

《课程标准》把教学目标确定在知识与技能,过程与方法,以及情感、态度与价值观三个维度上.与原《教学大纲》相比,教学目标有了本质的变化,不仅在学生认知发展水平上对学习知识和技能方面提出了明确的目标要求,而且增加了学习态度、过程与方法、情感,甚至提出了像价值观这样原本抽象的哲学名词作为数学教学的目标要求.显然,新课程教学目标注重学生数学学习技能、数学素养和世界观三方面内容的整合.这些是以学生认知发展水平为主要教学目标的传统教学方法难以达到的.

3. 新课程教学方法要促成新课程倡导的学习方式

2002年国家教育部颁布的《基础教育课程改革纲要(试行)》中指出:"改变课程实施过于强调接受学习、死记硬背、机械训练的现状,倡导学生主动参与、乐于探究、勤于动手,培养学生搜集和处理信息的能力、获取新知识的能力、分析和解决问题的能力以及交流与合作的能力."《课程标准》中也提到:"为学生形成积极主动的、多样的学习方式进一步创造有利的条件,以激发学生的数学学习兴趣,鼓励学生在学习过程中,养成独立思考、积极探索的习惯."强调数学课程对学生终身学习与发展的价值,要改变传统教学方法实施过程中学生被动参与学习的状况.

(二) 选择教学方法应遵循的教学原则

数学教学原则是实施数学教学的准则,它是对数学教育观念和目标的贯彻执行.曹才翰在《中学数学教学概论》中提出三条教学原则:严谨性与量力性相结合;抽象性与具体性相结合;巩固性与发展性相结合.葛军在《数学教学论与数学教学改革》中提出四条教学原则:启发性原则;自然性原则;思想方法性原则;及时评价性原则.这都是数学教学活动中需要满足的最基本的教学原则,这些教学原则基本反映出我国前一时期数学教学的要求和状况.结合新课程的教育理念和目标,实施新课程数学教学方法应该满足以下七条教学原则.

1. 平等性与共生性相结合原则

平等、良好的师生关系是提高教学质量的重要保证,新一轮课改的一个重要理念就是将教学过程中的师生关系重新定位为"交往",把教学过程看成是师生交往、共同发展的互动过程.营造民主、开放的教学和学习氛围,构建师生互动的教学和学习关系,师生相互尊重、互教互学,在探索知识的过程中师生共同提高,实现"教学相长".因此,教学方法要有利于师生的平等交往和共同发展.

2. 自主性与探究性相结合原则

在《课程标准》前言部分指出:"学生的数学学习活动不应只限于接受、记忆、模仿和练习,高中数学课程还应倡导自主探索、动手实践、合作交流、阅读自学等学习数学的方式.这些方式有助于发挥学生学习的主动性,使学生的学习过程成为在教师引导下的'再创造'过程."在《课程标准》课程目标部分指出:"通过不同形式的自主学习、探究活动,体验数学发现和创造的历程."倡导学生自主参与、合作交流、探究发现的学习方式是新课程的核心.新课程的数学教学将传统意义上的教师主导的传授教学转变为学生自主的探究性学习.因此,教学方法要有利于学生自主探究活动的开展和自主探究能力的提高.

### 3. 严谨性与量力性相结合原则

选择教学方法要适合学生已有的认知结构发展水平,要符合教学目标的要求.根据苏联的教育学家和现代心理学的奠基人维果斯基创立的"最近发展区"理论,选择教学起点和制定教学目标要把握一个"度".学习抽象的数学概念时,要注意严谨与通俗总是一对矛盾的两个方面.在不影响数学概念严谨性、科学性的前提下,尽量用通俗、学生熟悉的语言来表述抽象的数学问题.在学生逐渐理解的基础上,再回到原有的数学概念上.因此,教学方法的选择要贴近学生实际,要有利于学习内容被学生理解、接受,有利于教学目标的落实,使每一位学生都能在数学上得到不同的发展.

### 4. 抽象性与具体性相结合原则

数学的特点就是高度的抽象和形式化.《课程标准》的基本理念中指出:"高中数学课程应注意提高学生的数学思维能力,这是数学教育的基本目标之一.人们在学习数学和运用数学解决问题时,不断地经历直观感知、观察发现、归纳类比、空间想像、抽象概括、符号表示、运算求解、数据处理、演绎证明、反思与建构等思维过程.这些过程是数学思维能力的具体体现,有助于学生对客观事物中蕴涵的数学模式进行思考和作出判断.数学思维能力在形成理性思维中发挥着独特的作用."数学的广泛应用性就在于它的抽象性.当然,实际教学中要考虑到学生的实际情况、年龄特点和发展需要.《课程标准》中强调:"适度形式化"和"应该返璞归真"."教学过程中要努力揭示数学概念、法则、结论的发展过程和本质.数学课程要讲逻辑推理,更要讲道理,通过典型例子的分析和学生自主探索活动,使学生理解数学概念、结论逐步形成的过程,体会蕴涵在其中的数学思想方法,追寻数学发展的历史足迹,把数学的学术形态转化为学生易于接受的教育形态."适时、适度地点拨,归纳、总结、推广,以培养学生的数学能力和数学素养.

### 5. 基础性与发展性相结合原则

数学教学应重新审视基础知识、基本技能和能力的内涵,新课改中的高中数学教学应继续发扬重视基础知识教学、基本技能训练和能力培养的传统,这是我国基础教育中令许多国家羡慕的优势.同时随着时代的发展,特别是数学的广泛应用、计算机技术和现代信息技术的发展,要与时俱进地认识"双基",形成符合时代要求的新的"双基". 维果斯基有一个很经典的教育思想:"教学是人为的发展,教学应该在发展的前面引导着学生的发展". 不包办、不强制学生的发展,同时坚信每名学生都有发展的潜能. 高中数学教育不再是只为少数人升学服务的专利,要认真研究每个学生的发展长项,努力为每个学生提供均等的学习机会和发展空间. 使学生的潜能得到充分发挥,个性得到发展和尊重,为学生的终身学习和终身发展打下一个坚实基础.

6. 及时反馈与综合评价的原则

教学过程中的及时反馈,可以了解和协调教学和学习活动中出现的各种问题,有效地把握和调整教学和学习活动的进展情况,提高教学和学习活动的效益. 要综合、全面地评价学生的数学学习,既要重结果,更要重学习态度和参与过程,通过评价充分地调动和发挥学生学习的积极性. 不要简单地用学生的数学考试成绩来评价学生数学学习,应采取多种方式和手段参与评价. 如可以采取口头与书面评价相结合的评价形式;学生和教师共同参与的评价方式;定量与定性相结合的评价手段;平时作业记录、小测验与正式考试成绩相结合的方法;表扬鼓励为主,批评教育为辅的评价策略;等等.

7. 信息技术与课程整合的原则

在《课程标准》前言中指出:现代信息技术的广泛应用正在对数学课程内容、数学教学、数学学习等方面产生深刻的影响. 高中数学课程应提倡实现信息技术与课程内容的有机整合(如,把算法融入到数学课程的各个相关部分),整合的基本原则是有利于学生认识数学的本质,增加解决问题的手段,提高解决数学问题的能力. 同时整合的过程有利于改变教师的教学理念,及时吸收最新的教育教学信息,为数学学科教学注入新的活力和提供发展的契机,提高教师的教育教学水平.

教师选择教学方法也要体现多样性和灵活性,要因地、因人、因时制宜,因材施教. 对传统的教学方法也要一分为二地看,符合新课程要求的要继承和发扬;否则,就要坚决抛弃.

(三) 运用教学方法的几个要点

任何一种教学方法都有其局限性,不存在一种适应一切教学活动的万能的教学方法.首先要求教师在教育思想上必须贯彻新课程的教育理念和教学目标,遵循教学原则的基本要求.在具体实施教学措施时,科学、合理地选择教学方法,并加以适当组合后用于课堂教学之中.

1. 因材施教,灵活选用教学方法

教学方法的应用,要从教学目的、教材要求、课型、学习内容、学生水平、教师能力、教学条件等多方面综合考虑.例如从学习内容的角度分析:对于概念、定理、公式、法则的学习,为了加强学生知识形成的过程,可以选择使用自学辅导教学方法,突出培养学生的自学能力;对于难度适中的数学问题,为了启发学生的问题意识,可安排用问题解决教学方法,重点培养学生分析问题和解决问题的能力;对于有一定的抽象性和综合性的数学问题,可以采用自主探究辅以启发讲授的教学方法,以便在取得必要的学习效果的同时保证教学进度;等等.还可以从其他因素出发分析,根据不同的情况采取不同的教学方法.因此,在实际教学中,一节课可以采取若干种教学方法,各种教学方法互补、综合运用,分别发挥它们的优势,从整体上提高课堂教学效益.

2. 运用每一种教学方法的目的都是为了开展和促进学生有意义的数学学习活动

很显然,没有任何惟一的一种教学方法,也没有任何惟一的一种学习方式能够培养和发展学生的各种数学能力和素养.新课程数学教学需要的是包括学生之间的合作学习、实习作业、数学试验、问题解决、数学建模、数学探究以及教师讲解等各种与教学目标密切相关、激发学生兴趣、易于学生参与的有意义的数学学习活动.开放的教学和学习活动有教学目标,但并不以完成预先设计的方案为主要任务,不以追求整个教学活动的平衡为目的,而是允许干扰、错误、断裂、突变等现象存在,甚至将这些因素看成教学中与反思性、创造性活动相伴的自然现象,并且它们有可能成为师生发现问题、探究创造和激活课堂的新契机.因此,恰当的教学方法是不断有效地激活课堂、激活学生思维活动的催化剂.

# 第八章

## 新课程的数学教学设计框架

当前我国课程改革面临的一个难题,也是教学论研究中一个突出的薄弱环节,就是理论与实践脱节,理论不能转化为能够对实践产生直接指导意义的操作技术、方法、策略、规范和模式.其中教学设计是连接教学理论与教学实践的桥梁,因此,将教学原理和规律运用于教学实践是教学设计研究的核心问题.

以知识或以教师为中心的传统教学设计认为,教学设计就是为了达到一定的教学目的,对教什么(课程、内容等)、怎么教(组织、方法、传媒的使用等)和教的怎样(检测、评价、反馈等)进行设计.

杨开城、李文光在《教学设计理论的新框架》一文中,对以知识为中心的教学设计和以学生为中心的教学设计进行了比较(见表8-1).

表8-1 以知识为中心的教学设计和以学生为中心的教学设计的比较

| | 以知识为中心的教学设计 | 以学生为中心的教学设计 |
|---|---|---|
| 教学设计者所持的知识观 | 知识是客观的,可以从有知识的人那里传递给学生. | 知识不是纯客观的,是学生在与外界环境的交互过程中主动建构起来的. |
| 教学设计者所持的学生观 | 学生只是知识的容器. | 学生是对知识的积极加工者,每个学生都会对知识有独特的理解. |
| 教学设计者眼中的师生关系 | 教师是知识的源泉,学生的活动要配合教师的活动. | 教师只是学生学习活动的辅导者,教师的活动要配合学生的活动. |
| 规定性理论支持 | 有比较丰富的规定性理论支持,比如加涅关于教学事件与学习结果匹配的规定性理论. | 缺少基于建构主义思想的教学分析工具和教学处方方面的规定性理论支持. |
| 教学过程 | 鼓励学生模仿、记忆. | 鼓励学生去发现、去创造、去解决问题. |
| 教学结果 | 获得的知识很系统,但往往是机械的,不灵活. | 获得的经验可能深刻但不全面. |

从中不难看出,由于设计者所持的教学观不同,两种不同的教学设计对知识

第八章　新课程的数学教学设计框架

和学习的认识、师生关系和培养目标都有重大差别.以知识或以教师为中心的教学设计侧重于"教"的设计.表现在数学教学中存在重事实与原理的传授,轻知识产生过程的学习体验.因此,教学设计指向纵向教学环节的设计,横向教学内容的逻辑编排,教学法则的规范,教学方式的选用与设计,这种教学设计的核心在于注重教学行为的设计、淡化学习行为的设计.在此导向下,数学教学就成了"讲话—听话"式的单向传授式教学,缺乏课堂教学的"交际对话"式氛围.摆脱传统教学设计痼疾的根本出路在于教学价值对人的发展的回归,教学设计应当是人的发展的"学程"设计,而不单纯是以学科为中心的"教程"设计.

传统的教学设计忽视了学习的主体——学生——的存在,忽视了教学过程同时也是学习过程的双向过程.因此,要使新课程的教学设计符合新课程的教学理念,必须在教学设计中考虑到学生的学习和发展的需求.

## 一、新课程数学教学设计理论探究

(一) 新课程教学设计的根据

1. 以高中数学新课程标准为指导

在《课程标准》的基本理念中明确指出:"学生的数学学习活动不应只限于接受、记忆、模仿和练习,高中数学课程还应倡导自主探索、动手实践、合作交流、阅读自学等学习数学的方式.这些方式有助于发挥学生学习的主动性,使学生的学习过程成为在教师引导下的'再创造'过程","为学生形成积极主动的、多样的学习方式进一步创造有利的条件,以激发学生的数学学习兴趣,鼓励学生在学习过程中养成独立思考、积极探索的习惯".《课程标准》特别强调教师的有效教学应指向学生有意义的数学学习,有意义的数学学习又必须建立在学生的学习愿望和知识经验基础之上.因此,教学过程同时也是一个学习过程,新课程教学设计首先要反映新课程的基本理念.

2. 以现代教育学心理学理论为基础

以瑞士著名心理学家皮亚杰为代表的建构主义的学习理论认为:学习者的知识不是通过教师的传授得到的,而是学习者在一定的情境即文化背景下,借助其他人(包括教师和学习伙伴)的帮助,利用必要的学习材料,通过意义建构的方式获得的.因此,教学设计的最终目的是为了学生的学习和发展,达到教与学的最优化.这种教学设计理念符合新课程倡导的"以人为本,全面发展"的教育理念.

因此,新课程教学设计不但要体现教师教什么、怎么教和教得怎样的问题,更要体现学生学什么、怎么学和学得怎样的设计.

(二) 新课程教学设计的内容

1. 新课程教学设计的基本内容

随着系统理论的发展,根据教学问题的大小和简繁,相应的教学设计也有系统级、课堂级、产品级三种层次.系统级的教学设计是以一门新的专业或课程为中心的(宏观)教学设计,是以教学系统设计逐渐发展起来,并将进一步向教育系统设计发展;课堂级的教学设计是以一堂课为中心的(中观)教学设计;产品级的教学设计是以课堂教学中所使用的教学媒体为中心的(微观)教学设计.下面所说的教学设计主要指课堂级.

课堂教学设计是指通过精心设计的教学系统来更有效地完成教学任务,促进学习者的学习.课堂教学设计的基本内容包括:学习背景分析、学习需要分析、学习任务分析、学习者分析、学习目标的制定和评价、教学策略的制定、教学媒体的选择、教学评价等.简单地说,就是要回答以下三个问题:①教什么和学什么,②如何教和如何学,③教得怎样和学得怎样.其实质依次是目标、策略、评价三方面的问题.

2. 新课程教学设计的几个要点

在具体实施教学设计时应该注意的问题是:教学设计不能是对相关教科书的简单复制,必须以帮助每个学生的学习、有利于学生的发展为目的,必须基于学生如何学习的知识,必须具有反馈和调节的环节.教学设计本身应是一个指导性的动态方案.

新课程教学设计主要有以下三方面变化:①在掌握基础知识和基本技能的基础上,注意数学思想方法的培养、数学能力和素养的提高;②注意对学习态度的培养和学习方法的指导;③使每个学生都能在数学上有所发展.总之,就是要通过实施教学设计让学生学会学习、学会生存、学会做人、发展自我.

(三) 新课程课堂教学设计的程序

1. 进行教学分析,确定教学目标

教学分析是教学设计的基础,教学目标是教学设计的出发点和归宿.教师一定要在现代教育教学理论的指导下进行分析.主要包括三个方面的工作:学习任务的分析——教学内容的分析;学生特征的分析——原有认知结构与认知特点的分析;学习环境的分析——学习资源环境对教学影响的分析.根据新课程的要求确定本节课的教学目标(案例见下一节:新课程的结构与教学目标),这是课堂教学的核心设计.

2. 课堂教学策略的设计

包括课堂教学的组织形式、采用何种教学方法、学生的学习活动方式等,这是课堂教学的主体设计.

3. 学习评价的设计

这是关于教学与学习效果的反馈.根据系统论的反馈原理:任何系统只有通过反馈信息,才能实现控制.及时有效地反馈,才能使教学策略得到及时的调整,保证教学过程达到最优,这是课堂教学的动力设计.

4. 课堂教学设计的描述

分记述式的课堂教学设计(文字教案)、流程图式的课堂教学设计(图解)等.把课堂教学设计文字化、图表化,这是课堂教学设计的呈现形式.

每节课的课堂教学设计可能各有不同,课堂教学设计没有固定不变的模式.只要基于国家课程标准,本着有利于培养学生的数学能力、有利于提高学生学习数学的兴趣和成绩、有利于学生的全面发展的信念,认真研究教学设计理论,在新课程教学改革试验中敢于探索实践,教学设计必然是一线教师发挥自己创造力的广阔天地.

(四) 新课程课堂教学设计的两个理论模型

1. 系统教学设计

系统教学设计是指教师在设计教学方案时,必须意识到采用系统分析的方法去考察教学系统的各个要素,分析各要素的功能、作用及要素之间的关系,从系统状态和相互联系中构思教学活动.其特征是追求教学系统的整体优化;更加完整合理地看待学习与教学之间的关系;重视教学活动的循序操作;致力于提高教师的教学素质;强调从学习者的需要出发确立教学目标并加以具体化;要求教师对教学任务进行周密分析;在学习归类的基础上,提出"分类教学"原则;要求教学目标与检测项目的对应匹配;以达标度作为评估教学效果的主要依据;强调必须精心安排教学过程.

系统教学设计是从系统论的角度出发,把课堂教学和学习过程看做一个子系统.根据系统论的三个基本原理——反馈性、有序性和整体性——进行教学设计.系统教学设计是一种自上而下的教学设计,追求课堂教学和学习的最大效益.

2. 主题式教学设计

通过设计现实主题或问题以支撑学生积极的学习活动,帮助他们成为学习活动的主体,创设真实的问题情境或学习环境以诱发他们进行探索与问题解决活动.在有效教学与有意义学习的对立统一基础上,通过师生共建合作交流与对话互动的课堂教学大平台,让教师的有效教学与学生的有意义学习活动能真正落到实处.这一模式具体表现在以下几个教与学关系上:问题式教学与探究性学习;情境式教学与合作交流式学习;整合式教学与拓展性学习;发展式教学与目标性学习;延伸式教学与自主性学习.

"主题式教学设计"是根据新课程教学设计中,教学与学习在课堂教学过程中辩证统一的特点,将师生的教学和学习活动在相应的教学和学习模式中结合起来,以达到教与学的和谐统一、共同发展.

## 二、新课程的结构与教学目标

(一)新课程的结构以及教学安排建议

1. 新课程的模块、系列与专题结构

模块之间既相互独立,又反映学科内容的逻辑联系.每一模块都有明确的教学目标,并围绕某一特定内容,整合学生经验和相关内容,构成相对完整的学习单元;每一模块都对教师教学行为和学生学习方式提出要求与建议.

高中数学课程包括必修和选修两部分.其中必修课程是整个高中数学课程的基础,包括五个模块,是所有学生都要学习的内容.五个必修模块的内容列举如下.

数学 1:集合、函数概念与基本初等函数 I(指数函数、对数函数、幂函数);

数学 2:立体几何初步、平面解析几何初步;

数学 3:算法初步、统计、概率;

数学 4:基本初等函数 II(三角函数)、平面上的向量、三角恒等变换;

数学 5:解三角形、数列、不等式.

对于选修课程,学生可以根据自己的兴趣和对未来发展的愿望进行选择.选修课程由系列 1、系列 2、系列 3、系列 4 等组成.每一系列由若干模块或专题构成.

◆系列 1:由两个模块组成.

选修 1—1:常用逻辑用语、圆锥曲线与方程、导数及其应用;

选修 1—2:统计案例、推理与证明、数系的扩充与复数的引入、框图.

◆系列 2:由三个模块组成.

选修 2—1:常用逻辑用语、圆锥曲线与方程、空间中的向量与立体几何;

选修 2—2:导数及其应用、推理与证明、数系的扩充与复数的引入;

选修 2—3:计数原理、统计案例、概率.

◆系列 3:由六个专题组成.

选修 3—1:数学史选讲;

选修 3—2:信息安全与密码;

选修 3—3:球面上的几何;

选修 3—4:对称与群;

选修 3—5:欧拉公式与闭曲面分类;

选修 3—6:三等分角与数域扩充.

◆系列 4:由十个专题组成.

选修 4—1:几何证明选讲;

选修4—2:矩阵与变换;

选修4—3:数列与差分;

选修4—4:坐标系与参数方程;

选修4—5:不等式选讲;

选修4—6:初等数论初步;

选修4—7:优选法与试验设计初步;

选修4—8:统筹法与图论初步;

选修4—9:风险与决策;

选修4—10:开关电路与布尔代数.

其内容的确定遵循两个原则:一是满足未来公民的基本数学需求,二是为学生进一步的学习提供必要的数学准备.

突出的变化是:①增加了系列3和系列4的选修专题;②必修和必选课程中,增加了算法、统计案例和推理证明等内容;③某些传统内容,如必修的立体几何与解析几何等明显压缩了课时.

2. 模块、系列和专题之间的关系

它们之间既有关联性又有一定的相互独立性.必修课程模块是选修课程中系列1、系列2课程的基础.选修课程中系列3、系列4基本上不依赖其他系列的课程,可以与其他系列课程同时开设,这些专题的开设可以不考虑先后顺序.必修课程中,数学1模块是其他模块数学2、数学3、数学4和数学5的基础.

3. 教学安排建议

见表8-2和表8-3.

表8-2 教学安排方案:函数为主线,集中优先编排

| 年级 | 学期 | 学习内容 | 累计学分 |
| --- | --- | --- | --- |
| 高一 | 上 | 数学1:集合、函数概念与基本初等函数Ⅰ(指数函数、对数函数、幂函数).<br>数学4:基本初等函数Ⅱ(三角函数)、平面上的向量、三角恒等变换. | 4 |
| | 下 | 数学5:解三角形、数列、不等式.<br>数学2:立体几何初步、平面解析几何初步. | 8 |

(续表)

| 年级 | 学期 | 学习内容 | 累计学分 |
|---|---|---|---|
| 高二 | 上 理 | 数学3:算法初步、统计、概率.<br>选修2—1:常用逻辑用语、圆锥曲线与方程、空间中的向量与立体几何. | 12 |
| | 文 | 数学3:算法初步、统计、概率.<br>选修1—1:常用逻辑用语、圆锥曲线与方程、导数及其应用. | 12 |
| 高二 | 下 理 | 选修2—2:导数及其应用、推理与证明、数系的扩充与复数的引入.<br>选修2—3:计数原理、统计案例、概率. | 16 |
| | 文 | 选修1—2:统计案例、推理与证明、数系的扩充与复数的引入、框图.<br>系列3中两个专题. | 16 |
| 高三 | 上 理 | 系列3中两个专题;系列4中两个专题. | 20 |
| | 文 | 系列4中两个或四个专题. | 18或20 |
| | 下 | 高考复习. | |

表8-3 教学安排方案:代数、几何交叉进行

| 年级 | 学期 | 学习内容 | 累计学分 |
|---|---|---|---|
| 高一 | 上 | 数学1:集合、函数概念与基本初等函数I(指数函数、对数函数、幂函数).<br>数学2:立体几何初步、平面解析几何初步. | 4 |
| | 下 | 数学4:基本初等函数II(三角函数)、平面上的向量、三角恒等变换.<br>数学5:解三角形、数列、不等式. | 8 |
| 高二 | | 同方案一. | |
| 高三 | | 同方案一. | |

(二)教学目标设计举例

教学目标是教学过程所追求的结果.在教学领域,教学目标决定着教学活动的方式方法,并且要求教师和学生排除各种干扰,使自己一切行动服从于这种目标.对这种教学目标知道得越清楚,其决定作用就越有效.

新课程的教学目标与传统课程相比有明显的不同,它突出地体现在知识和

技能,过程和方法,以及情感、态度和价值观三个维度上,并且分别给出了不同层次上的要求.例如知识和技能有知道、了解、模仿,理解、独立操作,掌握、应用、迁移三个层次的要求;过程和方法有经历、模仿,发现、探索两个层次的要求;情感、态度和价值观也有反应、认同,领悟、内化两个层次的要求.其中有些目标与原教学大纲相同或相似,例如知识和技能、能力、思想方法的目标等;也有一些目标是新增加的,例如过程、情感、态度和价值观的目标等.这就需要教师在备课的过程中,通过研究课程标准、教材,结合学生、学校的实际,确定教学目标,然后根据教学目标确定相应的教学方法和策略,进行教学设计.因此教学目标的准确定位是非常重要的,下面就新课程数学教材中的部分单元和课时教学目标分别举例,供读者共同研究.

1. 单元教学目标设计举例

必修数学 1:集合、函数概念与基本初等函数 I(指数函数、对数函数、幂函数).

### 第一章 《函数》教学目标

知识与技能:

①了解集合的含义.能选择自然语言、图形语言、集合语言(列举法、描述法和 Venn 图法)描述不同的实际问题.

②理解集合之间包含与相等和补集的含义,能识别给定集合的子集.了解全集与空集的含义.理解两个集合的并集与交集的含义,会求两个简单集合的并集与交集.理解在给定集合中一个子集的补集的含义,会求给定子集的补集.能运用 Venn 图表达集合的关系及运算.

③了解构成函数的要素,会求一些简单函数的定义域和值域.了解映射的概念.

④在实际情境中,会根据不同的需要选择适当的方法(图像法、列表法、解析法)表示函数.通过具体实例,了解简单的分段函数,并能简单应用.

⑤通过已学过的函数特别是二次函数,理解函数单调性、最大(小)值及其几何意义.

⑥结合具体函数,了解奇偶性的含义.

⑦学会运用函数图像理解和研究函数的性质.

过程与方法:

①通过实例,体会元素与集合的"属于"关系,从观察分析集合中的元素入手,正确地表示集合.学会使用最基本的集合语言表示有关的数学对象,发展运用数学语言进行交流的能力.

②通过各种实例,了解函数是描述变量之间依赖关系的重要数学模型.在此基础上学习用集合与对应的语言来刻画(构造)函数,再现函数知识产生的过程.另一方面通过研究已构造(或已给出)的函数表达式,去解释、探究其性质,揭示相关变量之间的内在关系.

③函数的思想方法将贯穿高中数学课程的始终.通过本模块的学习,初步树立函数的观点.

情感、态度与价值观:

①通过大量的实例,感受集合语言在描述客观现实和数学问题中的意义.

②探索利用直观图示理解抽象概念,体会数形结合的思想.

③感受对应关系在刻画函数概念中的作用,使学生在初中数学学习的基础上,对数学的高度抽象性、概括性和更广泛的应用性有进一步的认识.

④在运用集合语言的过程中,培养学生具有实事求是、扎实严谨的科学态度,使学生学会用数学的思维方式去解决问题、认识世界.

⑤通过实习作业的形式,将课堂集体学习与分散学习相结合,积极开展小组学习方式,培养学生独立思考、合作学习的意识.

## 第二章 《指数函数、对数函数、幂函数》教学目标

知识与技能:

①理解有理指数幂的含义,通过具体实例了解实数指数幂的意义,掌握幂的运算.

②理解指数函数的概念和意义,能借助计算器或计算机画出具体指数函数的图像,探索并理解指数函数的单调性与特殊点.在解决简单实际问题的过程中,体会指数函数是一类重要的函数模型.

③理解对数的概念及其运算性质,知道用换底公式能将一般对数转化成自

然对数或常用对数.通过阅读材料,了解对数的发现历史以及对简化运算的作用.

④通过具体实例,直观了解对数函数模型所刻画的数量关系,初步理解对数函数的概念,体会对数函数是一类重要的函数模型.

⑤能借助计算器或计算机画出具体对数函数的图像,探索并了解对数函数的单调性与特殊点.

⑥知道指数函数 $y=a^x$ 与对数函数 $y=\log_a x$ 互为反函数($a>0$, $a\neq 1$).

⑦了解幂函数的概念,结合函数 $y=x$、$y=x^2$、$y=x^3$、$y=\dfrac{1}{x}$、$y=x^{\frac{1}{2}}$ 的图像,了解它们的变化情况.

⑧了解函数的零点与方程根的联系.

⑨能够借助计算器用二分法求相应方程的近似解,了解这种方法是求方程近似解的常用方法.

⑩比较指数函数、对数函数以及幂函数增长差异,了解函数模型的广泛应用.

过程与方法:

①通过具体实例(如细胞分裂,考古中所用的 $^{14}C$ 的衰减,药物在人体内残留量的变化等),了解指数函数、对数函数和幂函数模型的实际背景,探究函数知识产生、发展和应用的过程.

②能够使用计算器或计算机画出函数图像,通过函数图像揭示函数性质.

③在前一章的基础上,经历通过函数解决问题的过程,进一步体会函数的思想方法在数学和其他学科中的重要性.

情感、态度与价值观:

①引导学生体会"用有理数逼近无理数"的思想,并且可以让学生利用计算器或计算机进行实际操作,感受"无限逼近"的过程.

②通过实例,体验函数是描述客观世界变化规律的基本数学模型,体验指数函数、对数函数、幂函数等函数与现实世界的密切联系及其在刻画现实问题中的重要作用.感受运用函数概念建立模型的过程和方法,初步运用函数的思想和方

法理解和处理其他学科和现实生活中的简单问题.

③在实习作业中,了解数学发展史.根据实际问题建立数学模型,探究指数函数、对数函数和幂函数的抽象函数模型,培养学生的创新意识和实践能力.

**2. 课时教学目标设计举例**

下面通过对"必修数学1:集合、函数概念与基本初等函数 I(指数函数、对数函数、幂函数)"的第二章《指数函数、对数函数、幂函数》中"对数函数"第一课时的教学设计,介绍课时教学目标设计的主要步骤和相关环节.

课题:对数函数(第一课时)

课型:新授课

**1.教学分析:**

1.1 教学内容.教学内容为对数函数的概念、图像及性质.本节是学习指数、指数函数和对数的后继内容,根据描点法,作出对数函数的图像以及得到相应的对数函数性质.对数函数既是指数函数的反函数,也是高中乃至以后的数学学习中应用极为广泛的重要初等函数之一,其研究方法以及研究的问题具有普遍意义.

1.2 教学目标.

1.2.1 知识与技能.掌握对数函数的概念、图像及性质.应用对数函数性质,掌握求简单对数函数定义域的方法,掌握三种简单的分别比较对数、真数和底数大小的方法.

1.2.2 过程与方法.利用指数函数以及性质导出对数函数概念和相应的函数性质,在学习和应用对数函数性质的过程中,着重数学思想方法的培养.

1.2.2.1 类比的思想.指数函数和对数函数概念与性质的类比.

1.2.2.2 对称的思想.指数函数与对数函数图像之间的对称关系.

1.2.2.3 数形结合思想.通过函数图像研究函数的代数性质,以及通过函数表达式探究函数的几何性质,学习和领会图形语言与符号语言之间的相互转化,并能运用这些语言表述有关函数的性质.

1.2.2.4 分类讨论的思想.根据对数函数的底数大于1或小于1的不同情况进行讨论,初步了解分类的原则,体会分类讨论的思想.

1.2.2.5 换元的思想.通过换元,将较复杂的对数函数问题转化为基本的对数函数问题.

1.2.3 情感、态度和价值观.通过指数函数类比引入对数函数的概念,揭示数学类比和对称的思想,使学生感受到数学中的对称美.同时使学生了解对数函数的概念也来自于实践,激发学生学习数学的兴趣,增强应用数学的意识.

2.教学方法与策略:根据本节课的教材特点以及学生的实际情况,尝试运用"问题探究式"教学法.采取"设问引入——类比构建——探究反馈"的方式,力图通过创设问题情境、分析问题和解决问题的一系列过程,组织学生主动参与、主动探究有关问题,形成以学生为中心的各种形式的探索性学习活动.引导学生步步深入地参与到课堂活动中来,尝试探求将问题"一般化"的方法.

3.教学手段:多媒体辅助教学.利用计算机绘图的快速显示等特点对某些对数函数几何性质进行再现,运用直观认识、操作确认、思辨论证等方法,充分提高课堂效率.

4.学习指导:

4.1 学情分析.本节内容是在学习了指数、指数函数图像及其性质和对数的基础上,进一步学习对数函数图像及其性质.因此,在学生的认知结构中已有指数和指数函数图像及其性质和对数的知识结构,通过类比、探究等学习活动,学习对数函数图像及其性质.

4.2 学习方式与策略.

4.2.1 自主学习.设置问题 1 和探究题作为学生自主探究的问题.在探究过程中,培养学生自主学习、独立思考的能力.充分发挥学生学习的主动性、自觉性,在问题的解决过程中,学习分析问题、解决问题的方法,形成良好的学习习惯和思维方式,提高学生的自学和迁移能力.

4.2.2 合作学习.组织学生采取小组讨论、合作学习的方式,师生、生生共同对问题 2 到问题 4 进行讨论、探究和解决.通过展开对结论多样性的探讨,问题正误的辨析,深化概念的理解,激活思维,交流、比较,形成多种解决问题的方法,培养学生合作学习的意识.

5.教学过程:

5.1 创设情景,自主学习,引入课题.

问题 1.请同学们在答题纸上和教师一起分别画出函数 $y=2^x$ 和 $y=\left(\dfrac{1}{2}\right)^x$ 的图像简图,求出所给函数的对数形式,引出对数函数概念,并在同一坐标系中画出相应函数的图像.(问题 1 的设计目的是通过创设情境,学生自主探究问题 1,引入课题.)

请部分学生介绍其各种画法,如:描点法、对称法(利用指数函数与对数函数图像间的对称关系)、应用函数的性质等.然后利用"几何画板"(描点法)画出若干对不同底的指数函数与对数函数图像,观察、体会函数图像的对称美和计算机辅助学习的优势.

导出对数函数定义.

定义:函数 $y=\log_a x(a>0,a\neq1)$ 叫做对数函数,其中 $x$ 是自变量.函数的定义域是 $(0,+\infty)$.

5.2 观察图像,自主探究,类比、归纳对数函数性质.

通过类比指数函数的性质,得出对数函数的性质(观察函数图像,学生填表 8-4).

表 8-4 学生探究学习用表

| 名称 | 指 数 函 数 | 对 数 函 数 |
| --- | --- | --- |
| 解析式 | $y=a^x(a>0,a\neq1)$ | $y=\log_a x(a>0,a\neq1)$ |
| 定义域 | $(-\infty,+\infty)$ | $(0,+\infty)$ |
| 值域 | $(0,+\infty)$ | $(-\infty,+\infty)$ |
| 函数值变化情况 | 当 $a>1$ 时, $a^x\begin{cases}>1&(x>0)\\=1&(x=1)\\<1&(x<0)\end{cases}$ 当 $0<a<1$ 时, $a^x\begin{cases}<1&(x>0)\\=1&(x=0)\\>1&(x<0)\end{cases}$ | 当 $a>1$ 时, $\log_a x\begin{cases}>0&(x>1)\\=0&(x=1)\\<0&(0<x<1)\end{cases}$ 当 $0<a<1$ 时, $\log_a x\begin{cases}<0&(x>1)\\=0&(x=1)\\>0&(0<x<1)\end{cases}$ |

(续表)

| 名称 | 指 数 函 数 | 对 数 函 数 |
|---|---|---|
| 过定点 | $(0,1)$ | $(1,0)$ |
| 单调性 | 当 $a>1$ 时,$y=a^x$ 是增函数;<br>当 $0<a<1$ 时,$y=a^x$ 是减函数. | 当 $a>1$ 时,$y=\log_a x$ 是增函数;<br>当 $0<a<1$ 时,$y=\log_a x$ 是减函数. |
| 渐近线 | $y=0$ | $x=0$ |
| …… | …… | …… |

注:表格的设计目的是通过学生对空白表格的填写过程,反映出学生经过自主探究学习,自我建构、自行总结的函数的性质(内容、条数不限),并转化为图表形式(用数学语言)表达出来,借此培养学生观察、类比、发散和归纳的数学能力.

5.3 合作学习,独立探究,应用对数函数的性质解决问题.

问题 2. 求下列函数的定义域

(1) $y=\log_a x^2$;    (2) $y=\log_a (4-x)$;

(3) $y=\log_a (9-x^2)$;   (4) $y=\dfrac{1}{\sqrt{\log_a x}}$;

(5) $y=\log_a (a^x-1)$   (其中 $a>0, a\neq 1$).

注:问题 2 的设计目的是掌握换元转化求与对数函数有关的函数定义域的一般技能和方法.学生采取分组合作学习方式,教师引导学生应用知识,让学生解释解答过程,广泛地进行交流和反馈,检验学生对函数性质的掌握情况.

问题 3. 比较下列各组数中两个值的大小.(比较对数大小)

(1) $\log_2 3.4, \log_2 8.5$;

(2) $\log_{0.3} 1.8, \log_{0.3} 2.7$;

(3) $\log_a 5.1, \log_a 5.9 (a>0, a\neq 1)$.

问题 4. 已知下列不等式,试比较正数 $m$、$n$ 的大小.(比较真数大小)

(1) $\log_3 m < \log_3 n$;    (2) $\log_{0.7} m > \log_{0.7} n$;

(3) $\log_a m < \log_a n \ (0<a<1)$;   (4) $\log_a m > \log_a n \ (a>1)$.

注:问题 3、问题 4 的设计目的是利用对数函数的性质,比较两个对数和两个对数的真数的大小.采取学生分组合作学习方式,问题由易到难、由特殊到一

## 第八章　新课程的数学教学设计框架

般分类递进,重点培养学生正向思维和逆向思维能力以及分类讨论的数学思想.

**探究题**:已知如图 8-1 中,$y=\log_a x$,$y=\log_b x$,$y=\log_c x$,$y=\log_d x$,四个对数函数图像,试比较 $a$、$b$、$c$、$d$ 的大小.(比较底数大小)

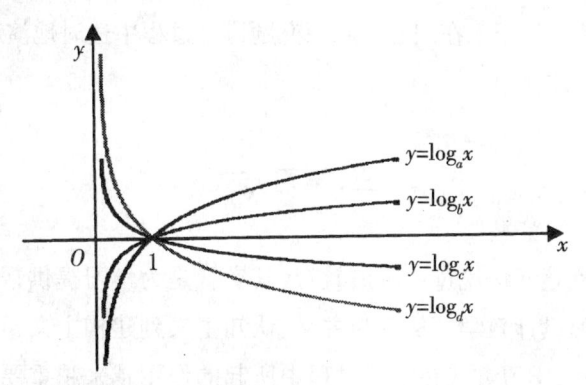

图 8-1

注:设计探究题的目的是由问题 3 和问题 4,比较自然地联想到引出比较两个对数的底数的大小问题.考虑到学生的差异性和不同的数学需求,为数学基础较好的学生设置了探究题,同时改变问题呈现形式,用函数图像判断对数的底数的大小,采取学生自主探究的学习方式,培养学生探究能力以及数形结合、分类讨论的数学思想以及抽象概括的思维能力.

**5.4 学习评价与反馈.**

**5.4.1 课内评价与反馈.** 通过学生对问题 1 和填表的书面解答,了解学生对于对数函数基本性质的掌握情况;通过对问题 2 到问题 4 和探究题的学习,了解学生对于对数函数性质应用的基本技能和方法以及分类讨论等数学思想的掌握情况.

**5.4.2 课外作业反馈.**

①课本作业:P112 练习 A 的 1,2,3 或练习 B 的 1,2(数学 1,人民教育出版社 B 版高中数学).

②思考题:已知 $\log_a m < \log_b m$,试比较 $a$、$b$ 的大小.

注:设计课外作业的指导思想,一是及时有效地对课堂教学和学习进行反馈评价,二要体现层次性、针对性,保持适度、适量.

6.教学媒体：

6.1 教具．多媒体演示设备(计算机、实物展台、投影仪)；软件：几何画板．

6.1.1 教具的准备．课前利用几何画板绘制相应对数函数图像课件．

6.1.2 教具的使用．在问题1和探究题讨论过程中适时地演示相应课件．

6.2 板书设计(略)．

## 三、学习方式

我国教育家蔡元培说过："所谓教育，其实就是为学习提供帮助."加涅也曾经指出："为学习设计教学."从行为主义、认知主义到建构主义学习方式的演变和发展过程来看，学习方式在学习过程中所起的作用越来越重要．事实上，学生厌学、学业成绩不好或进步迟缓，甚至影响其将来的发展，多数是因为学习方式不当造成的．相反，每一个学业上取得优异成绩的学生一定伴随着一个良好有效的学习方式．可以说，学生的学习方式决定着其生存方式和发展方式．在新课程标准中，突出强调学生自主学习、自主选择、自我发展．因此，帮助学生正确地选择和掌握适合自己的学习方式尤为重要．

(一) 接受学习与探究学习方式相结合

加涅把学习分为三类：概念学习、规则学习、问题解决学习，而每一种学习都是以前一种学习为基础的．探究性学习应属于问题解决的高级学习，是运用概念和规则解决问题的学习．探究性学习作为一种学习方式，它是指教师或其他人不把现成的结论告诉学生，而是学生在教师指导下自主地发现问题、探究问题、获得结论的过程．探究性学习渗透于所有学科学生的所有学习活动之中，有利于培养学生的创新意识．

例如，在归纳了空间线面垂直的判定定理的几何证明后，可以引导学生探究这样一个问题：除了使用镜面对称的方法分析验证线面垂直的判定定理外，还有其他(对称)证明方法吗？经过探究、思考，有的学生可以找到轴对称的证明思路．这样既有利于消除学生对原定理证明的神秘感、畏惧感，也有利于培养学生空间对称变换的思想方法．

探究性学习是与接受性学习相对的一个概念.就个体的发展而言,探究性学习与接受性学习这两种学习方式都是必要的,在人的具体活动中,两者常常结伴而行、相辅相成.之所以在我国新的基础教育课程体系中强调探究性学习,并不是因为接受性学习不好,而是因为我们过去过多倚重了接受性学习,把接受性学习置于中心,使得探究性学习被完全忽略或退居边缘.顾泠沅教授在谈到中国数学教学存在的问题时形象地指出:"学习数学要吃'三个馒头',前两个馒头是基本概念和基本规则,最后一个馒头是'创造性的问题解决'."我国数学教学过分重视吃前两个馒头,而西方倚重于吃第三个馒头.现在强调探究性学习的重要性是想找回探究性学习在课程中的应有位置,而非贬低接受性学习的价值.

(二) 自主学习与合作学习方式相结合

新课程提倡和鼓励学生采取自主学习与合作学习相结合的学习方式.自主学习概括地说,就是"自我导向、自我激励、自我监控"的学习.自主学习包括个人探究性学习,它有一种发自内心的学习动力的支持,它是一种有效、有意义的学习方式.建构主义的学习理论认为:学习不是简单地让知识由外到内的转移和传递,而是学习者主动地建构自己的知识经验的过程,即通过新经验与原有知识经验的相互作用,来充实、丰富和改造自己的知识经验.教师应积极为学生创设问题解决的情境;留出充分的时间让学生自己去研究数学问题,鼓励学生们独立思考,大胆发表不同的解法;让学生通过观察、试验、归纳,作出猜想,发现解决问题的方法,得出结论并证明、推广;等等.只有当学生通过自己的思考,建构起自己完善的数学认知结构时,才能真正有效地去学习数学.也就是知识的最终掌握,必然要通过学生自主学习、自我建构的过程.因此,自主学习方式是中学数学教学培养的重要目标.

合作学习是与自主学习相对的一个概念.合作学习是指学生在小组或团队中为了完成共同的任务,有明确的责任分工的互助性学习.合作学习可以帮助学生通过共同工作来实践其亲社会技能.在合作式的小组学习活动中可以培养学生的领导意识、交往技能和民主价值观.合作学习涉及的活动应与其学习内容相适应.一些活动仅通过个别学习便能顺利完成;而有些活动需以结对方式完成;还有一些活动则需组合多名学生,共同努力才能完成.教师应为学生提供他们开展合作所需要的指导与机会.例如,教师可采用示范方法帮助学生学习怎样倾听、分享、综合他人的想法,以及怎样建设性地化解分歧.在学生分组学习过程中,教师应巡回进行检查,以确保所有小组都能进行有成效的学习活动,并根据需要提供必要的辅导.从学生全面发展的观点来看,合作学习可以使学生在与同学共同钻研疑难问题,共享体验学习成果的同时,培养协同合作的精神.如,动圆过定点分别与定直线、定圆相切,或动圆与定直线及定圆均相切,或动圆与两个定圆相切,求动圆圆心的轨迹.由于定点、定直线以及定圆与动圆的位置关系不同,轨迹可能是直线、圆或圆锥曲线多种形式,使得这种系列综合性问题一个人很难在较短的时间里给出完整的解答.但是学生可以通过小组合作学习共同来完成,大家对这个问题集体讨论、互相补充、分工合作,最后汇总成文.通过合作学习,学生不但对圆锥曲线的定义、建系的技巧和分类讨论的思想方法会有一个新的认识,而且也体验到合作学习带来的愉快和成就感.

(三)课内学习与课外学习方式相结合

学生走出课堂,到社会中学习,不但是时代发展的需要,而且是新课程的要求.在当前教学条件下,学生获得知识的主要途径还是通过学校的课堂学习.随着新课程实施,现代化进程和知识更新速度的加快,教育要适应社会的发展需求,课堂学习会逐渐向课外、社会延伸,许多教学活动就不能仅从课堂上来完成.如大量的数学实际应用问题、数学建模、数学探究问题,包括研究性学习等,要通过课外学习的形式解决.学生通过走出课堂、接触社会,在发现、解决实际问题的同时,了解国情民意,关注社会热点,增强作为国家公民的责任感.

另外,基于网络的学习也是学生学习方式的一个重大变革,它在一定的程度上打破了传统的在校学习方式的时空局限性(见本章第五节,第(三)条的1.基于网络的教学和学习模式).

## 四、教师角色的转变

20世纪70年代,联合国教科文组织编写的《学会生存——教育世界的今天和明天》一书,对未来教师角色作了这样的描述:现在教师的职责已经越来越少地传递知识,而越来越多地激励学生思考;教师必须集中更多的时间和精力从事那些有效果的和有创造性的活动,与学生互相了解、影响、激励、鼓舞.

新课程教学与以往教学相比,更加强调"师生平等"、"师生互动"、"师生共进",更加关注学生在人文素养、正确的价值观、科学的学习方式、创新实践能力、良好的心理素质、健康的审美情趣等方面的发展,关注人的整体生命,努力使受教育者成为一个有人性、有创造力、和谐的人.因此,在新课程理念下教师的职责不是轻了,而是更重了;对教师的要求不是低了,而是更高了.可以说,新课改也促进了教师的发展.

丁尔升先生在《浅谈数学课程的设计》中说道,"教师是一个明智的辅导员,不同的时间,要求教师充当以下不同角色:模特儿角色,他不仅演示正确途径,而且也演示错误的开端和高级思维技能,引导去解决问题;顾问,他帮助个人、小组、全班决定他们的工作是否保持了主题,进展得是否合理;仲裁人,他提出问题让学生考虑,但把决定留给全班去作;对话者,他支持学生在班上发表意见,鼓励他们靠自己的活动去作出反应,靠自己去探索数学;询问者,他鞭策学生弄清他们做什么才是合理的、有目的的,使学生确信他们能够捍卫自己的结论."在新课程改革时期,教师仍需要继续保持无私奉献的敬业精神,但是教师参与课堂教学的形式和方法发生了改变,要转变过去那种"教书匠"、"蜡烛"的传统角色,根据不同的教学活动扮演不同的角色,这是对教师工作提出的新的挑战.

(一)传授者与促进者

教师要改变传统教育教学中过于注重"授业"、"解惑"而忽略"传道"的倾向.数学学科也要注重人文教育,在学生学习基本知识和基本技能的同时,培养其人文素养、求真务实的科学精神,使其具有社会公德、社会责任感、爱国情操和民主法制意识,学会做人.教师的主要职能要从单纯学科知识的传授者转变为学生全面发展的促进者.

一方面,在新课程教学活动中,教师传授(或继承)者的功能以及在课堂中的作用也不能全盘否定,关键是看传授什么和怎样传授.优秀的传统文化、思想(包括上面提到的社会公德、社会责任感、爱国情操、崇尚科学、实事求是的科学态度和民主法制意识等)就需要教师来传授,这是教师的职责和义务;另一方面,传授不等于"灌输",要注意方式方法.

(二) 创造者与组织者

奥苏伯尔在其代表作《教育心理学:认知观》的扉页上写道,"假如我不得不把全部的教育心理学归纳为一条原理的话,我将一言以蔽之:影响学习的惟一的最重要的因素就是学习者已经知道了什么,探明这一点,并据此进行教学."由此提出了"先行组织者"的教学策略,即教师要努力创造一个良好的学习情境,激发学生的学习动机和学习兴趣,充分调动学生的学习积极性,建立一个接纳的支持性的宽容的课堂气氛.教学过程离不开学生的参与,而学生的参与往往不是自发的.教师要充分利用生活实例、趣闻轶事、寓言故事或奇思妙想为学生创造一种有利于学习知识、发现知识的气氛,营造一个培养能力、提高素质的课堂氛围.教师的备课、讲课和辅导要为学生创造出一种置身于数学问题或社会实践之中的情境,让学生想有可想之物、思有可思之处.要让学生感受到数学就在我们身边,而不仅仅是抽象的符号和死板的公式定理,要让学生喜欢数学并在学习过程中找到乐趣和动力.

作为组织者,在课堂教学中,要尽量地给每位学生平等参与学习、讨论的机会.要经常仔细地检查、反省自己是否在对待不同学生上有差别.教师要慎重地运用学生原有的鉴定和介绍材料,对来自周围人对某一学生的评价要慎重地采纳,对学生不能形成先入为主的成见.要经常了解学生的意见,相互沟通,随时审视,随时修正.要尽量公开地评价学生学习过程和结果,可以采取学生成长档案袋以及分段按比例记录成绩等形式,积累有关资料,努力做到评价的公平、公开、全面、客观.

(三) 引导者与参与者

培养学生积极主动的学习态度、强烈的学习兴趣、科学的学习方式,让学生学会学习.作为引导者,教师要记住自己的职责是教育所有的学生,因而要坚信每个学生都有学习的潜力,树立克服困难的信心(数学学习尤为重要).帮助学生确定适当的数学学习目标,并确认和协调达到目标的最佳途径;在学习中多启发、激励学生,而不是灌输、挖苦学生;及时发现并纠正学生在学习和行为上出现的偏差;引导学生形成良好的学习和行为习惯,掌握数学学习策略和发展能力.

如在立体几何复习时,为避免记流水账似的知识点和方法的总结,引导学生自己去寻找判断平行以及垂直(包括线线、线面和面面)的方法.再比如关于"三个二次"(二次函数、二次方程和二次不等式)的专题研究,引导学生从初中学习的基础上,借助高中学习的函数知识与方法,探究在 $\mathbf{R}$ 的子集上的"三个二次"问题.

通过以上类似的问题,找准切入点,搭建一个知识支架,让学生去自我建构一个逐步完整的认知结构,引导帮助学生从学习中学会学习.

作为参与者,教师定位在好比是一个晚会的主持人或者导演,学生就是演员.在学习活动中教师可以偶尔客串一个小角色,但千万不能把整个学习过程全包办了,把课堂变成自导自演的"个人演唱会"或"展示教师风采的舞台".学习过程中要和学生一起讨论问题而不是仅让学生当听众,特级数学教师马明先生有一句很生动的比喻:"有时教师抛给学生的知识越快,学生可能遗忘得越快."尽量让学生提出问题,建构问题的解法和找出答案,把"展示风采"的机会留给学生.事实上,让全体学生都有精彩的演出比教师个人有精彩的表演要难得多.

(四)学习者与研究者

作为学习者,应该首先放下教师的架子,虚心向学生学习他们的长处.师生平等是社会文明发展的需要和必然.中国长期以来的儒家文化维护"师道尊严",但是,"尊严"堵塞了师生正常的情感交流,也使得知识的传播变成了单行道,"尊严"拉开了师生之间的距离,同时也掩盖了教师的某些不足.当然,讲求师生平等、学生自主学习,并不是把课堂完全交给学生、放弃教育者的责任,放任自流.而是要坚持"真理面前,人人平等",建立正常、和谐的师生关系.

作为研究者,教师在教学活动中,要不断地研究新问题、解决新问题.作为课程的开发者、实践者,不仅要研究教学内容,还要研究怎样设计教学活动,构建师生、生生交流的平台;要对新生事物具有好奇心,不断地充实自己;要多从学生的角度去思考问题、看待问题;等等.传统教育观念形成的课堂学习心理气氛是:专制、束缚、依赖、守旧;现代教育观念形成的课堂学习心理气氛是:平等、自由、主动、创造.因此,教师要尊重差异性、多样性和创造性,缩小和填补师生之间年龄差距产生的"代沟";采取适当的形式(如导师制)和学生建立较为紧密的联系;关注学生学习需求和心理健康,让学生学会生活和正确地面对成功和失败,提高承受挫折的心理能力,使每一个学生都能发展成为一个心智健康的人.在教育教学实践中,教师要善于发现问题、提出问题和解决问题,提高自己的教科研能力.

教师的角色还有很多,比如示范者、帮助者和开发者,等等,但是不管教师扮演什么角色,都是为学生的学习和全面发展服务的,同时实现自己在教师职业中的人生价值,促进个人的专业发展.

## 五、课程资源的开发和利用

为保证高中新课程的实施,应加强课程资源建设,充分挖掘并有效利用校内现有课程资源,同时大力开发校外课程资源和网络资源.加强校际之间以及学校与社区、高校的合作,充分利用职业技术教育的资源,提高网络的利用率,努力实现课程资源的共享.

(一) 校内课程资源的开发和利用

1. 新课程自身资源的挖掘

新课程一个突出的特点是:教学内容的灵活性、应用性和人文性.包括阅读材料与实习作业,数学建模与数学探究,数学文化与研究性学习.高中数学课程要求把数学探究、数学建模的思想以不同的形式渗透在各模块和专题内容之中,并在高中阶段至少安排较为完整的一次数学探究、一次数学建模活动;要求把数学文化内容与各模块的内容有机结合起来."改变课程过于注重书本知识传输的倾向,加强课程内容与学生生活以及现代社会和科技发展的联系,关注学生的学习兴趣和经验,并要适应不同地区和学生发展的需求,体现课程结构的均衡性、综合性和选择性,要增强课程对地方、学校以及学生的适应性".(《基础教育课程改革纲要(试行)》)因此,这就要求教师创造性地开发和利用一切有助于实现课程目标的资源,充分发挥其在课程实施过程中的作用.下面就是根据教材中的有关内容改编的应用问题.

例 结合复利函数式 $y = N(1+p)^x$(其中:$N$ 为原产值的基础数,$p$ 为平均增长率,$y$ 是对于时间 $x$ 的总产值)的学习,请学生根据本地实际,试求解以下应

用问题:某城市现有人口总数为 100 万,

①若人口的年平均自然增长率为 1.2%,计算 10 年后该城市人口总数是多少?(精确到 0.1 万)

②若人口的年平均自然增长率为 1.2%,大约需要多少年该城市人口达到 120 万?(精确到 1 年)

③若人口的年平均自然增长率为 1.2%,计算 10 年前该城市人口总数是多少?(精确到 0.1 万)

④如果要求 20 年后该城市人口总数不超过 120 万,年平均自然增长率不超过多少?(精确到 0.001)

通过教材中类似问题的开发研究,应用数学解决实际问题(包括解决数学和其他学科问题),激发学生学习数学的兴趣和积极性,实现课程资源的充分挖掘.

2. 努力开发校本课程资源

这次新课程改革实验从课程的选择上体现出较大的灵活性,除了国家统一审批的国家课程以外,还允许和鼓励各地区、各学校开发地方和校本课程.校本课程与国家课程相比,其优势在于它的灵活性和本土性,它可以及时地将热点问题和学校的特色安排到课程中去.学校可以根据自身的情况,因地制宜,围绕着学校的科研课题、学科教学以及研究性学习的开展,逐步开发、丰富和完善校本课程,努力为当地经济建设和社会发展服务.如可以考虑开发的高中数学校本课程有:《模糊数学以及简单的应用》、《简单的数学建模问题》、《数学美及其应用》、《数学思想方法培养以及应用》、《数学趣题》、《常见的基本初等函数性质及应用》、《标准分数》、《数学奥赛辅导》和《数学学习方法探究》,等等.通过校本课程的开发使教师的教育理念转化为行动,有利于提高教师素质,形成办学特色,更有助于学生的全面发展.校本课程的开发给教师开辟了一个广阔的发展空间,教师应该根据自身条件制定个人发展计划.

3. 教学和学习手段多样化

传统数学教学中,一支粉笔、一块黑板、一本书、一纸(学历)证书吃一辈子的现象,已不适应现代教育的发展形势和要求.

教案是教学设计的呈现形式,计算机辅助教学设计——电子教案——具有图、文、声并茂的特点,直观,信息量大,动静皆宜,易于修改、储存和交流,它是集传统教案和电子课件于一身的教学软件,并且可以利用网络进行传输、下载,方便实现备课电子化.电子教案的设计更注重交互性、有效性、科学性和开放性.许多教师在探索传统教案改革的同时,设计、创建了有个人特色的电子教案,甚至教育教学网站,逐渐形成自己风格的教学素材库,积累了丰富的课程资源.

计算机辅助教学和学习是新课程的一大亮点.信息技术的发展必然会带动教学手段、学习方式的变革,高中数学课程应提倡利用信息技术来呈现以往教学中难以呈现的课程内容,尽可能使用计算器、计算机和各种数学教育技术平台,加强数学课程与信息技术的整合,鼓励学生运用计算机、计算器等进行探索和发现.新的技术带给学生们声情并茂、色彩逼真、动画优美的全新感受的同时,也在改变着传统的教和学的方式.例如《几何画板》以及张景中院士项目组开发的《Z+Z智能教育平台》等软件,使得学生和教师可以利用它们在图形处理、多媒体和智能解题等各方面强大的功能,作传统教学中难以实现的数学实验、图形变换,进行测量、分析、计算、变换、猜测、证明,使学生从被动接受的后台走出来,真正感受到自己的主体地位.

同时也要指出,不同的教学目标、内容和对象对教学媒体的要求也不同.因此,不能一味地去追求使用固定类型的教学媒体.有些教师常常以计算机多媒体课件来代替一切教学媒体,显然这也是一个误区,有时是一种资源的浪费.

(二) 校外课程资源的开发和利用

1. 新课程改革需要中学与社区、企事业和各社会团体共同开发课程资源

如新课程规定了学生必须获得研究性学习课程 15 学分,还有社区服务 2 学分,社会实践 6 学分,共 23 个学分,占整个高中必修学分(116 学分)的近 20%.因此,在新课程实施期间,需要社会各界的支持,特别是图书馆、博物馆、学术团体以及企事业单位、社区委员会等.通过各种交流活动,中学与社会各界建立长期、稳定的协作关系.

2. 课程资源开发需要职校、高校、科研和教研单位的协作和支持

例如实施的新课程方案过程中出现的各种问题,地方和学校资源的开发和利用,教师的继续教育和在职培训问题等.这些问题既需要中学去积极探索和实

践,也需要社会各界特别是职校、高校、科研和教研单位的大力支持,以实现课程资源的开发、互补和共享.

3."家长委员会"是学校联系社会、开发校外课程资源的重要桥梁

重视教育是我国的优良传统,每一个中国家庭几乎都把孩子的教育问题放在首位.家长普遍愿意与学校积极配合,共同为孩子的发展出谋划策,对学校的教育、教学工作给予大力支持.许多学校转变办学思想,为了加强学校与家长的联系,便于开展工作,纷纷成立了家长委员会和家长学校.并且定期召开会议,对学校、班级的工作进行指导和监督,对学校、班级工作和课程改革提出建议和意见;同时,为因某些课程实施需要在社会上开展的活动,提供必要的帮助.

4."校友"是校外课程资源的重要来源

"校友会"在增加学校知名度和凝聚力的同时,也是开发校外课程资源的重要组成部分.例如,通过开发校友的智力资源,拓宽学校进行新课程改革的渠道.聘请他们为母校的荣誉教师,结合学校研究性学习、社会实践活动的开展,到母校作报告或开设选修课.

5.建立友好学校和参加"教科研联合体"是拓展校外课程资源的有效途径

随着国家政治经济形势的不断开放和发展,开放式办学已成为许多学校加强交流、拓展课程资源、提高学校知名度的重要措施.通过与国内外兄弟学校建立固定的友好关系,交换师生,体察各地不同的风土人情,互相学习、观摩、交流,开阔视野,可以学到许多课本上无法学到的知识."教科研联合体"是学校做大做强的有效途径,各地区不同学校联合起来,发挥各自优势,共同研究教育教学中的课题,交流研究成果,实现课程资源的共享.

(三) 网络课程资源的开发和利用

1.基于网络的教学和学习模式

基于网络的教学和学习模式是传统课程教学和学习模式的延伸.有些学校和教师在"基于网络的课堂教学和学习模式"方面进行了有益的探索,取得了一定的成果.在这种模式中,教学四要素——教师、学生、教材、媒体——的地位发生了很大的变化.学生是主体,也是中心,是知识意义的主动建构者;而教师是教学过程的组织者、指导者、促进者;教材是学生主动构建意义的对象;媒体则是认

知工具.教学和学习打破了时间和空间的束缚,这种模式是与现代社会对人才的培养目标相适应的.随着网络教室、校园网以及因特网的普及和开发利用,这种新型的教学和学习模式会不断地改进和完善.

2. 网络与课程资源共享

由于因特网具有影响范围广,能够方便快捷地传递信息,具有近乎实时的交互性,本身又是一个巨大无比的信息库等诸多优点.基于因特网的远距离教育突破了传统远距离教育中教学诊断和反馈的瓶颈问题,具有广泛的发展空间.另外,各级教育电台、电视台和教育网站构成了巨大的教育资源库.它们在师资培训、教育教学资源共享等方面,将起着越来越大的作用.这种课程资源在一定范围内,不受时间、空间的影响,适合大面积、集成化及个别化的培训和训练.

新课程资源的开发和利用任重而道远,它既是推行新课程改革的物质基础,又是新课程改革的重要内容.它不仅是制定新课程标准的教育专家的事情,更是实施新课程教学实验的一线教师的职责.

# 第九章

## 新课程的教学实施

### 一、数学双基教学

(一) 数学的双基

数学的双基是指数学的基础知识、基本技能.在高中数学课程中,数学的基础知识主要包括:数学的概念、数学的命题和数学的基本思想方法三大类.正确理解数学概念是掌握数学知识的前提,而牢固地掌握定理、公理、公式、性质、法则等数学命题以及解题、证题的方法是学好数学的必要条件.数学的基本技能,在高中数学课程中主要是指:作图(识图)、运算、推理、处理数据以及科学计算器的使用等.学好一定的数学知识,是掌握好数学基本技能的前提,而要学好数学知识,又必须具有一定的数学基本技能,它们之间的关系是相辅相成的,是紧密联系的整体.

随着时代和数学的发展,高中数学的基础知识和基本技能也在发生变化.《课程标准》以发展的眼光,与时俱进地审视基础知识和基本技能.新高中数学课程的基础知识、基本技能删减了原课程中"难、繁、偏、旧"的部分,如繁琐的计算、人为技巧化的难题和过分强调细枝末节的内容.随着数学的发展,特别是数学的广泛应用、计算机技术和现代信息技术的发展,新高中数学课程增加了符合时代要求的新的双基.例如,为了适应信息时代发展的需要,增加了算法的内容,把最基本的数据处理、统计知识作为新的数学基础知识和基本技能,向量、概率、导数等内容已经成为高中数学的基础知识.

新高中数学课程注重返璞归真,努力揭示数学概念、法则、结论的发展过程和本质.通过典型例子的分析和学生自主探索活动,使学生理解数学概念、结论逐步形成的过程,体会蕴涵在其中的思想方法,追求数学发展的历史足迹,把数学的学术形态转化为学生易于接受的教育形态.丰富学生的学习生活,改进学生的学习方法是新高中数学课程追求的基本理念.学生的数学学习活动不应只限于对概念、结论和技能的记忆、模仿和接受,独立思考、自主探索、动手实践、合作交流、阅读自学等都是学习数学的重要方式.在高中数学教学中,教师的讲授仍然是重要的教学方式之一,但要注意的是必须关注学生的主体参与,做到师生互动.教学中,不仅让学生学习知识,而且要让他们会用所学知识和方法去解决实际问题、感受数学的作用和价值;不要求学生只是去死记硬背大量的公式和定理,而是想方设法告诉学生怎样去思考问题,教给学生面对陌生领域寻找答案的方法.

(二) 我国的数学双基教学

"双基教学"是我国基础教育的一大特色,其奠定数学基础的良好功能得到国内外数学界的首肯.实施数学双基教学过程中,许多经验是正确的,有长远的意义.其中包括:

(1)"启发式"教学,这是教师在演讲时永远应当坚持的传统,不能忘记.有时候,课堂上从表面看全是教师在讲解,学生在被动地听,但实际上学生的思维正在积极活动.教学过程中,教师通过"显性"和"隐性"的提问驱动学生的思维活动.显性的是课堂提问,隐性的则是启发.教师的这种基本功的启发示范,是双基教学的一部分,永远不会过时.

(2)"变式练习",保证了数学双基训练不是机械训练.我国的数学教学,学生要做大量的练习,但是这些练习并不是简单的重复,而是通过变换数学问题的非本质方面,从而突出数学概念和性质的本质属性,突出解决数学问题的基本的数学思想方法.大量而丰富的基本练习题的编制和教学,是我们的宝贵财富.

(3)"小步走、小转弯、小坡度"的三小教学法,是对"后进的"、"慢学的"学生进行数学教学的有效方式.将一个大的问题分割为几个容易处理的小问题进行教学,符合常理,符合实际.

(4)"精讲多练","精讲"要把教师的深切体会,用最有效的方式传授给学生.这里的"精讲",包含对学生的启发、诱导.与此同时,强调学生自己的操作练习,因为必须有足够的练习才能获得巩固的知识.这里的练习,包含学生对问题的探讨、对方法规律的总结.

(三) 新课程理念下的数学双基教学

反思传统意义上的数学教学,强调的是知识的传授、技能的训练、教师的主导(实际上是教师的控制).课堂教学方式基本上是灌输式的讲授法,学生的学习基本上是听讲、模仿、记忆、再现教师传授的知识.因此是一个被动接受知识、强化储存的过程,忽视了学生在学习过程中的主体性,也就缺乏师生之间、生生之间的互动.对于抽象程度很高的数学学习来说,这样一种数学教学活动导致的一个直接结果就是遏制了学生学习数学的积极情感,使学生觉得学习数学枯燥无味,对数学学习畏惧、没有兴趣.认为数学就是做题,数学没有什么用处,学数学也就没有用,这就不仅在客观上由于教师的控制太多影响了学生的主体参与,而且在学生主观上也缺乏主体参与的意向.

数学知识有两种形态,即过程和结论.传统教学注重若干个结论,新课程理念注重其过程.在当今知识爆炸的时代,掌握知识的多少已经不是最重要的,而如何去掌握知识才是至关重要的,这个道理已经被越来越多的人接受.所以我们的数学课堂教学应关注学生获取知识的过程与方法,从学生的角度出发,引导学生进行富有个性的学习,从中指导学生掌握数学学习方法,培养学生的创新精神和实践能力.新课程理念特别强调在转变学生学习方法的同时,教师的教学方式要适应学生的需要、满足学生的需要,要有利于学生的发展.面对新课程理念的洗礼,我们如何在转变学生学习方式的同时进行数学双基教学呢?

1. 创设问题情境引入数学基础知识

在数学学习过程中,如果只为学而学,学生容易乏味,激发不起兴趣,收不到好的效果.数学基础知识教学时,如果先给学生创设问题情境,教师就要精心设计问题情境,让问题处于学生思维水平的最近发展区,充分激发学生的好奇心和求知欲,引导学生进入情境之中,使学生在情境激发的兴奋点上. 鼓励学生在自己理解的基础上,大胆想像,提出数学问题,这是探求新知的必由之路.创设问题情境就其内容来说,有故事法、生活事例法、试验操作法、练习旧知法、伴随解决实际问题法等;就其意图来说,有调动学生学习积极性,引起兴趣的趣味性问题;有以回顾所学知识强化练习的类比性问题;有与实际相结合的应用性问题等.例如,在运用解析几何知识求解我国第一颗人造卫星的轨道时,可以利用计算机制作卫星运行轨道的课件,通过课件的动画模拟,展示卫星运行轨道的特点,学生就有了身临其境的感觉.

2. 再现基础知识的创造过程

数学学习,不仅要重视结论的证明和应用,更要重视探索发现的过程,数学教学的核心是学生的"再创造".数学高度抽象性的特点,造就了数学的难懂、难教、难学,这就更需要学生的感受、体验和思考过程,用内心的体验与创造(对学生来说)的方法来学习数学.只有当学生通过自己的思考建立起自己的数学理解力时,才能真正懂得数学、学好数学.而让学生经历"再创造"的活动过程,正是为学生的感受、体验和思考提供了有效的途径.让学生置身适当的学习过程中,从自己的经验和认知基础出发,在教师的指导或指引下,通过观察、试验、归纳、类比、抽象、概括等活动,用数学的思想与方法去组织、发现或猜测数学概念或结论,进一步去证实或否定他们的发现或猜测.通过这种"再创造"的活动过程获得的数学知识,与被动接受、强化储存获得的数学知识相比,效果是不同的.在经历"再创造"的活动中,能使学生更好地感受、体验,从而更好地建立起自己的数学理解力,更好地认识、理解和获得抽象的数学概念、结论,认识数学,认识数学的价值.例如等差数列的前 $n$ 项和公式的教学,如果先给出等差数列的前 $n$ 项和公式,再让学生去证明,学生对于求和方法的理解不是深层次的;如果先让学生回顾高斯小时候求 $1+2+3+\cdots+100$ 的方法,再让学生自己观察等差数列前 $n$ 项和公式的特点,最后让学生根据等差数列前 $n$ 项和公式的特点自己(或生生,或师生互动)进行推导和证明,学生对公式的理解就会深刻得多.

3. 用好现代化教学手段,为学生思考创造条件

多媒体的开发应用,极大丰富了教学手段,为数学双基教学创造了良好的条件.教师要立足于解决教学中的实际问题,开发、设计出具有个性化的课件.绚丽的色彩、清晰的画面、美妙的音乐,将干巴巴的说教变成多感官的刺激,使抽象的变成具体的、静的变成动的、虚幻的变成真实的,既可以为学生创设真实的情境,又能将学生引入想像的世界,使课堂"活"起来,使知识"活"起来.例如,在椭圆、双曲线、抛物线等概念的教学中,可以利用计算机展示概念的本质及曲线的形

成.在三种圆锥曲线教学后,可利用课件引导学生观察、研究到定点与定直线距离的比由小于1的正数变为等于1再变为大于1的正数的动点轨迹的演变,这样既使学生深刻地理解了三种曲线的概念,又使学生深刻地把握了量变到质变的哲学思想.现代化教学手段的运用,不仅改变了传统的数学教学情境,达到了抽象问题具体化、实际问题数学化,为学生思考问题创造良好条件;而且可使学生对学习数学的态度发生变化,一些成绩较差的学生也由原来的怕数学、厌恶数学,变成了对数学开始产生兴趣,对学习有了信心.

4. 师生互动完成数学双基的教学

新课程理念下的教学,强调学生的主动性,强调师生互动(也包括生生互动),改变了完全由教师控制课堂的情况.教师要设计和组织好课堂教学,这种设计和组织与以往的设计和组织有一个根本的不同,就是要真正以学生为主体的设计和组织,要使得教师的设计和组织能给学生提供最大的思考空间.数学双基教学中,在课堂上要开展师生之间和学生之间名副其实的交流和思想交锋,鼓励开展讨论和各种观点之间的真诚交锋,使学生对所学知识有自己的思考和认识,这是发展思维的最好途径.在讨论和交流中,教师就要扮演包括顾问、辩论会主席、对话人等方面的角色.要充当顾问,帮助学生解决讨论和交流中产生的问题;要充当辩论会主席的角色,有效地组织讨论和交流;又要作为学生的合作者,充当对话者的角色;等等.例如对于数学概念的教学,数学概念不是无本之木,无源之水,有的是现实生活中数量关系和空间形式的合理抽象,有的与更基本的概念相联系.因此,在数学中,不能把形成概念的生动过程变为简单的"规定",也不能由教师包办代替,而应该给学生以较多的思维时间,师生互动,让他们亲身探索概念的形成过程.凡从实例引进的,尽力引导学生参与从生动直观到抽象出本质属性的概括过程和结论的推导过程.例如椭圆的定义,先让学生说出生活中的实例(看不出本质属性),再让学生仔细观察直观教具的演示(体现本质属性),最后让学生归纳椭圆的本质内容(可以师生、生生互动).可以让学生思考,什么是动的,什么是固定的;什么量是变的,什么量是不变的.由学生归纳出 $F_1$、$F_2$ 是定点,$|MF_1|+|MF_2|=$ 定长,$M$ 是到 $F_1$、$F_2$ 的距离和等于定长的动点,这样就很自然地概括出椭圆的定义.

新课程理念强调促进学生的个性发展和对未来人生规划的思考,鼓励学生在学习过程中养成独立思考、积极探索的习惯,发展学生的创新意识,重视能力的培养.我们一定不可忽视双基的作用,如果学生连基础的知识、基本的技能都没有掌握,又怎能有深厚的"数学素质"呢?改革并不是否定一切,对于传统的优秀数学教学模式、优秀的数学教学方法、优秀数学教师的教学风格,我们一定要认真总结.从新课程在新增内容、原有内容的变化和发展方面,去认识新课程理念下的数学双基,探索双基教学的有效方法,在继承中创新,在实践中发展.

## 二、数学探究教学

### (一) 数学探究的基本概念及意义

数学探究即数学探究性课题学习,是指围绕某个数学问题,自主探究、学习的过程.这个过程包括:观察分析数学事实,提出有意义的数学问题,猜测、探究适当的数学结论或规律,给出解释或证明.

数学探究是新高中数学课程中引入的一种新的学习方式,有助于学生初步了解数学概念和结论产生的过程,初步理解直观和严谨的关系,初步尝试数学研究的过程,体验创造的激情,建立严谨的科学态度和不怕困难的科学精神;有助于培养学生勇于质疑和善于思考的习惯,培养学生发现、提出、解决数学问题的能力;有助于拓展学生的创新意识和实践能力.

### (二) 数学探究的目标

《课程标准》要求将数学探究贯穿于整个高中数学课程中,改革传统的教学模式,着眼于学生学习方式的转变,注重学生的学习过程和亲身体验.

1. 获得亲身参与研究探索的体验

数学探究的过程,也是情感活动的过程.它强调学生通过自主参与某个数学问题的研究,了解数学概念和结论产生的过程,体验数学研究的过程和创造的激情,逐步形成善于质疑、勤于动手、努力求知的积极态度,产生积极情感,激发他们的探索、创新的欲望.

2. 培养发现问题、提出问题和解决问题的能力数学探究通常是围绕一个需要解决的数学问题展开.在学习过程中要求教师尽量减少对学生的思维限制,引导和鼓励学生充分发挥想像力,独立思考、大胆探索,敢于提出问题和善于发现问题,自主设计解决问题的方案,运用所学知识进行归纳、论证,最终解决问题.

3. 培养收集、分析和利用信息的能力

在数学探究中,要帮助学生学会利用多种有效手段,通过多种途径获取信息,学会整理与归纳信息,并恰当地利用信息,以培养学生收集、分析和利用信息的能力.

4. 学会分享与合作,增强集体意识

在数学探究教学中,要努力创设有利于人际沟通与合作的学习环境,使学生学会交流和分享研究的信息、创意和成果,发展乐于合作的团队精神.

5. 培养科学态度和科学道德

在解决数学问题的过程中,学生要认真踏实地探究,实事求是地获得结论,尊重他人想法和成果,养成严谨、求实的科学态度和不断追求的进取精神,磨炼不怕吃苦、勇于克服困难的意志品质.

(三) 数学探究的实施

多年来,高中教育教学改革取得了不小的成绩,但由于受传统观念的束缚及应试教育的影响,高中数学课堂教学中教师和学生仍处在一个相对不变的教学过程中,教师使用不变的教学方法、教学手段,占用大量的课堂时间,去帮助学生掌握不变的知识技能.最终导致的结果是用教师的思维代替学生的思维,用教师的认知结果代替学生的认知过程,师生花费大量的精力进行解题训练.这种教学现状限制了学生自由发展的空间,造成学生思维的惰性,在长期的学习中,学生养成以教师为中心的权威定势,以书本为中心的惟书本定势,只知道简单模仿、因循守旧,不再独立思考,更不敢标新立异,这样的教育模式下的学生无法适应21世纪的发展.因此,改变传统的教学模式,培养学生探究创新的能力是高中数学教学的基本任务,而开展数学探究活动就是完成这一任务的一条有效途径.

1. 基本程序(见图 9-1)

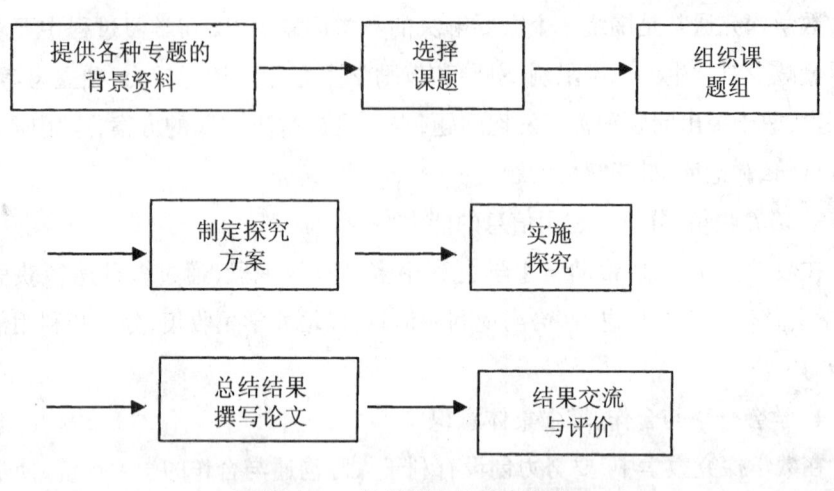

```
提供各种专题的背景资料 → 选择课题 → 组织课题组
                                          ↓
       总结结果撰写论文 ← 实施探究 ← 制定探究方案
              ↓
         结果交流与评价
```

**图 9-1 数学探究的基本程序**

2. 数学探究学习的分类

(1) 微型课题的探究

高中学生的大多数学习时间在课堂内,因此课堂内的教学对学生学习方式的影响、探究能力的培养起着举足轻重的作用.这就需要以课堂教学为载体,选择教材中的知识点为探究课题,通过在课堂教学中创设问题情境,营造合作的氛围进行探究,重新展示知识的形成、发展过程.

微型课题可以选择某些定理、公式、法则,让学生自己去发现、检验、论证,甚至推广,让学生亲身经历知识的形成、发展过程.有些数学结论、规律在教材中没有明确提出,但又属于学生应该掌握的或者说属于考试范畴的,需要教师在课堂上拓宽引申的,可以作为探究性课题.例如下面的这个课题.

**课题 1 探究平面向量基本定理及应用**

1) 呈现问题

问题 1 在倾斜角为 30°的斜坡上有重量为 60N 的物体下滑,问下滑力和垂直于斜面的压力分别是多少?

问题 2 在倾斜角为 45°的斜坡上有重量为 60N 的物体下滑,问下滑力和垂直于斜面的压力分别是多少?

由于学生在物理中已经学习了力的分解与合成,所以上述问题很容易求出答案,引导学生研究它们的共性:同一个力(重力)可以分解为方向各不相同的两组力.

2) 提出问题

问题 3　已知 $e_1,e_2$ 是平面内不共线的两个向量,在同一平面内有一任意向量 $a$ 能否用 $e_1,e_2$ 表示？如何表示？

3) 探究定理

学生根据问题 1、2 给予了肯定,然后根据向量共线的充要条件证明探究得到结果.

4) 定理应用

问题 4　设 $\overrightarrow{AB}=a,\overrightarrow{AC}=b$,$D$ 为 $BC$ 中点,用 $a,b$ 表示 $\overrightarrow{AD}$.

学生兴趣很高,讨论出四种解题策略.

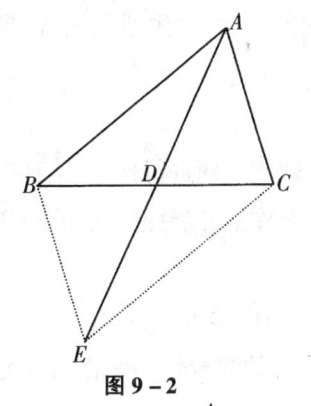

策略 1:如图 9-2,以 $AB$、$AC$ 为邻边作平行四边形 $ABEC$,由平行四边形法则知,

$$\overrightarrow{AB}+\overrightarrow{AC}=\overrightarrow{AE}=2\overrightarrow{AD},$$

$$\therefore \overrightarrow{AD}=\frac{a+b}{2}.$$

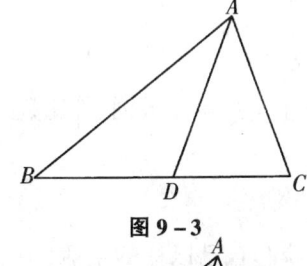

策略 2:如图 9-3,由向量减法知,$\overrightarrow{BC}=\overrightarrow{AC}-\overrightarrow{AB}=b-a$,

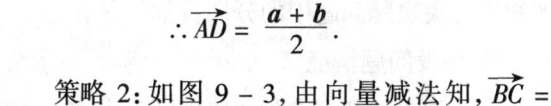

$$\therefore \overrightarrow{AD}=\overrightarrow{AB}+\overrightarrow{BD}=a+\frac{1}{2}(b-a)$$

$$=\frac{1}{2}(a+b).$$

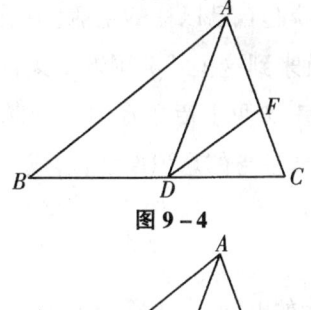

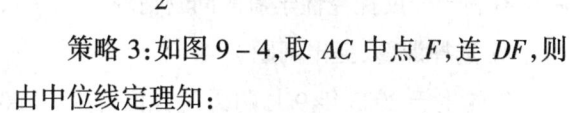

策略 3:如图 9-4,取 $AC$ 中点 $F$,连 $DF$,则由中位线定理知:

$$\overrightarrow{FD}=\frac{1}{2}\overrightarrow{AB}=\frac{1}{2}a.$$

又 $\overrightarrow{AF}=\frac{1}{2}\overrightarrow{AC}=\frac{1}{2}b$,

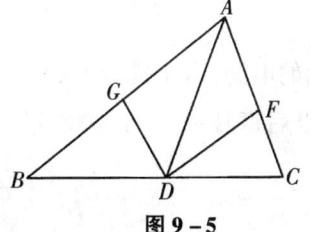

$$\therefore \vec{AD} = \vec{AF} + \vec{FD} = \frac{1}{2}(a+b).$$

策略 4：如图 9-5，取 $AB$、$AC$ 中点 $G$、$F$，则 $AGDF$ 为平行四边形．

$$\therefore \vec{AD} = \vec{AG} + \vec{AF} = \frac{1}{2}(a+b).$$

本节探究课，老师为学生搭建了一个自主学习的平台，学生通过交流，根据已有的知识，相互研究、共同提高．

(2) 专题型课题的探究

专题型课题的探究，主要利用课外时间对某一数学问题进行探究．这种探究可以采用"开放式长作业"的形式，个人独立或小组合作地开展探究活动，用几周或几个月的时间完成．

专题型课题可以从实际生活和生产中选择适合高中学生的实际问题作为数学探究的课题，也可以选择教材中实习作业或跨学科的综合性问题作为探究课题．

### 课题 2　分期付款问题探究

本课题是数学知识在实际生活中的应用，要求学生运用等差数列、等比数列的知识解决实际问题中的分期付款问题．

1) 创设问题情境

有一位中国老太太和一位美国老太太在天堂上谈起自己以往的生活，中国老太太遗憾地说："我攒了一辈子钱，刚买上新房子就来到这里."美国老太太自豪地说："我年轻时就采取分期付款方式住上一栋新房，来见上帝之前，刚把欠款还清."面对这个情境，学生产生了强烈的好奇心，全员参与的意识增强，形成了一个有利于开展探究性学习的问题情境．

2) 选择课题，提出问题

王先生于 2005 年 9 月购买一台售价为 10 000 元的电脑，由于资金不足，采取分期付款的支付形式，购买后一个月第一次付款，以后每月一付，于 2006 年 9 月付清，王先生每期应付款多少元？

规定：①月利率 0.8%，每月利息按复利计算；

②每期付款额相同．

3) 分组收集信息

指导学生通过上网查阅文献、走访金融部门或邀请金融专家讲座等方式,使学生明确以下几点:①本金;②利息、利率;③本利和;④单利计息的计算方法;⑤复利计息的计算方法;⑥分期付款.

4) 组内探究、交流总结方案

方案 1:设王先生每次付款 $x$ 元,因每次付款额相同,共付 12 次,所以列方程如下:

$12x = 10\,000.$

方案 2:设王先生每次付款 $x$ 元,因为 10 000 元钱一年后本利和为 $10\,000x \times (1+0.8\%)^{12}$,所以可得如下方程.

$12x = 10\,000(1+0.8\%)^{12}.$

方案 3:设每次付款 $x$ 元,将这 12 期的款额中每期利息均不付,留作 12 个月后一次付款,则各期应付款额连同到最后一次付清时的利息和等于 10 000 元本金及一次付清时的利息和.可得如下方程.

$1.008^{12}x + 1.008^{11}x + \cdots + 1.008x + x = 10\,000(1+0.008)^{12}.$

方案 4:设每次付款 $x$ 元,每一次付清后欠款为 $a_i(i=1,2,\cdots)$,那么

$a_1 = 10\,000(1+0.008) - x,$

$a_2 = a_1(1+0.008) - x,$

$a_3 = a_2(1+0.008) - x,$

……

$a_{12} = a_{11}(1+0.008) - x = 10\,000 \times 1.008^{12} - x(1 + 1.008 + 1.008^2 + 1.008^3 + \cdots + 1.008^{12}).$

又第 12 次付款后欠款为 0,故 $a_{12}=0$.可得如下方程.

$10\,000 \times 1.008^{12} - x(1 + 1.008 + \cdots + 1.008^{12}) = 0.$

四种方案提出后,学生讨论的气氛热烈,全班同学对四种方案比较、分析、计算,得出方案 1 中商家利益受到损害,方案 2 中顾客利益受到损害,方案 3 和方案 4 形式不同本质相同,体现了商家与顾客在利益面前的平等性.

5) 问题深入

王先生准备于 2006 年 10 月购买一套售价为 20 万元的楼房,现有资金 10 万元,每年可存 2 万元,王先生准备采取分期付款的形式购房.银行贷款方案如下表 9-1,问王先生采用何种方案更好?

表 9-1　银行贷款方案

| 方案类别 | 还贷次数 | 还贷方式 | 每期还贷金额(元) | 还贷总额 | 与原贷款差额 |
| --- | --- | --- | --- | --- | --- |
| 1(按月) | 48 | 贷款后 1 个月第 1 次还贷,再过 1 个月第 2 次还贷…… | | | |
| 2(按季) | 16 | 贷款后 3 个月第 1 次还贷,再过 3 个月第 2 次还贷…… | | | |
| 3(按年) | 4 | 贷款后 1 年第 1 次还贷,再过 1 年第 2 次还贷…… | | | |
| 4(一次性还贷) | 1 | 贷款后 4 年一次性还贷. | | | |
| 注 | | 规定月利息 0.5%,每月利息按复利计算. | | | |

3. 选择数学探究性课题的原则

数学探究课题的选择是完成探究学习的关键.课题的选择应有助于学生对数学的理解,有助于学生体验数学研究的过程,有助于学生形成发现、探究问题的意识,有助于鼓励学生发挥自己的想像力和创造性.因此课题选择应遵循以下原则.

(1)开放性原则

数学探究的内容不是特定的知识体系,而是来源于学生的数学学习和社会生活.立足于探究解决学生关注的一些数学问题,涉及的范围很广泛,它可能是猜测、归纳某个数学结论,也可能是数学与其他学科及实际问题的综合与交叉.

在同一课题下,由于个人兴趣、知识积累的不同,探究视角的确定、目标的定位、切入口的选择、过程的设计、手段的运用以及结果的表达可以各不相同.为学生发挥个性特长和才能提供自由发展的空间,形成一个开放的学习过程.

## 课题 3　涂色问题探究

**1) 课题背景**

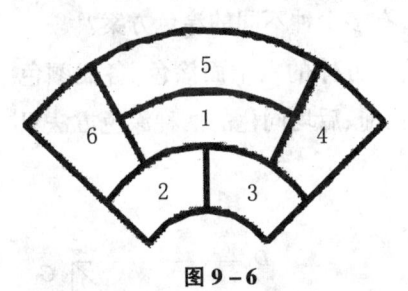

2003年高考试题. 某城市在中心广场建造一个花圃,花圃为6个部分(如图9-6). 现要栽种4种不同颜色的花,每部分栽种一种,且相邻部分不能栽种同样颜色的花,不同的栽种方法有多少种?

图 9-6

**2) 提出问题**

请同学们到阅览室查找数学刊物及复习资料,或上网寻找有关涂色的问题.

**3) 收集信息并分类处理**

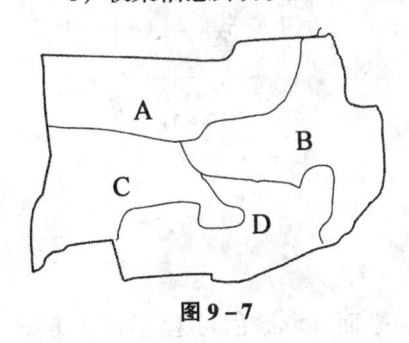

查阅资料时教师应指导学生解决涂色问题的数学知识是排列组合,因此可以在目录或索引中查找排列组合的应用.

学生用一周时间发现了很多涂色问题,最后归类提出了如下问题.

问题一:如图9-7,某地区共有四个行政区域,画地图时要给四个区域涂上颜色加以区分,先给定五种颜色,相邻区域不能涂同种颜色,问有多少种不同的涂色方案.

图 9-7

问题二:如图9-8,两条对角线把矩形分成四部分,有5种不同颜色可用来涂色,相邻区域不能涂同种颜色,问有多少种不同的涂色方案.

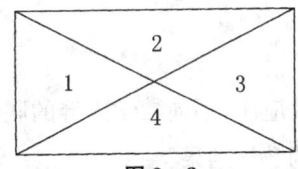

图 9-8

若区域作如下变化,结果如何?

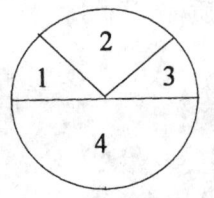

问题三:用5种不同颜色给图9-9中五块区域涂色,相邻区域不能涂同种

颜色,共有多少种不同的涂色方案?

问题四:如图9-10,将四棱锥 $S-ABCD$ 的每个顶点涂上一种颜色,并且使同一棱的两顶点异色,共有5种颜色可供选择,有多少种不同的涂色方案?

问题五:如图9-11,用六种不同的颜色给正方体的六个面涂色,各面颜色不同.但是,经过适当的翻转,能使上、下、左、右、前、后均同色的两种涂色方法只能算一种,那么不同的涂色方法有多少种?

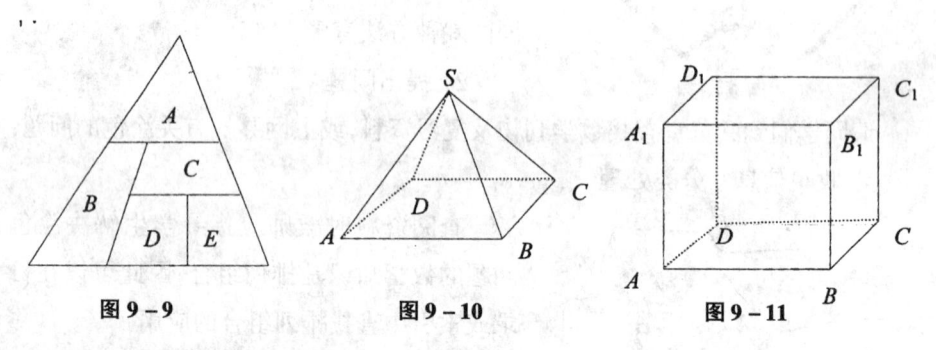

图 9-9

图 9-10

图 9-11

4) 分组探究问题解决的方案并交流

方案一:按区域顺序涂色.

方案二:按所用颜色种数分类涂色.

方案三:将问题四、五空间涂色问题转化为平面区域涂色问题,然后用方案一或方案二解决(少数优秀学生提出此方案).

(2) 多样化原则

数学探究课题可以是一些数学结论的推广、深入及应用,不同数学内容的联系与类比,也可以是发现和探索对学生自己来说是新的数学结果.

根据学生的差异,应该选择在内容和方法上有层次差异的课题.在鼓励学生创新的同时,允许一部分学生可以在模仿的基础上发挥自己的想像力和创造力.

课题4  探究二项式系数和的性质

1) 观察

① $C_2^0 + C_2^1 + C_2^2 = 4$,

② $C_3^0 + C_3^1 + C_3^2 + C_3^3 = 8$,

③ $C_4^0 + C_4^1 + C_4^2 + C_4^3 + C_4^4 = 16$,

④ $C_4^0 + C_4^2 + C_4^4 = C_4^1 + C_4^3 = 8$,

⑤ $C_5^0 + C_5^2 + C_5^4 = C_5^1 + C_5^3 + C_5^5 = 16$.

2) 问题探究

$C_n^0 + C_n^1 + C_n^2 + \cdots + C_n^n = ?$

$C_n^0 + C_n^2 + C_n^4 + \cdots = ?$

$C_n^1 + C_n^3 + C_n^5 + \cdots = ?$

3) 归纳并证明

$C_n^0 + C_n^1 + C_n^2 + \cdots + C_n^n = 2^n$,

$C_n^0 + C_n^2 + C_n^4 + \cdots = C_n^1 + C_n^3 + C_n^5 + \cdots = 2^{n-1}$.

4) 问题深入(适合部分优秀学生)

① $C_n^0 + C_n^3 + C_n^6 + \cdots = ?$

② $C_n^1 + C_n^4 + C_n^7 + \cdots = ?$

③ 如何求上标的公差分别为 3、4、5…的等差数列的这类组合数的和呢？

5) 教师指导,拓展数学知识,运用复数有关知识解决,引导个别学生还可以进一步探究:

$C_n^a + C_n^{a+k} + C_n^{a+2k} + \cdots = ?$

(3) 主体性原则

数学探究课题应来源于高中数学课程中的主体内容.可以从教材提供的案例和背景材料中发现和确立,也可以从教师提供的案例和背景材料中发现和建立.应特别鼓励学生在学习数学知识、技能、方法、思想的过程中发现和提出自己的问题并加以研究.

课题的选择应重视学生能否参与,在参与的过程中有让学生充分发挥自主性和能动性的思维空间,突出学生在整个探究过程中的主体地位.

**课题 5　探究焦点弦的性质**

1) 课题背景

① 过抛物线 $y^2 = 2px(p>0)$ 的焦点的一条直线与抛物线相交,两个交点的纵坐标分别为 $y_1, y_2$,求证:$y_1 y_2 = -p^2$.

②过抛物线焦点的一条直线与它交于两点 $P$、$Q$,经过点 $P$ 及抛物线顶点的直线交准线于点 $M$,求证:直线 $MQ$ 平行于抛物线的对称轴.

2) 提出问题

①抛物线的焦点弦的性质有哪些?

②圆锥曲线的焦点弦的性质有哪些?

这两个课题涉及到的知识是圆锥曲线的重点内容,探究性质的方法是解决直线与圆锥曲线相交问题的通法.对学生而言,每个学生都可以研究,都可以从不同角度、不同侧面得到或多或少的性质,给学生留有很大的探究空间.

4. 数学探究中教师的作用

《课程标准》对教师提出了更高要求,教师应该有比较开阔的数学视野,了解与中学数学知识有关的扩展知识和内在的数学思想,认真思考其中的一些问题.加深对数学的理解,提高数学能力,为指导学生进行数学探究作好充分的准备,并积累指导学生进行数学探究的资源.

在数学探究教学中,要处理好师生之间的关系,在突出学生主体地位的同时,不能忽视教师的指导.教师指导的原则是到位不越位、参谋不代谋、指导不指令.指导的策略是要循着学生的思路想,并要提出质疑,提供可深入思考与探究的思路或方法供学生进行判断和选择.指导的内容有:

(1)创设问题情境.教师为学生提供较为丰富的数学探究课题的案例或背景材料,引导和帮助学生观察分析背景材料、数学事实,提出有意义的探究课题,特别要鼓励和帮助学生独立地发现和提出问题.

(2)组织学生成立课题组.为了发挥每个学生参与研究的主动性和积极性,以获得更多的体验和经验,课题组人数不宜太多,一般在四至六人左右.小组成员应该有共同的兴趣,有愿意合作的愿望,特长互补,对课题组成员允许流动.小组组成方式为先定课题后建组或先建组后选课题.

(3)指导学生收集信息、分析资料、探究结果.学生应了解和学习收集信息资料的方法,引导学生借助信息技术,查阅书报杂志学习有关数学知识,获取所需要的信息资料;帮助学生学会判断信息资料的真伪、优劣,识别对本课题具有重要关联的有价值的资料;帮助学生学会有条理、有逻辑地整理与归纳资料,根据信息进行判断,得出相应结论.

在数学探究过程中,一方面应鼓励学生独立思考,帮助学生建立克服困难的毅力和勇气,另一方面应该指导学生在独立思考的基础上用各种方式寻求帮助,在学生需要的时候,教师应该成为学生数学探究的合作者.

(4)教师指导学生将数学探究的结果以课题报告或课题论文的方式完成并进行交流.课题报告包括课题名称、问题背景、对事实的观察与分析、对结果的猜测、对结果的论证、合作情形、对探究结果的体会或评价、引证的文献资料等内容.

(四) 数学探究学习的评价

数学探究性学习的评价应该重视对过程的评价和在过程中的评价,重视学生在学习过程中的自我评价和自我改进,使评价成为学生学会实践和反思、发现自我、欣赏别人的过程.同时,要强调评价的激励性,鼓励学生发挥自己的个性特长、施展不同的才能,努力形成激励广大学生积极进取、勇于创新的氛围.

探究性学习评价的内容主要有以下几个方面:

(1)学生参与探究活动的学习态度.它可以通过学生在探究过程中的表现来判断,如是否认真参加每一次课题组活动,是否主动提出设想、建议,能否与他人合作、采纳他人意见.

(2)在数学探究中所获得的体验情况.这主要通过学生的行为表现和学习结果反映出来.

(3)探究的方法,数学基本技能掌握的情况.主要体现在学生对数学事实的观察分析能力、对数学结论的解释或证明.

(4)学生的创新意识和实践能力.主要考查学生在一项数学探究活动中从发现和提出问题到分析问题和解决问题的全过程所显示的探究精神和能力.

数学探究学习成绩的评价可以采取教师评价与学生的自评、互评相结合,对小组的评价与对组内个人的评价相结合,定性评价与定量评价相结合,以定性评价为主.

当然,数学探究教学本身也处于探究、摸索的阶段,任何一种教学模式和学习过程都不能形式化、教条化,应当在数学探究教学的过程中,边实践、边反思、边总结.教师既要避免敷衍应付,又要避免不顾及客观条件和学生能力,急于引导学生搞专题探究.应按照循序渐进的原则,先开展好微型课题探究,当学生具备一定的知识积累和较高探究能力时,再引导学生进行专题型课题的研究,从而转变学生的学习方式,为学生终生学习和发展奠定基础.

## 三、数学建模教学

《课程标准》在第一部分前言中指出:数学是研究空间形式和数量关系的科学,是刻画自然规律和社会规律的科学语言和有效工具.数学科学是自然科学、技术科学等科学的基础,并在经济科学、社会科学、人文科学的发展中发挥越来越大的作用.数学的应用越来越广泛,正在不断地渗透到社会生活的方方面面,它与计算机技术的结合在许多方面直接为社会创造价值,推动着社会生产力的发展.数学在形成人类理性思维和促进个人智力发展的过程中发挥着独特的、不可替代的作用.可以说,当今各行各业都需要大批的能够用数学知识解决实际问题的数学人才.

用数学方法解决实际问题,首先要建立数学模型,这样才能进行数学推理、演算、求出结果;进而要对原来的实际问题作出判断,并能够预测未来.然而,在中学数学教育中用数学方法解决实际问题的教育一直没有得到足够的重视.高中数学课程设立数学建模等学习活动,这是一个重要的突破,它对提高高中的数学教学质量必将产生积极的重要影响.因此,作为高中数学教师,一定要认真学习和领会《课程标准》的理念和要求,学习并掌握数学建模的有关知识方法,胜任数学建模的教学.本节首先简介数学建模的基本概念、特征,在此基础上研究数学建模的过程与方法,提出数学建模教学的有效途径.

(一)模型、数学模型的概念

模型,是人们为了某种特定的目的,而对客体原型所作的一种在特性、结构或功能行为等方面具有某种相似关系简化的描述.这种描述可以是定性的,也可以是定量的;可以借助于具体的实物,也可以通过抽象的形式来表达.模型是对现象系统地抽象或模仿,它由那些与研究问题有关的部分或全部因素构成,在认识过程中能够被当作客体原型的替代物而便于进行研究,通过模型进行模拟实验,能够得到关于原型的信息.

数学模型是使用数学符号、数学式子以及数量关系对实际问题的简化而得出的关系或规律的描述;是指对实际问题(客体原型)的主要特征、主要关系进行分析,经过抽象、概括后所得出的数学结构.这里的数学结构有两个方面的具体要求:其一,这种数学结构必须是一种纯关系结构,也就是必须经过数学抽象,舍弃与关系无本质联系的一切属性;其二,这种结构,必须是借助于数学概念和数学符号来描述的结构形式.因此,数学模型就是用数学语言去描述和模拟实际问题中的数量关系、空间形式,这种模拟是近似的,但又尽可能逼近实际问题.数学模型包含数学结构以及该结构中的元素定义、命题、公式、法则、算法等与实际研究对象之间的对应关系.

数学模型的含义比较广泛,通常有广义和狭义两种解释.从广义上讲,一切数学概念、数学公式、法则、原理、各种函数关系式、方程式及算法系统都可称为数学模型.因为它们都是从各自相应的现象原型中抽象出来的.数学与它的各个分支,都可以看作不同层次的数学模型或模型的有机组合.狭义的数学模型是指只有反映特定问题或特定的具体事物系统的数学关系结构.在现代应用数学中,数学模型都作狭义的理解,构造数学模型的目的,主要是为了解决具体的实际问题.

由于客观事物的存在形式和发展变化千头万绪,对它进行研究的数学模型也是多种多样的.因此,按不同的标准可以对数学模型进行不同的划分,比如,按照表现形态的不同,可以将数学模型分成概念型模型、方法型模型和结构型模型三个种类.第一,概念型模型.例如实数、函数、向量等数学概念.第二,方法型模型.例如方程、运算法则、列表、图等.第三,结构型模型.例如数系等.若根据数学本身和事物发展的特点,还可以把数学模型分为确定性数学模型、随机性数学模型、突变性数学模型、模糊性数学模型四个种类.

数学模型方法是模型方法中的一种重要方法,它本是处理数学问题的一种经典方法,后来逐渐渗透到物质世界的各个领域,成为处理各种实际问题的一般数学方法.20世纪40年代以来,由于科学技术的数学化趋势,特别是控制论的产生和电子计算机的广泛应用,数学模型方法在广度和深度上都得到了迅速的发展,被广泛地应用于自然科学、社会科学和思维科学的一切领域之中.

(二) 数学建模的意义与方法

1. 数学建模的意义

简而言之,用数学语言和方法设计数学模型的过程称为数学建模.《课程标准》指出:"数学建模是运用数学思想、方法和知识解决实际问题的过程,已经成为不同层次数学教育重要和基本的内容."

关于在高中阶段开展数学建模活动的意义,《课程标准》主要是从发展学生的数学应用意识和将数学建模作为一种新的数学学习方式两个方面来论述的.二者的意义都在于突出体现高中新课程的基本理念.

(1)《课程标准》将数学建模作为促进学生逐步形成和发展数学应用意识,提高实践能力的重要途径.发展数学应用意识,提高实践能力是《课程标准》倡导的一个重要课程理念.高中数学课程通过设立"数学建模"的学习活动,正是将它作为实现这一理念的重要途径.正如《课程标准》中关于课程的基本理论第5条所说:20世纪下半叶以来,数学应用的巨大发展是数学发展的显著特征之一.当今知识经济时代,数学正在从幕后走向台前,数学和计算机技术的结合使得数学能够在许多方面直接为社会创造价值,同时,也为数学发展开拓了广阔的前景.我国的数学教育在很长一段时间内对于数学与实际、数学与其他学科的联系未能给予充分的重视,因此,高中数学在数学应用和联系实际方面需要大力加强.近几年来,我国大学、中学数学建模的实践表明,开展数学应用的教学活动符合社会需要,有利于激发学生学习数学的兴趣,有利于增强学生的应用意识,有利于扩展学生的视野.

高中数学课程应提供基本内容的实际背景,反映数学的应用价值,开展"数学建模"的学习活动,设立体现数学某些重要应用的专题课程.高中数学课程应力求使学生体验数学在解决实际问题中的作用、数学与日常生活及其他学科的联系,促进学生逐步形成和发展数学应用意识,提高实践能力.

(2)《课程标准》倡导数学建模是一种新的数学学习方式.新课程倡导积极主动的、勇于探索的学习方式.高中数学课程应力求通过各种不同形式的自主学习、探究活动,让学生体验数学发现和创造的历程,发展他们的创新意识.《课程标准》在"数学建模"的内容中指出:"数学建模是数学学习的一种新的方式,它为学生提供了自主学习的空间,有助于学生体验数学在解决实际问题中的价值和作用,合乎实际,体验数学与日常生活和其他学科的联系,体验综合运用知识和方法解决实际问题的过程,增强应用意识;有助于激发学生学习数学的兴趣,发展学生的创新意识和实践能力."

高中数学课程设立"数学建模"学习活动,通过该活动的组织开展,它将与"数学探究"活动一起,为学生形成积极主动的、多样的学习方式进一步创造有利的条件,以激发学生的数学学习兴趣,鼓励学生在学习过程中,养成独立思考、积极探索的习惯.

2. 数学建模的方法

自然界的事物五花八门、千姿百态,其发展变化也非常复杂.所以,给自然界的事物建模并没有一个固定的模式.数学建模是一个系统的过程,它要利用许多技巧以及翻译和解释、分析与综合、计算及证明等高度的认知活动.因此,建模是一种十分复杂的创造性劳动.

《课程标准》中给出了数学建模可以通过以下框图 9-12 体现.

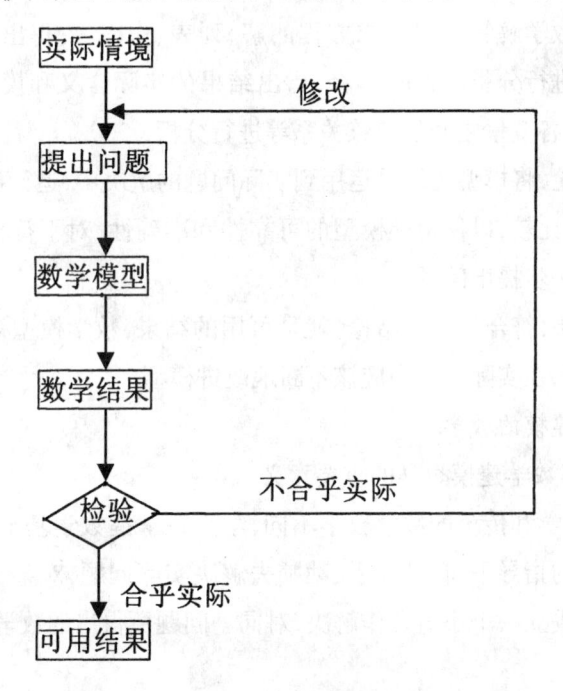

**图 9-12 数学建模流程图**

根据《课程标准》中数学建模的方法步骤，下面给予说明和进一步描述：

(1)实际情境.这是建模前的准备工作.即建立数学模型之前，必须理解实际问题的情境，掌握所要解决问题的有关背景知识和数据资料等信息，从实际问题的特定关系和具体要求出发，找出影响实际问题的重要因素，牢固掌握有关数学知识和方法.此外，还应明确建立模型的目的.

(2)提出问题.建立数学模型是对实际问题进行具体分析的科学抽象过程，要在对实际问题进行分析的基础上，进行抽象、提出问题，这是一个化繁为简、化难为易的过程.因此，要抓住问题的主要矛盾的主要方面，舍弃次要方面，猜测重要因素之间的关系，进行简化.这是建模的关键一步.简化假设要适度，否则会对建模产生不良影响.

(3)建立数学模型.在假设的基础上，利用适当的数学方法来表示问题各数量之间的关系，建立相应的数学模型.

(4)模型求解.对数学模型进行计算，得出数学结果，进行模型分析.建模以后，对模型进行数学解答.例如，求方程的解、列表、作图等；得出初步的数学结果；通过对结果进行分析、翻译、解释，指出结果的实际含义和模型的应用范围等.例如，对问题各变量之间的依赖关系等进行分析.

(5)模型检验.将模型的结果运用到实际问题的解决中.运行模型，对模型的结果与实际相互比较，以便检验模型的可靠性和准确性.对不符合实际的情况，要进行修改，进一步提出问题.

(6)可用结果.符合实际的结论，就是可用的结果.数学模型被接受之后，进入实际应用阶段，在实际应用中应该不断地改进模型.

(三) 数学建模的教学

1. 正确理解数学建模教学的重要意义

数学建模教学和传统的数学教学不同，学生在掌握数学基本知识和方法的基础上，在教师的指导下，自己动手、动脑去解决实际问题.对某一问题，可以独立完成，也可以成立一个小组合作解决.对同一问题所得出的数学模型也可以不同.

数学建模教学，就是把现实问题带到教室，用所学数学知识解决现实问题的过程.学生通过观察和实验与现实交流,试图用所学数学知识去理解和解决现实问题.现成的数学模型不能解决问题的时候,可以引导学生去探索适合于现实的新的数学模型.虽然,学生不一定有意识地建立数学模型,但在这一过程中可以逐渐地掌握建模的方法.学生在实验中获得新的模型,也是掌握新的数学思想方法的新起点.同时,学生在学习数学和运用数学解决实际问题时,不断地经历直观感知、观察发现、归纳类比、空间想像、抽象概括、符号表示、运算求解、数据处理、演绎证明、反思与建构等思维过程.这些过程是数学思维能力的具体体现,有助于学生对客观事物中蕴涵的数学模式进行思考和作出判断.数学思维能力在形成理性思维中发挥着独特的作用.从这个意义上讲,数学建模教学有以下重要意义:

(1)培养学生发现问题、提出问题的意识.《课程标准》指出:在数学建模中,问题是关键.数学建模的问题应是多样的,应来自于学生的日常生活、现实世界、其他学科等多方面.同时,解决问题所涉及的知识、思想、方法应与高中数学课程内容有联系.《课程标准》同时要求学生在发现和解决问题的过程中,应学会通过查询资料等手段获取信息.

(2)培养学生的观察力、理解力和抽象能力;培养学生对事物进行正确判断的能力,促进对数学本质的理解.

(3)扩展数学概念,强化数学应用的意识,增强数学研究的能力,培养学生灵活应用数学知识与数学方法的能力.《课程标准》指出:通过数学建模,学生将了解和经历解决实际问题的全过程,体验数学与日常生活及其他学科的联系,感受数学的实用价值,增强应用意识,提高实践能力.

(4)提高分析和解决问题的能力,增进创新意识.《课程标准》指出:每一个学生可以根据自己的生活经验发现并提出问题,对同样的问题,可以发挥自己的特长和个性,从不同的角度、层次探索解决的方法,从而获得综合运用知识和方法解决实际问题的经验,发展创新意识.

(5)培养学生的自立能力和合作精神,增强对数学的感受和情感体验.《课程标准》指出:学生在数学建模中应采取各种合作方式解决问题,养成与人交流的习惯,并获得良好的情感体验.

2. 正确把握《课程标准》中的教学要求

国际数学教育界普遍重视数学建模和数学应用的教学.德国必修课中有37处要求联系物理、化学、经济、日常生活以及哲学观念.他们还强调球面几何、球面三角的应用.建立的模型包括人口增长、质量控制、疾病传染、抽样试验等.《课程标准》中要求高中阶段至少应为学生安排一次数学建模活动,但没有对数学建模的课时和内容作具体安排.学校和教师可根据各自的实际情况,统筹安排数学建模活动的内容和时间.例如,可以结合统计、线性规划、数列等内容安排数学建模活动.《课程标准》虽然没有对开展数学建模活动的次数、时间与具体内容作统一规定,但还是对数学建模提出了6个方面的要求.

(1)在数学建模中,问题是关键.数学建模的问题应是多样的,应来自于学生的日常生活、现实世界、其他学科等多方面.同时,解决问题所涉及的知识、思想、方法应与高中数学课程内容有联系.

(2)通过数学建模,学生将了解和经历框图9-12所表示的解决实际问题的全过程,体验数学与日常生活及其他学科的联系,感受数学的实用价值,增强应用意识,提高实践能力.

(3)每一个学生可以根据自己的生活经验发现并提出问题.对同样的问题,可以发挥自己的特长和个性,从不同的角度、层次探索解决的方法,从而获得综合运用知识和方法解决实际问题的经验,发展创新意识.

(4)学生在发现和解决问题的过程中,应学会通过查询资料等手段获取信息.

(5)学生在数学建模中应采取各种合作方式解决问题,养成与人交流的习惯,并获得良好的情感体验.

(6)高中阶段至少应为学生安排一次数学建模活动.还应将课内与课外有机地结合起来,把数学建模活动与综合实践活动有机地结合起来.

3. 正确理解《课程标准》中的说明与教学建议

(1)学校和学生可根据各自的实际情况,确定数学建模活动的次数和时间安排.数学建模可以由教师根据教学内容以及学生的实际情况提出一些问题供学生选择;或者提供一些实际情境,引导学生提出问题;特别要鼓励学生从自己生活的世界中发现问题、提出问题.

(2)数学建模可以采取课题组的学习模式,教师应引导和组织学生学会独立思考、分工合作、交流讨论、寻求帮助.教师应成为学生的合作伙伴和参谋.

(3)数学建模活动中,应鼓励学生使用计算机、计算器等工具.教师在必要时应给予适当的指导.

(4)教师应指导学生完成数学建模报告,报告中应包括问题提出的背景、问题解决方案的设计、问题解决的过程、合作过程、结果的评价以及参考文献等.

根据《课程标准》中的说明与教学建议,数学建模活动对教师提出了新的要求.

如前所述,数学建模过程是一个复杂的、系统的过程.指导这样复杂的活动,教师不但要具备同样的能力,还需不断调整自己的角色.

①注意知识和观念的更新.社会在进步,科学在发展,教学理念也在更新.作为新时期的数学教师就应该更新教育教学观念,注意不断地、自觉地更新自己的知识,优化知识结构.不仅要认真钻研基础数学、应用数学、数学教育的知识,还要关注其他学科的基本概念、基本原理及科学发展的新动态.另外,生活中的一些小知识、小窍门也要留心观察,以不断发现新问题、新方法,充实自己的"问题库",为开展建模活动准备好丰富的材料.

②注重角色的变化和综合素质的提高.开展数学建模活动,教师是活动的组织者、引导者与合作者.解决数学建模问题不仅要求熟练掌握数学的基本知识、基本能力和一定的数学研究能力,还要求具备其他一些学科的基础知识和能力,并能使用计算机、掌握现代信息与网络技术.另外,还应具备数学解释、交流能力及团结、合作能力,等等,能胜任学生的合作伙伴和参谋的角色.

③注重自身的建模"实践".实践是最好的老师.数学建模活动不同于一般的课堂教学活动,它是一个开放的过程,不仅问题本身是开放的(问题的发现、表述方式有情有境,解答方法不惟一等),而且学生活动也是开放的(学生在建模过程中独立性、活动性强,不仅要动脑,而且要动手、动口),会临时出现许多意想不到的情况.为增强应变能力,教师要不断增进建模的意识,平时多实践、多总结、多发现,不仅在现行数学教材的数学知识应用与建模的切入点上多实践,还要不断

积累高中数学教材的应用和建模的参考素材,进行实践活动.

4. 合理运用数学建模的教学评价

(1)评价学生在数学建模中的表现时,要重过程、重参与.不要苛求数学建模过程的严密、结果的准确.评价内容应关注以下几个方面:

①创新性.问题的提出和解决的方案有新意.

②现实性.问题来源于学生的现实.

③真实性.确实是学生本人参与制作的,数据是真实的.

④合理性.建模过程中使用的数学方法得当,求解过程合乎常理.

⑤有效性.建模的结果有一定的实际意义.

以上几个方面不必追求全面,只要有一项做得比较好就应该予以肯定.

(2)对数学建模的评价可以采取答辩会、报告会、交流会等形式进行,通过师生之间、学生之间的提问交流给出定性的评价,应该特别鼓励学生活动中的"闪光点".

(3)数学建模报告及评价可以记入学生成长记录,作为反映学生数学学习过程的资料和推荐依据.对于学生中优秀的论文可以采取表扬、评奖、推荐杂志发表、编辑出版、向高等学校推荐等多种形式给予鼓励.

(四)高中数学建模活动的开展

1. 将课内与课外有机地结合起来

根据《课程标准》的教学要求,开展数学建模活动首先充分利用课内与课外两个主渠道,将课内与课外有机地结合起来.

(1)在课堂教学中适时引入"模型".事实上,在我国高中的数学课本中,有许多概念和问题解决的方法都是通过实际问题或从实物模型中引入的.如指数函数的概念,课本就从一个"细胞分裂"的模型导入,对数概念则是从"复利问题"模型引入的.在排列组合中,两个基本原理本身就是从实际问题的求解中抽象建立起来的一个数学模型.再例如,在古典概率中,抛硬币、掷骰子、摸球、取数等随机试验,是人们从大量的随机现象中筛选出来的理想化的概率模型.这些概率模型,内容生动形象,结构清楚明确,富于直观性和典型性,便于深入浅出地反映事物的本质,揭示事物的规律.而且,这种模型化的处理方法,思想活泼、应用广泛,具有极大的普遍性,不少复杂问题的解决,常常可以归结为某种简单的模型.所以,熟悉并掌握常见的概率模型,有助于举一反三、触类旁通地提高解题能力.作为教学第一线的教师,可以从教材中的这些应用因素入手,有意识地挖掘它们,提出或构造一些简单有趣的建模问题,把它们安排到课堂教学中.

在《课程标准》中规定的必修课程以及部分选修课中,数学应用及建模内容如表9-2:

表9-2 数学应用及建模

| 新课程 | 教材内容 | 教师可添加的数学应用及建模内容 |
| --- | --- | --- |
| 数学1 | 集合 | 计数问题,编码问题,体育比赛的场次设计等. |
| | 函数的单调性,函数的极值 | 怎样存款获息多,容器的设计等. |
| | 二次函数 | 拴牛问题(见《中学生数学》1997第7期),磁带问题等. |
| | 指数函数,对数函数 | 细胞分裂,人口或其他生物增减变化的规律,考古中所用的$^{14}C$的衰减,药物在人体内残留量的变化,存款、借贷问题,非线性拟合和预测等. |
| | 幂函数 | 同种商品按包装大小的定价问题,旋钮或电位器中电阻随旋转角变化规律等. |
| 数学2 | 直线与平面 | 桌腿着地问题,测高与测长等. |
| | 柱、锥、台的表面积与展开 | 电视天线的布线,暖气管道保温材料的缠绕,下料问题,圆管或方管弯头的展开图等. |
| | 体积与表面积 | 电视塔与卫星问题,电缆求长,蒙特卡罗方法求体积,发电站冷却塔的体积,西瓜售价问题等. |
| | 直线与方程 | 线性规划初步,长料短截,运输问题,分工问题,线性拟合问题等. |
| | 圆与方程 | 追及问题等. |
| 数学3 | 概率 | 计算机模拟估算圆周率的值,有奖促销,字典中字词的部首分布,水库中的鱼量,自选市场出口设置问题,掷币问题,怎样估计自己的单词量,怎样评价考试成绩,歌手大奖赛的成绩处理——歌手及裁判的水平的评价等. |

(续表)

| 数学 4 | 三角函数 | 计算器、计算机求解实际测量问题,单摆运动,波的传播,交流电,残料的利用,抽水站的设立位置问题等. |
| --- | --- | --- |
| | 平面向量 | 力、速度、加速度、功等. |
| 数学 5 | 解三角形 | 与测量、计算有关的实际问题,如测高与测距、停车场的最多停车设计、加工精度的间接测量等. |
| | 数列 | 教育储蓄的收益与比较,银行的存款、借贷与分期付款、投资收益问题,人口的增长,资产的折旧,生物种群的变化,铺砖问题,雪花曲线,堆垛问题等. |
| | 不等式 | 线性规划,无盖贮水池,洗衣机问题,打包问题,加工程序问题,罐头问题等. |
| 选修1—1<br>选修2—1 | 圆锥曲线与方程 | 彗星的轨道,桥拱曲线设计,油罐车,冷却塔,声差定位等. |
| 选修1—1<br>选修2—2 | 导数及其应用 | 增长率、膨胀率、效率、密度、瞬时速度,利润最大、用料最省、效率最高的生活中的优化问题等. |
| 选修4—4 | 坐标系与参数方程 | 凸轮设计,投篮问题,铅球问题,曲杆联动,定速比,非同向追及问题等. |

(2)在课外适当引申.由于课时的限制,某些复杂的建模问题在课堂上完成也许会有困难,对此,教师可在课堂上提出问题、建立模型,而把问题的求解过程留给学生在课余作业中继续完成.例如,张思明老师曾给学生留过这样的寒假作业:让学生采集应用数学的问题,对采集的问题进行分析求解,并把结果写成小论文.开学后,张老师得到了这样一些结果.

应用数学问题的采集:骗人的足球彩票有奖销售;大小包装的同种商品的定价;电缆求长;电视塔高和信号覆盖范围的计算;"六合彩"的中奖可能;两栖车辆登陆地点的选择;搬家时大衣柜能过拐角吗? 邮政有奖明信片值得买吗? "碧浪"洗衣粉哪一种包装赚钱多? 社会福利奖券的兑奖率和返还率? 旧电视40元卖给小贩合算吗?

应用数学的小论文:澳洲网球公开赛单打比赛奖金分配额浅析;利用神经网络辨别信封上的邮政编码;"长寿"又"发财"的仙妮蕾德;从电视塔想到的;电缆求长及其他;"还本销售"是赚还是赔? 怎样开挖最短的引水渠?

在这样的作业中,学生不仅要独自去发现问题、解决问题,还锻炼了数学写作(数学交流)能力,可谓"一举数得".这种有效培养学生能力的教学方法,值得广大教师们借鉴.

2. 把数学建模活动与综合实践活动有机地结合起来

新课程强调综合实践活动的开展,综合实践活动不受教材、教学进度等的限制,因此,学校可以大胆开展一些需学生动手作实验、搞社会调查、实地测量等灵活多样的数学建模活动.例如,某校学生到一超级市场调查了解到,商店把进货单价为 40 元的某种品牌的洗发露,按 50 元一瓶售出时,能卖出 500 瓶,根据市场分析预测,单价每提高 1 元,其销售量将递减 20 瓶.应怎样制定洗发露的售价才能获得最大利润?学生们经过分析,建立了这样的数学模型:

设提高 $x$ 元销售时,售货收入为 $(50+x)(500-20x)$ 元,

则利润 $y = (50+x)(500-20x) - 40(500-20x)$

$\qquad = 20(10+x)(25-x)$,

同时,将实际问题转化为数学问题:求二次函数 $y$ 的最大值.利用均值不等式,可得:当 $x+10 = 25-x$,即 $x = 7.5$ 时,$y_{max} = 6\,125$ 元.并对实际售价:$50+7.5 = 57.5$(元)进行检验,符合实际要求,故问题得到了圆满解决.

将数学建模融入数学教学中去的途径是多种多样的,除了安排专门的数学建模活动之外,问题解决中的建模方法和建模理论还应该适当地、有节制地逐步进入现有的课程中去,并尽可能地充分利用已有的教材.许多建模问题的类型在我们的教材中早就具备了,只需要把它们作稍为不同的求解导向就可以变成一个数学建模问题了.高中数学课本中的"复利问题"模型可以改编成这样两个问题:

例 1  某人以每股 17.25 元购进股票 10 000 股,一年后以每股 18.52 元抛售,该年的银行月利率为 0.6%,按月计复利.试问该人在买股票与存银行之间,何者利大?

例 2  房改时,某职工从银行贷款 200 000 元,购买一套三居室住房.若银行贷款年利率 6%保持不变,平均分 5 年还清,每年年终付款,则每年年终应付多少元?

## （五）数学建模的案例与分析

《课程标准》中指出：教材应该提供一些适合学生水平的数学建模问题和背景材料供学生和教师参考；教材可以提供一些由学生完成的数学建模的案例，以激发学生的数学建模兴趣．

[数学模型教学案例]

课题：函数的应用

教学目标：1. 使学生进一步了解函数在解决实际问题中的应用，培养学生的应用意识．

2. 学会构造函数模型的基本方法．

3. 学会对自己构造的函数模型的评价及改进方法．

教学重点：函数模型在解决实际问题中的应用．

教学难点：构造恰当的函数模型．

教学用具：多媒体、画图软件．

教学过程：

1. 知识背景

师：一次函数、二次函数、幂函数和指数函数的解析式及图像是怎样的？

（学生回答后，教师用多媒体显示图像以加深印象．）

师：函数在解决生产生活中的实际问题中有什么应用呢？这节课我们就来学习函数的应用．

评：以旧引新，导入新课．

2. 引入实际问题

例1 顺义城关镇新建一服装厂．从今年7月开始投产并且前4个月产量分别为1万件、1.2万件、1.3万件、1.37万件．由于产品质量好，服装款式新颖，因此前几个月的产量销售情况良好．为了推销员在推销产品时，接受订单不至于过多或过少，需要估测以后几个月的产量．倘若你是厂长，你将用什么方法估测产量？

分析：前面已经学习了一次函数、二次函数、幂函数和指数函数，这些构成了学生的现有知识发展的基础．而教师提出的问题现在对学生来说还不能独立解决.因而,把这一实际问题转化为数学问题,并能正确分析、评价,即为学生所要达到的潜在发展水平.

(1)数学抽象,确定函数模型

师:怎样把这一问题转化为数学问题呢?

生:确定函数模型.

评:顺利实现由现有发展水平到潜在发展水平的过渡.

师:前4个月的产量提供了一些数据.根据你已有的知识和这些数据,你能不能找出一种方法来估测以后几个月的产量?

生:建立直角坐标系,描点,画曲线.

评:教师适时进行点拨的结果.

根据画出的曲线的形状,通过观察,学生们找出了四个模拟函数.

生1:一次函数 $f(x) = kx + b$ $(k \neq 0)$.

生2:二次函数 $g(x) = ax^2 + bx + c$ $(a \neq 0)$.

生3:幂函数型函数 $h(x) = ax^{\frac{1}{2}} + c$(随着指数的不同,幂函数型函数很多,指数定为 $\frac{1}{2}$,目的是为了计算方便).

生4:指数函数型 $l(x) = ab^x + c$.

评:这样就把所求的问题与已有的知识联系起来,转化为学生的现有发展水平.同时培养了学生敏锐的观察力.

师:可利用已知的4个点的坐标 $A(1,1)$、$B(2,1.2)$、$C(3,1.3)$、$D(4,1.37)$,确定这4个函数的解析式,同时分别求出与剩余点的误差.

生1:将 $B$、$C$ 两点坐标代入 $f(x) = kx + b$ $(k \neq 0)$,得解析式为 $f(x) = 0.1x + 1$.

代入 $A$ 点坐标得 $f(1) = 1.1$ 与实际误差为 0.1;

代入 $D$ 点坐标得 $f(4) = 1.4$ 与实际误差为 0.03.

生2:将 $A$、$B$、$C$ 三点坐标代入 $g(x) = ax^2 + bx + c$ $(a \neq 0)$,得解析式为 $g(x) = -0.05x^2 + 0.35x + 0.7$.

代入 $D$ 点坐标得 $g(4) = 1.3$ 与实际误差为 0.07.

生3:将 $A$、$B$ 两点坐标代入 $h(x)=ax^{\frac{1}{2}}+c$,得解析式为 $h(x)=0.48x^{\frac{1}{2}}+0.52$.

代入 $C$ 点坐标得 $h(3)\approx 1.3$　与实际误差为 $0.05$;

代入 $D$ 点坐标得 $h(4)\approx 1.48$　与实际误差为 $0.11$.

生4:将 $A$、$B$、$C$ 三点坐标代入 $l(x)=ab^x+c$,得解析式为 $l(x)=-0.8\times(0.5)^x+1.4$.

代入 $D$ 点坐标得 $l(4)=1.35$　与实际误差为 $0.02$.

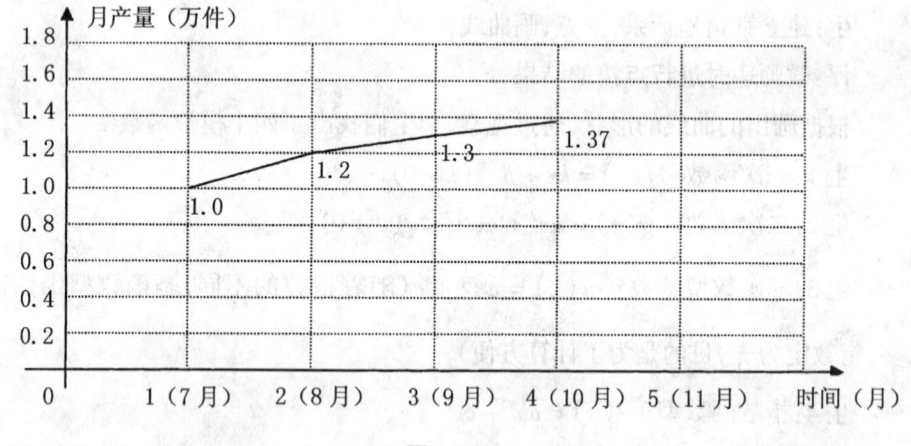

图 9-13

师:四个确定最佳函数模型用哪个最好?

生:四个函数模型都不好,因为四个函数模型与实际都有误差.

评:激起了学生的认知冲突.(学生的现有水平:已知所求曲线与剩余点的误差;潜在水平:根据所求曲线与剩余点的误差,正确确定最佳函数模型.)

师:应考虑这是生产实际问题.

生1:明白了!应根据实际问题的意义,从变化趋势中筛选.

评:教师适时点拨使学生改变了看问题的角度.

生2:最佳函数模型应为指数函数,因为它与实际的误差最小.

师:确定最佳模型的关键在于看模型是否符合客观实际.

评:师生的探究和总结使学生的思维水平又上一个层次.在教师的指点下,

学生完成了把实际问题转化为数学问题的过程,在这一过程中学生亲身体验了数学建模的思想、方法.于是,在培养学生数学应用意识的同时,也培养了学生应用数学的能力.作为一门基础性学科,学数学并不一定要成为数学家,更重要的是培养人的数学观念和数学思想,培养人解决数学问题的能力,真正体现素质教育的要求.学生可以忘记他以前学过的数学知识,但是那种引导人们创新的数学思维过程以及从这一过程中享受到的个人体验定会给他留下不可磨灭的印象.

3. 应用拓广

已知天泉县 2000 年、2001 年、2002 年、2003 年财政收入分别为 2.59 亿元、3.05 亿元、3.80 亿元、4.89 亿元.(1)请建立一个数学模型,预测天泉县以后的财政收入情况,用 2004 年(6.68 亿元)、2005 年(8.50 亿元)两年的财政收入检验一下,评价模型的优劣.(2)计算出天泉县收入的平均年增长率.(3)按照(1)、(2)分别预测 2006 年天泉县财政收入,并讨论哪种预测结果更有可行性.倘若你是县长,你将采取哪种模型?

评:对于这个问题,学生已经会独立解决了.这表明原来的潜在发展水平已经转化为新的现有发展水平,顺利地实现了知识的正迁移,从而达到了预期的教学目的.

4. 总结与提高

由学生自己总结、互相评价,然后由老师补充、完善和提高.

5. 布置作业

引领学生解决数学建模的新问题.

## 四、数学文化教学

随着数学课程改革的不断深入,数学的人文价值更明确地强调出来,已普遍受到重视.《课程标准》中十分重视数学文化的内容,在前言中强调指出:"数学是人类文化的重要组成部分,数学素质是公民所必须具备的一种基本素质."这为新一轮高中数学教育改革指明了方向.《课程标准》还将"体现数学的人文价值"作为十大基本理念之一.不仅设置了数学文化的内容;提出了具体的要求;而且要求把数学文化内容与各模块的内容有机结合.并在选修课程系列3中设置了"数学史选讲"、"三等分角与数域扩充"、"欧拉公式与闭曲面分类"等体现数学文化的内容.

(一)《课程标准》强调:"数学是人类文化的重要组成部分"

《课程标准》认为数学是人类文化的重要组成部分,是人类社会进步的产物,也是推动社会发展的动力.《课程标准》中强调数学素质是公民所必须具备的一种基本素质,其中就包含数学的文化素质.数学不同于艺术、技术一类的文化,数学文化属于科学文化,是一种理性文化.理性的探索有一个永恒的主题,这就是:"认识宇宙,也认识人类自己."在这个探索中数学有着特别的作用.数学是现代科学技术的语言和工具,它的思想是许多物理学说的核心,并为它们的出现开辟了道路.数学曾经是科学革命的旗帜.现在,也仍是发展高新科技的重要工具.一门科学之所以成为现代科学,第一个决定性步骤是使自己数学化.

要正确理解《课程标准》中的"数学是人类文化的重要组成部分"的观念,可以从以下四个方面来把握.

首先,作为人类文化组成部分的数学,它的一个重要特点是追求一种完全确定、完全可靠的知识.数学的对象必须有明确无误的概念,其方法必须由明确无误的命题开始,服从明确无误的推理规则,借以达到正确的结论.数学方法既成为人类认识方法的一个典范,也成为人在认识宇宙和人类自己时必须持有的客观态度的一个标准.就数学本身而言,达到数学真理的途径既有逻辑的方面也有直觉的方面;但就其与其他科学比较而言,就其影响人类文化的其他部分而言,它的逻辑方法是最突出的.每个论点都必须有根据,都必须持之有理.这是一种追求真理的精神.这个伟大的理性探索是数学发展必不可少的文化背景,反过来,也是数学贡献于文化的最突出的功绩之一.

数学作为人类文化组成部分的第二个特点,是它不断追求最简单的、最深层次的、超出人类感官所及的宇宙的根本.所有这些研究都是在极度抽象的形式下进行的.这是一种化繁为简以求统一的过程.从古希腊起人们就有一个信念,世界是合理的、简单的,因而是可以理解的.对于数学研究还要加上一点:这个世界的合理性,首先在于它可以用数学来描述.从古至今科学发展实现一次一次重大的理论综合,人们一次又一次地看到宇宙的根本规律表现为一种抽象的,至少是数学味很重的设计图,这不是幻想而是现实.

作为人类文化组成部分的数学的第三个特点,是它不仅研究宇宙的规律,而且也研究它自己.数学不断反思,不断批判自己,并且以此开辟自己前进的道路.大家都说,数学在证明一串串的定理,数学家就要问自己的基础是不是牢固.越是在表面上看来没有问题的地方,越要找出问题来.当然,任何科学要发展就要变,但是只是在与实际存在的事物、现象或实验的结果发生矛盾时才变.惟有数学,时常是在理性思维感到有了问题时就要变.而且,其他科学中"变"的倾向时常是由数学中的"变"直接或间接引起的.到了最后,数学开始怀疑起自己的整体,考虑自己的基础何在? 大概到了19世纪末,数学向自己提出问题:我真是一个没有矛盾的体系吗? 我真正提供了完全可靠、确定无疑的知识吗? 我自认为是在追求真理,可是"真"究竟是指什么? 我证明了某些对象的存在,或者说我无矛盾地创造了自己的研究对象,可是它确实存在的吗? 等等.数学在从整体上反思自己,解剖自己.有人这样形象地描述:"数学是一株参天大树,它向天空伸出自己的枝叶,吸收阳光.它不断扩展自己的领地,在它的树干上有越来越多的鸟巢,它为越来越多的学科提供支持,也从越来越多的学科中吸取营养.它又把自己的根伸向越来越深的理性思维的土地中,使它越来越牢固地站立."从这个意义上来讲,数学是人类理性发展的最高的成就之一.

作为人类文化组成部分的数学的第四个特点,在于数学深刻地影响人类精神生活.可以概括为一句话:它大大地促进了人的思想解放,提高与丰富了人类的整个精神水平.从这个意义上讲,数学使人成为更完全、更丰富、更有力量的人.21世纪信息时代的到来,使数学显得更加重要,因为高新技术本质上是数学技术.人们越来越认识到没有现代数学就不会有现代文化,没有现代数学的文化是注定要衰落的.数学作为文化的一部分,其最根本的特征是它表达了一种探索精神.数学的出现,确实是为了满足人类的物质生活需要,可是,离开了这种探索精神,数学是无法满足人类的物质生活需要的.我们应当从数学文化的视角来认识数学教育.数学教育说到底,应是通过一定的数学知识的学习,培养人们的求真、创新的探索精神.

### (二) 正确理解《课程标准》中的"数学的文化价值"

《课程标准》提出要关注数学的人文价值,促进学生科学观的形成.在课程的基本理念中进一步提出要体现数学的文化价值:"数学是人类文化的重要组成部分.数学课程应适当反映数学的历史、应用和发展趋势,数学对推动社会发展的作用,数学的社会需求,社会发展对数学发展的推动作用,数学科学的思想体系,数学的美学价值,数学家的创新精神.数学课程应帮助学生了解数学在人类文明发展中的作用,逐步形成正确的数学观."

要正确理解《课程标准》中的数学文化价值观念,就要从数学中的人文教育因素及其在人格塑造中的作用上来论证.

数学蕴藏着丰富的人文教育因素.数学作为人类精神产品之一,独立地成为人类所创造的文化组成部分.但数学不同于艺术、文学一类的文化.数学文化属于科学文化,是一种理性文化.就数学知识体系本身而言,主要是一种理性的思维方式,是一种理性精神的张扬.数学是人类理性发展的最高成就之一,数学教育在产生和发展的过程中,对人们的思维方式、价值取向、行为方式和情感、意志等方面所产生的影响,也反映了数学的文化价值.在新世纪,数学的人文价值更明显地表现出来.齐民友教授在《数学与文化》一书中,自始至终地提出并论证了一个命题:"一个没有现代数学的文化是注定要衰落的."这说明数学对于人类文化的影响不仅显示在现代科技方面,更重要的是它表明了一种理性主义的探索精神对人类文化产生了巨大的影响.王梓坤教授总结了数学四个方面的巨大作用,其中一条就是数学的人文价值,即"对全体人民的科学思维与文化素质的哺育".他进一步指出:"数学文化具有比数学知识体系更为丰富和深邃的文化内涵,数学文化是对数学知识、技能、能力和素质等概念的高度概括."

数学文化教育因素及其在人格塑造中的作用主要表现在以下几个方面.

1. 提升改造世界的能力,促进科学文化交流

数学的发展史就是一部思维发展史.数学是在人类改造客观世界的实践过程中形成并发展起来的,是人类智慧和创造的结晶.数学文化及其历史以其独特的思想体系保留并记录了人类在特定社会形式和特定历史阶段文化发展的状态.我们学习数学,就是要在极短的时间内掌握人类积累起来的数学知识,提升

自己认识和改造客观世界的能力."数学自身的发展水平也在影响着人类的思维方式".数学文化的发展过程表明,数学是一种方法,它能使人的思维方式合理化、严格化、程序化,养成有步骤地进行推理的习惯和能力,并用确定的、简明的语言表述,这就是世界上最通用的科学语言,因而数学语言成为人类共同交流的工具之一.语言是思维的物质外壳,数学是以思维为核心的学科,而思维能力并不仅是为了学习数学与自然学科,而且对学习社会科学以至工作实践都具有重要的意义.人们就是以数学思维的形式,以数学语言为载体,不断地反映客观世界,并把数学成果应用于各种实际问题,从而推动人类认识世界、改造世界的能力不断增强.随着教育普及程度的提高,数学语言将伴随着数学思想方法广泛应用于自然科学和社会科学之中.

2. 学会理解与欣赏文明成果,领悟文化传统

数学在其发展过程中创造了灿烂的人类文明成果,是构成人类文化遗产的重要的组成部分,并对社会文明进步发挥着极其重要的作用.学习中外数学发展的历史,有利于培养学生对数学学习的兴趣,培养他们对数学这一人类文明成果的欣赏,培养他们对世界优秀文化传统的热爱.美国政府在他们制订的《学校数学教学原则和标准》中指出,"数学是一种文化,数学是人类创造的文明成果,每一个公民都应有欣赏和理解这一文明成果的能力."这是从文化的角度对人的素质提出的基本要求,学习数学不仅是掌握一定的知识和获得一定的能力,更重要的是学会欣赏和理解人类创造的这一文化成果,激起对数学这门科学的热爱,对历史上的数学家的崇敬,以至于对世界文明成果和悠久的文化传统的领悟.现代化正是以新的历史高度对传统进行反思过程中的批判与继承,只有对传统文化有深刻领悟的人,才能站在时代的前列.

3. 数学的文化品德

数学是一门论证科学,其论证的严谨使人诚服,数学的真理性使人坚信不移.数学无声地教育人们尊重事实,服从真理这样一种科学的精神.

数学是一门精确的科学,在数学演算中,来不得半点马虎,在数学推理中,更容不得粗心大意.粗枝大叶、敷衍塞责是与数学的严谨性格格不入的.因此数学使人缜密,数学可以造就人精神集中、做事认真负责.

数学是一门循序渐进、逻辑性很强的抽象科学.学习数学,攻克具有挑战性的问题,会逐渐铸就人们脚踏实地、坚韧勇敢、顽强进取的攀登奋斗的探索精神.一个人学习数学,工作以后很可能由于长期不接触数学,而"把数学都还给教师".但由于学习数学过程中领悟的数学的精神、思想和方法,作为一种品格力量,却一直发挥着作用.

4. 科学的思维方法

科学的思维方法是人文教育的重要体现,任何一门自然科学或社会科学的诞生和发展,都离不开思维,都要依靠思维,并借助思维去研究和发展.对于数学这一科学,更是如此.数学是思维的体操,抽象、概括、归纳与推理等形式化的思维以及直觉、猜想与想像等非形式化的思维,都是数学思维方法、方式与策略的重要体现,数学直觉思维、数学逻辑思维及数学辩证思维都是人的高级思维形式.数学在人类文化发展过程和探索自然改造世界的社会实践活动中积累起来的诸如归纳猜想、演绎论证、类比联想、集合对应、等量与不等量、函数、方程、数形结合、统计、转化、映射反演、数学模型、优化等数学思想方法是人类珍贵的精神财富,对于形成科学的思维方法和科学精神具有极其重要的作用.许多数学思想方法本身就是科学方法.数学思想方法是数学文化的重要组成部分,日本数学教育家米山国藏在从事了多年数学教育之后,说过一段意味深长的话:"学生们在初中或高中所学到的数学知识,在进入社会后,如果没有什么机会应用,那么这种作为知识的数学,通常在出校门后不到一两年就会忘掉,然而不管他们从事什么业务工作,那种铭刻在人脑中的数学精神和数学思想方法,会长期地在他们的生活和工作中发挥着重要作用."这无疑是对数学文化内涵的一个精彩注释.

(三) 正确把握数学文化的教学要求

《课程标准》提出,通过在高中阶段数学文化的学习,学生将初步了解数学科学与人类社会发展之间的相互作用,体会数学的科学价值、应用价值、人文价值,开阔视野,寻求数学进步的历史轨迹,激发对于数学创新原动力的认识,领会数学的美学价值,从而提高自身的文化素养和创新意识.

对于数学文化的教学,《课程标准》提出了三个方面的教学要求,在此基础上又给出了说明与教学建议.总结起来,主要体现以下几点.

1. 数学文化教学应立足于高中数学课程的内容,重视教材中文化内涵的挖掘,同时充分开发和利用校内外的教育资源

《课程标准》指出:"数学文化应尽可能有机地结合高中数学课程的内容,选择介绍一些对数学发展起重大作用的历史事件和人物,反映数学在人类社会进步、人类文明发展中的作用,同时也反映社会发展对数学发展的促进作用."比如在讲解复数的概念课时,如果直接引入虚数单位 $i$,会使学生对 $i$ 产生疑惑,因此可以从数集的几次扩张说起:自然数集→扩大的自然数集→非负有理数集→有理数集→实数集(数集每次扩充都增加了规定性质的新元素,并且在原数集内成立的运算规律在数集扩充后的更大范围内仍然成立).其中要强调数集的每次扩充都是满足生产与科学发展的需要,也解决了在原有数集中某种运算不能实施的矛盾.比如 $x^2=-1$.为了解方程的需要,引入了虚数单位 $i$,从而把实数集扩张到复数集,这样学生知道了引入虚数单位 $i$ 的来龙去脉,也就使其明确了学习复数的必要性,可以积极地、自觉地投入到有关复数内容的学习中去.

同时,在该内容的说明与建议中提出,教师应充分开发和利用校内外的教育资源,并主动地与其他学科的教师交流,更好地促进学科间的交融和渗透.

2. 数学文化教学的目的重在综合地提高学生的文化素养

《课程标准》强调指出:"学生通过数学文化的学习,了解人类社会发展与数学发展的相互作用,认识数学发生、发展的必然规律;了解人类从数学的角度认识客观世界的过程;发展求知、求实、勇于探索的情感和态度;体会数学的系统性、严密性、应用的广泛性,了解数学真理的相对性;提高学习数学的兴趣."同时,在该内容的说明与建议中提出,教师应结合有关内容有意识地强调数学的科学价值、文化价值、美学价值.教材中有关数学文化的内容,要注意介绍重要的数学思想、优秀的数学成果、有关人和事的人文精神.贯穿思想品德教育,要短小、生动、有趣、自然、深入浅出、通俗易懂.

3. 倡导数学文化教学的灵活多样的形式

《课程标准》对数学文化教学的说明与建议中特别强调指出,应当采取多样化的教学方式.可以通过平时课后的阅读材料,也可以让学生自主查阅一些历史文献,了解数学的发展历史.例如:圆周率的发明,贾宪三角的创立,解析思想的

形成等都可以大大提高学生学习数学的兴趣.教师可以在教授数学知识的同时介绍有关的背景文化,比如:数的产生与发展,欧几里得《几何原本》与公理化思想,平面解析几何的产生与数形结合的思想,微积分与极限思想,二进制与计算机.教师也可以作专题演讲,如广告中的数据与可靠性,商标设计与几何图形,黄金分割引出的数学问题.教师还可以鼓励和指导学生就某个专题查找、阅读、收集资料文献,在此基础上,编写一些形式丰富的数学小作文、科普报告,并组织学生进行交流.比如:艺术中的数学,无限与悖论,军事与数学,金融中的数学,系统的可靠性等.另一方面,针对不同的教学要求与教学内容,教师在教学中应尽可能对有关课题作形象化的处理,例如,使用图片、幻灯、录像以及计算机软件.可以和其他学科教师一起,考查学生在查阅文献、阅读资料、撰写论文或报告、合作交流中的表现,对于优秀的作品应当给予鼓励、展示和推荐.

(四) 数学文化观在教学中的渗透

《课程标准》确定的课程应介绍数学发展的历史、应用和趋势,注意体现数学的社会需要、数学家的创新精神、数学科学的思想体系、数学的美学价值,以帮助学生了解数学在人类文明发展中的作用,逐步形成正确的数学观,并使之成为正确世界观的组成部分.为此,高中数学课程提倡体现数学的文化价值,并在适当的内容中提出对"数学文化"的学习要求,设立"数学史选讲"等专题.

1. 渗透数学史

在高中的数学教学中应结合课程与教材的内容,引导学生初步了解数学科学与人类社会发展之间的相互作用,体会数学的科学价值、应用价值、人文价值,开阔视野,探寻数学进步的历史轨迹,使学生受到优秀文化的熏陶,以提高其文化素养,养成求实、说理、批判、质疑等追求真理的精神.在教学中,应尽可能利用数学史的教育价值,将必须的数学史材料结合在高中数学课程的内容之中,向学生介绍一些对数学发展起重大作用的历史事件和人物,反映数学在人类社会进步、人类文化建设中的作用,同时也反映社会发展对数学发展的促进作用.建议教师向学生介绍以下内容:欧几里得的公理体系对人类理性思维、数学发展、科学发展、社会进步的重大影响;笛卡儿创立的解析几何;牛顿、莱布尼兹创立的微积分反映了数学与社会发展的相互促进和推动作用;概率论开创了对随机现象的认识;数系的发展和扩充过程,反映了数学内部动力、外部动力以及人类理性思维对其产生和发展的作用.

2. 渗透数学美

充分利用数学的美学价值,重视数学美的挖掘.数学教学过程能使学生体验到数学概念的简洁美、统一美,数学结构的协调美、完整美,数学模型的概括美、典型美,数学证明的新颖美、奇巧美和数学思想的深刻美、独特美.以激发学生热爱数学、探求数学知识的愿望,产生发现数学真理的灵感和增强数学创造能力,培养学生的审美意识和审美情趣,提高鉴赏美、创造美的能力和水平.例如,数学曲线和几何图形具有平衡和对称的特点,它们像艺术作品那样令人赏心悦目,从简单的直线到复杂的摆线,从黄金分割到钟摆模型,都具有平衡性和对称性,它们作为一种基本图形,广泛应用于艺术、建筑和商品广告等各方面.在自然界的奇妙结构中,到处也可碰到数学,从雪花的六角形对称结构到蜜蜂的六角形蜂房,从蜗牛壳的螺线、向日葵花盘的圆的渐开线到行星的椭圆形轨道,数学曲线和几何结构普遍存在于自然界中,教师若在适当的时候提醒学生注意,用以激发他们天赋的感官,引起学生学习数学的兴趣,是会有帮助的.

3. 渗透心理素质教育

数学教学在心理素质培养和教育方面发挥重要的功能.从培养全面发展的跨世纪人才的素质教育出发,数学教学要普遍重视激发动机、培养兴趣、建立情感及增强意志等诸多方面的心理素质的教育,以形成良好的心理品质.数学是一种理性精神的张扬,由数学本身的特点、内容和教学方法所决定.在数学教学中特别有利于培养学生刻苦的精神、顽强的毅力、实事求是的科学态度、锲而不舍的性格,铸就学生良好的个性品质.高中的数学教学,还要重视数学的文化品德功能与价值的渗透,以提高学生的思想品德和理性精神.

(五) 数学文化的教学策略

为了更好地促进数学文化教学工作的开展,数学文化的教学策略可从以下几个方面入手:

1. 树立作为文化的数学教育观,将科学精神与人文精神结合起来

数学学科中加强人文教育从根本上还是应从数学作为文化的功能入手,充

分体现出数学应用的价值.因此,树立作为文化的数学教育观是实施数学人文教育的首要问题.

科学精神与人文精神相结合是人类对自然及其自身认识的升华,是知识经济对人才培养提出的时代要求.数学科学是自然科学、技术科学等科学的基础,并在经济科学、社会科学、人文科学的发展中发挥越来越大的作用.当今正全面推行素质教育,注重知识创新,呼唤科学精神和人文精神.数学教育既是科学素养的教育,同时也是一种文化素质的教育.因此,从数学文化的视角来认识数学教育,就要将作为文化素质的数学教育与作为科学素质的数学教育结合起来,构成完整的数学科学文化素质教育,这首先是一种教育理念的更新.我们学习数学不仅是为了获取知识,更要通过数学学习接受数学精神、数学思想和数学方法的熏陶,提高思维能力,锻炼意志品质,并把它们迁移到学习、工作和生活的各个领域中去.为此,数学教学应遵循在学习科学知识的同时,更要突出学习科学思想、倡导科学方法、弘扬科学精神的宗旨,结合现行数学教材,引导学生了解数学与人类社会发展之间的相互作用,体会数学的科学价值、应用价值和人文价值,提高学生的科学素养和文化素养.

2. 充分挖掘教材本身所具有的人文教育资源,提高学生的人文素养

在数学教学中加强人文教育,就要充分发挥教材的作用,挖掘教材中的人文教育资源.首先,教师应努力挖掘教材本身所具有的数学知识的魅力.鉴于数学思想方法对于形成科学思维方法、提高学生素质的重要作用,针对传统数学教学中重结果轻过程、重数学知识这个明线而轻视思想方法这条暗线的弊端,我们一定要从数学文化的角度和人才规格的培养要求出发,切实加强数学思想方法的挖掘和整理,寻求数学知识和思想方法在整个数学发展史上的线索和脉络,探索数学发展的历史轨迹,揭示数学文化的本质和科学的丰富内涵.中学数学教学还应尽可能展现数学每一部分知识的产生背景,数学概念的形成、发展过程,数学定理的提出过程,教会学生更好地学数学、用数学.其次,要学习国外的经验和做法.我国中小学数学教材中也有许多人文教育的良好素材,例如可以充分利用我国古代辉煌的数学成就和数学家对世界数学发展与人类文明进步所作出的巨大的贡献,进行人文教育.我国古代在十进制计数法的应用,负数概念的引入,分数

运算与正负数运算法则的建立,一次方程组解法和高次方程数值解法的提出等方面都是世界最早的;在初等数论、数列、极限等方面更有深入的研究.我国数学家如刘徽、祖冲之父子、贾宪、秦九韶、杨辉、李冶、朱世杰,以及大量的现代数学家都在各自领域取得了辉煌成果,在世界独领风骚.教师要充分利用这些素材,在传授数学知识的同时,不失时机地向学生渗透人文教育.此外,数学学科本身就是一部丰富的辩证法教材,教材中多与少、等式与不等式、已知与未知、精确与近似、平面与曲面、异面直线与共面直线等都是一对对的矛盾体,不一而足.数学教师要通过揭示这些矛盾概念的内涵,对学生进行矛盾对立统一的观点教育,向学生渗透辩证唯物的思想,这是对学生进行人文教育的好教材.

3.注重培养学生的探索精神和创新意识

探索精神与创新意识是现代科学文化人的一个基本素质.数学作为文化的一部分,最根本的特征是它表达一种探索精神和创新意识.时代要求我们把培养学生的创新意识作为学校教育的重点,着眼于让学生学会知识、学会学习、学会创新、学会做人、学会生存,为民族的创新精神和国家所需要的创新性人才的培养打下必要的基础.中学数学作为中学教育的一门主要课程,在培养和发展中学生主动的创新精神方面起着极为重要的作用.数学教学过程,不仅是传授知识、传授数学现成方法的过程,而且还是一个培养创新意识和主动探索精神的过程,是一个不断引发学生发现与创新的过程.就中学数学教学而言,培养学生的创新性主要应把教学放在让学生对人类已有的数学知识创新性的发现、概括或运用活动中.学生的创新性活动以丰富的旧知为基础,以创新性思维能力为核心,以自觉的创新意识为先导,以其良好的个性品质、奋斗精神尤其是学生良好的思维品质和数学思维习惯为保证.为此,教学中应培养学生习惯于用抽象思维的方法、逻辑思维的方法、形象思维的方法、发散思维的方法、直觉思维的方法等去分析和研究实际问题,学会思维策略的辩证应用,鼓励学生进行数学猜想、数学想像,体会创新过程和参与创新过程,在不断的探索学习中增长才干,提高创新能力.

4.以学生的发展为本,重视科学态度和个性品质的培养,完善人格

教育是培养人的主要途径,它的最高目的应该是塑造完整的人,并实现人的

价值.数学是养育个性的绿洲,培养和发展学生的个性是教学的真谛.课堂教学是学习数学的主要形式,而传统的课堂教学模式就是老师讲学生听,忽视了学生的主体性,忽视了对学生主体意识、理解能力的开发,忽视学生个性的发展.新时代需要我们确立以学生的发展为本的思想,重视学生的主体性,着力于人的发展性,把学生作为学习的主人,做主宰知识的主人.数学教育欲担当起人的全面素质培养的重任,在教学中渗透人文精神,就应该在科学态度和个性品质方面加以补救.教师应立足于数学课堂教学,致力于培养学生优良的思想品质.让学生在数学活动中逐步形成正直、诚实、不轻率盲从的道德品质,追求真理和严肃认真的科学态度,自然的、历史的、辩证的认识论和科学的价值观,敏捷、严谨、缜密、有条不紊的作风,一丝不苟、实事求是、克服困难、坚强毅力等优秀品德.通过学习数学知识和数学精神,使学生的各方面素质和谐发展,形成完整的人格.

当今世界,数学不单纯是一种处理实际问题的手段,也不仅是一种谋生的工具,数学更是一个现代人必备的基本素质.数学教育是一种文化素质的教育,在数学人才培养中具有重要作用,不可等闲视之.将作为文化素质的数学教育与作为科学素质的数学教育结合起来,构成完整的数学科学文化素质教育,是当今数学教育改革与发展的必由之路.

## 五、运用信息技术教学

随着信息技术的飞速发展以及电脑的广泛普及,现代信息技术在数学教学中的应用日益加强.可以说计算机技术的突飞猛进为数学研究和数学教学提供了理想的实验室.借助于计算机,许多困难得到很大程度上的克服,例如计算、画图与测量变得相对容易.人们可以在计算机上验证自己的数学猜想,通过改变有关的参数或改变图形进行数学实验,提出和发现新问题,不仅如此,根据数学的特点,结合学生的生活实际,让学生通过利用以信息技术为核心的多媒体、计算机模拟、三维动画、超媒体等技术和信息呈现方式使教与学达到有机结合,使学生提高学习效率.目前出现的一些优秀的数学软件平台,例如算术领域的电子数据表、代数系统的Mathcad、几何系统的几何画板以及Mathematica、Matlab等,都具有很好的交互灵活性,而且它们考虑到了数学研究的需求,很适合数学教学.教师可直接在这种环境下组织教学,还可以利用这些平台做一些二次开发,这将极大地促进高中数学教学的改革.

(一) 多媒体技术与数学教育的整合

1. 多媒体技术的含义

多媒体技术就是将信息的表现形式(图片、文字、声音、视频图像等)、信息的存储介质(磁盘、磁带、光盘、胶片等)和信息的传播介质(光缆、电缆和电磁波等)等软硬件结合在一起,并通过计算机进行综合处理和控制,在屏幕上,将多媒体各个要素进行有机结合,并完成一系列随机性交互式操作的信息技术.

"多媒体"源于媒体,但不是多种媒体的简单集合,而是高于媒体,是以计算机为中心把处理多种媒体信息的技术集成在一起,用来扩展人与计算机交互方式的多种技术的综合.多媒体的关键特性主要表现在交互性、信息载体多样性及集成性.现代教学媒体主要指多媒体计算机、网络教室、校园网和因特网等.

计算机技术在教育领域的应用始于20世纪50年代末,迄今已有40多年的历史.从1959年美国IBM公司研制成功第一个CAI系统至今,计算机教育应用的理论基础曾有过三次大的演变:第一次是从20世纪60年代初至70年代末,以行为主义理论为基础的计算机教育应用的初级阶段;第二次是从20世纪70年代末至80年代末,以认知主义理论为基础的计算机教育应用的发展阶段;第三次是从20世纪90年代至今,以建构主义理论为基础的计算机教育应用的成熟阶段.

随着现代计算机技术和网络的迅速发展,远程教育是当代最热门的话题,已日益引起人们的重视并取得了巨大的成就.国际信息处理协会于20世纪80年代中期对53项计算机应用课题的发展前途进行了评估,计算机的教育应用名列第6位.

2. 多媒体技术与当前数学教学整合及优势

由于数学具有很强的抽象性、逻辑性,特别是几何,还要求具备更强的空间想像力.计算机多媒体技术在数学教学中的运用和推广,为数学教学带来了一场革命.中学数学应用多媒体技术发挥了重要作用,深受广大数学教师的青睐.

Mathcad、数理平台、几何画板等数学软件的开发使多媒体技术在中学数学中应用更加广泛.

与传统教学相比,多媒体技术在中学数学教学的应用的优势主要表现在以下几点.

(1)具有丰富的表现力,可激发兴趣,培养学生的创造力.利用多媒体技术可改变信息传递媒体单一以及教师仅靠口述和板书给学生传授知识结论的局面.多媒体具有丰富的表现力,能将文字、图表、声音、动态、静态图像集在一起,构成教学软件,创造一个图文并茂、有声有色、生动逼真的教学环境,使内容更充实、更形象、更具有吸引力,从而提高了学生的学习热情.如在立体几何教学中,通过多媒体课件的三维动画、空间的透视,让学生更清楚空间直线与直线、直线与平面、平面与平面之间的位置关系.又如利用计算机可以很快作出所需要的立体几何图形,而且可以是动态的,当拖动某些点时,可以改变它的位置使图形有最佳的视角、最好的直观性.不仅如此,还可以使所作出的图形绕着一个点、一条线进行旋转,通过这一切可以很好地培养学生的空间想像能力.

在数学课堂教学中,巧妙地利用计算机多媒体图文并茂、声像并举、能动会变、形象直观的特点,增强了教学内容的趣味性,为学生创设良好的教学情境,能最大限度地激发学生的学习兴趣,调动学生强烈的求知欲望,培养学生的创造力.

(2)变抽象为形象,有利于突破教学难点、突出教学重点.生动的CAI课件能使静态信息动态化,抽象知识具体化.在数学教学中运用计算机特有的表现力和感染力,有利于学生建立深刻的表象,灵活扎实地掌握所学知识;可以突破教学难点、突出教学重点,尤其是定理教学和抽象概念.运用多媒体二维、三维动画技术和视频技术使抽象、深奥的数学知识简单直观,从而启发思维,让学生主动地去发现规律、掌握规律,成功地解决教学的重点、难点,同时培养学生的观察能力、分析能力.如在立体几何教学中,异面直线的概念及其所成角、异面直线之间的距离、二面角及其平面角是难点,学生往往觉得直线与直线、直线与平面、平面与平面这种位置关系非常抽象,难以观察和理解,但是通过多媒体的动画演示可以让学生多视角地观察到它们的位置关系,易于理解.

(3)简化教学环节,提高课堂教学效率.在数学教学过程中,经常要绘制图形、解题板书、演示操作等,用到较多的小黑板、模型、投影仪、录音机等辅助设备,不仅占用了大量的时间,而且有些图形、演示操作并不直观明显.计算机多媒体改变了传统数学教学中教师主讲、学生被动接受的局面,集声、文、图、像、动画于一体,资源整合、操作简易、交互性强,并且可以结合学生个体的实际情况,给每个学生一个合理的期望.在教学过程中以学生的活动为中心,大大缩短非教学时间从而提高课堂教学的效率.

(4)有利于知识的网络化.CAI 内容的多媒体化,克服了传统的线性结构的缺陷,为学习者提供多样化的外部刺激,激发学生全方位的感官性能,更有利于学生知识的建构.多媒体超文本结构的使用,使得多媒体辅助教学系统容易根据教学的实际效果对教材进行动态的组织和修改,使学生可以完全摆脱课程表的限制,按自己的实际能力和具体情况来安排学习进度.因而具有很强的针对性,是真正意义上的因材施教.利用超文本的任意跳转,只需轻轻按键就可以跳转到想要学习的知识点.如在理解锥体、台体、柱体三者之间的关系以及体积问题时,通过动态的切割、补形、旋转等,就不难寻找出它们的关系,这有利于学生把立体几何知识系统化、网络化.

(5)利用多媒体强大的交互性,因材施教,实现教学个性化.不同的学生,其各自的能力、生理、心理差距及思维方式不同,造成对知识的把握与运用上的差别.因此,在教学中,教学方法、教学内容、教学进度会对不同的学生形成不同的压力,优生不能满足,差生可能超标.输入、输出手段的多样化,使多媒体辅助教学系统具有很强的交互性,学生与机器之间、学生与学生之间、学生与教师之间的交流变得非常容易.运用多媒体教学,采用图文交互界面和窗口交互操作,人机交互能力大大提高,有利于学生在学习过程中,根据自身的需要选择学习的内容和学习的进度,便于学生最大限度地发挥主观能动作用.教师也可通过监控软件,了解学生的学习情况,因材施教,实现教学的双向流动,并根据反馈的信息,及时调整学习节奏.网络 CAI 的发展为个别化教学带来广阔的发展空间,打破了时间、地域、主体的限制,自由地发挥着以人为本、因人施教的作用.

(6)运用课件,促进学生素质的全面提高.这主要表现为:学生动手、动脑多,具有挑战性;学生学习如同视频游戏,在乐中学、学中乐.精心设计的多媒体辅助教学软件如几何画板、Flash、Authorware等,为学生学习提供了一个信息加工、探索和发现知识的环境,为学生的情感交流和集体协同解决疑难问题创造了条件,提高了学生的学习兴趣,深受学生欢迎.如在讲解球的表面积时,可以设计软件,按照极限的思想,通过动画去切割一个球体,让学生去想像、思索.实际上培养了学生全面观察探索以及创造性思维的能力.过去讲数学公式、定理,往往都是教师直接讲结论,学生把结论背下来,引进多媒体技术后,学生可以自己动手去探索、推导、证明问题的结论.

(7)提供丰富的资料信息来源,丰富了数学学习内容.多媒体软件将多媒体技术和数据技术相结合,提高了辅助教学综合利用多媒体信息的水平.和网络技术相结合,使多媒体辅助教学系统可以让学生与学生之间、学生和教师之间跨越时空的限制,互相交流;可以使每一个学生能够同时拥有几乎无限的信息来源接口.他们可以根据自身的情况选择不同的学习资料进行个别化和交互性的学习,从而扩大知识面,提高分析问题和解决问题的能力.如学生可以通过教育网、校园网、网校和因特网查阅各种相关资料,可以通过网络做作业、交作业,真正实现无纸化学习.

3. 中学数学应用多媒体教学的基本状况

现代信息技术的发展对数学教育的价值、目标、内容以及学与教的方式所产生的影响在数学课程的设计与实施中得到重视.

多媒体辅助教学进入我国中学课堂已有十多年的历史,有关中学数学的网页、网站不胜枚举,网上数学教育教学论文、课件、教案、素材等资源非常丰富,有关多媒体技术在数学教学方面应用的论文不断发表.随着信息技术教育的进展,中学多媒体辅助教学有了很大的进步,硬软件设备不断完善,为中学数学教师应用多媒体技术提供了非常有利的条件.中学数学应用多媒体技术发挥了重要作用,深受广大数学教师的青睐.现代信息技术的发展对数学教育的价值、目标、内容以及学与教的方式所产生的影响也在数学课程的设计与实施中普遍受到重视.但在如何应用多媒体技术,以及在CAI方面还不尽如人意,出现了一些问题和误区,这主要体现在以下几个方面.

(1)多媒体辅助教学利用率不高.当前,所制作的CAI课件数量偏少,通用性不强.有关调查显示,中学教师平均每周使用信息技术时间为38分钟,每人每周有1.9分钟用于课堂演示,设计交互式学习仅为0.38分钟.有75%的中小学教师会基本的Windows操作,但能进行文字处理的仅占57.25%.会上网查找所需教学资料的占21%,会收发E-mail的仅占6%.仅有18%的教师使用CAI,其中经常用的仅占9%左右.大多数学校,多媒体教学只是出现在公开课中,并没有在日常的教学中真正推广开来,它在中学教学中的地位并没有本质的变化.也就是说,传统教学模式仍然以不可动摇的地位牢牢控制了中学课堂——现代教育技术没有充分得以发挥.

(2)多媒体技术功能发挥不够.众所周知,多媒体技术实现了信息载体的多元化,具有综合运用多种媒体功能的特点.只有根据自身的特点制作出来的课件并合理地应用到教学中去,才能谈得上是多媒体的应用.而在实际教学中,目前的CAI仍以教师操作、学生观看大屏幕为主要形式,远未开发其强大的网络功能、超文本功能和交互式功能.尤其是代数方面的内容,不少教师只是用多媒体来放一段音乐、放投影片,甚至是放课本例题、练习题,这样仅把多媒体当作单一媒体使用,难以充分发挥多媒体的巨大功能,这与传统使用的"小黑板"在教学效果上相比也只是量的变化,而没有质的提高,同时也是对教学资源的浪费.

(3)多媒体使用不恰当.把多媒体与"图解"等同,这又走入了一个误区.在教学实际中,有些教师备课时没有经过周密的考虑和精心的设计,只是盲目使用,图表面热闹而不注重解决实际问题.对于使用何种媒体、何时使用、使用多长时间,都心中无数,这样,不但起不到优化课堂教学结构的作用,有时还会造成教学与手段脱节,达不到预期效果.一些公开课中制作的多媒体课件,有的只是简单的文字、习题加图片,是典型的"为多媒体而多媒体";而有的从出示教学目标、讲授新课,一直到达标检测,几乎每一个环节都用上了电脑,表面上看是运用了现代教学手段,而实际上仍然是传统的"灌输式"教学方式,多媒体只是起了几个"小黑板"的作用.

(4)CAI制作不当,设计中存在着形式主义.设计CAI软件时有追求形式主义的倾向,这主要体现在:①在制作CAI中,过分追求了声、色、文字等外在表现,即仅仅利用多媒体来显示一些文字、公式和静态的图片,将课堂变成了"电子板书"课堂,没有发挥多媒体的特性,没有发挥其巨大的促进教学的功能.②在制作CAI中,重视了教学的程序化设计,课堂呈现信息量大、速度快、跨度大,学生思维可能跟不上,课堂教学较难依据学生的学习特点有效控制节奏.不少教师制作的课件让人感觉眼花缭乱、目不暇接.③"画蛇添足"、"喧宾夺主".制作多媒体课件时,应考虑怎么把学生的注意力吸引到教学内容上来,如有的教师过多地把精力用在呈现形式上,不仅使用艺术字,而且加入看似美丽的图案装饰,反使教学内容的内涵显得微乎其微.有时学生们正在集中精力思考学习内容时,突然被老师出示例题夹带的声音惊得思维断线.本来干净整齐的板书,非要在下角加上一个小小的与内容毫无瓜葛的动画,等等,不一而足.

(5)在CAI制作仍以"教师为中心",忽视学生的主体性.目前不少教师制作的课件还多是为某一节课而制作,在CAI制作中,重视了教师如何教学,但在发挥学生主体性,促进学生如何利用CAI进行数学的思考,如何提出问题、分析与解决问题,如何指导学生学习方面较为欠缺.课堂中一旦出现与课前设计不相符的情况后,有的教师手忙脚乱、无所适从,硬是把学生扭到教师的设计中去.由此可见,在课件制作中,基本上是以"教师为中心",而很少考虑学生如何学的问题.此外,CAI中体现人机交互方式下的问题和练习较少,师生之间、生生之间、学生与机器之间的交流少、交互性差,这也是不能发挥多媒体辅助教学取得预期效果的一个重要方面.

(6)师资缺乏和资源不能共享.制作一个课件,需要花费大量的时间和精力,需要熟练掌握多种软件的使用方法,进行分析、加工、组合、储存和运用.由于素材库的缺乏,教师普遍感到教学资源不足.另一方面,只有少部分教师计算机水平较高,多数教师设计CAI有技术困难,还不具备独立制作课件的能力,师资能力水平明显偏低.所以,有的教师讲课时呈现方式也多采用线性播放,教师在操作时,只是按鼠标,只能"进",不能"转",如果某一环节操作失误,就不得不重新开始.学生也只能被电脑牵着鼻子走,无法根据自己的意志来选择学习内容和顺序.

**4. 克服多媒体技术应用的误区与对策**

(1)课件结构的设计中应尽量加入人机交互练习.一个 CAI 课件的结构主要有顺序结构与交互结构两种.缺乏交互性的课件与一盒录像带没有什么区别.针对多媒体技术功能发挥不够,CAI 制作不当,设计中存在着形式主义的问题,在多媒体和超文本结构所组成的 CAI 设计中应尽量加入交互结构,以充分发挥多媒体的巨大功能,并使界面丰富,既方便教师操作,又可以使教师根据实际教学情况选择和组织教学内容.因此在制作中应尽可能多地采用交互结构,实现教师与计算机、教师与学生、学生与计算机之间的双向交流,从而达到在教学中提高课堂教学效率、突破重点难点、提高学生素质与培养学生能力的目的.

同时,设计 CAI 课件时,适当加入人机交互方式下的练习,以加强计算机与学生之间的积极的信息交流,既可请同学上台操作回答,也可在学生回答后由教师操作.这样做能活跃课堂气氛,引导学生积极参与到教学活动中,真正体现多媒体的技术功能.

(2)注意适度效果的合理运用.任何教学工具都是为教学服务的,CAI 仍然是一种辅助教学手段,也仅能够起到辅助作用.各种适度效果的应用可以给课件增加感染力,但运用要恰当,以不分散学生的注意力为原则.如:色彩搭配要合理,画面的颜色不宜过多,渐变效果不宜过为复杂等.从而避免课件制作与使用中的形式主义.

在现阶段,CAI 课件主要利用多媒体手段对课堂教学中的某个片段、某个重点或某个训练内容进行辅助教学.CAI 课件反映了我国现阶段学校计算机辅助教学的形式和特点,我们要认真对其加以研究,充分发挥其在课堂教学中的作用,提高课堂教学质量和效益,促进教育现代化的进程.

(3)因课、因时制宜,充分发挥教师的主导和学生的主体作用.一方面,教师不能只成为计算机的操作者,不能让课件限制了教师、操纵了教师,反客为主;更不能像有的教师为了追求电教效果生搬硬套,不断地演示.看似非常热闹,其实,不懂环节、不讲时机地演示,严重脱离教学实际,这样的教学,是不可取的.实际上,不少的数学课并不需要计算机辅助教学,由教师讲解,使学生产生良好的认知效果,也可以达到掌握知识和方法,培养思维能力的目的.因此,教师的启发与引导作用是其他任何教学手段都不能代替的.另一方面,数学是思维的体操,数学学科在培养学生的思维能力方面发挥着其他学科不能发挥的作用,数学课是要通过教师组织有效的数学活动,充分发挥教师的主导作用和学生的主体作用.因此,数学课不能上成演示课,数学教师应当指导学生如何利用 CAI 进行数学的思考,如何提出、分析与解决问题,如何指导学生学习,把现代信息技术(特别是计算器、计算机)作为学生学习数学和解决问题的强有力工具,使得学生可以借助它们完成复杂的数值计算、处理更为现实的问题、有效地从事数学学习活动,最终,使学生乐意并将更多的精力投入到现实的、探索性的数学活动中去,以真正发挥学生的主体作用.

(4)开发利用技术含量高,制作有利于学生主体性发挥的软件.针对当前多媒体辅助教学利用率不高,所制作的 CAI 课件通用性不强的问题,开发利用适合于教学内容的教学软件显得十分必要和迫切.特别是针对当前多数课件忽视学生的主体性的状况,当务之急是开发制作有利于学生主体性发挥的软件.Mathcad、数理平台、几何画板等数学软件的开发使多媒体技术在中学数学中应用更加广泛,已在一定程度上改变了教学中现状.而 Tabletop 软件为基于计算机的学习环境,提供了包含师生积极活动的问题情境,是富有个性化、活泼的利于学习的系统.

5. 多媒体技术教育的发展趋势

纵观近年来国外多种教育技术杂志及历届"ED-MEDIA"世界大会(World Conference on Educational Multimedia and Hypermedia)所发表的论文可以看出,CAI 无论在理论上、技术上,还是应用上都有着诱人而广阔的发展前景.当前多媒体教育应用主要有以下几种发展趋势.

(1)教学的概念更为广义.传统的 CAI 主要面向的是师生之间的教学活动.而随着信息技术教育的发展,资源全球化的事实使得"教学"的外延更为广泛,社会上的很多资源可以充当"教师"的角色,使学生在基于资源的学习中获益,使得 CAI 中的"教学"概念更为广义,并逐渐与"教育"的概念等同.

(2)信息化的发展使 CAI 向着网络化方向发展.多媒体技术与网络通信技术的结合.网络化 CAI 的特点:信息资源更丰富,资源共享,时空不限,人机优势互补.

(3)多媒体技术与仿真技术的结合.多媒体技术的发展对 CAI 有着重要影响,使得教学信息更为丰富,真实现象实现虚拟,使得教学过程更为生动有趣,学习效果更为明显.

(4)多媒体技术与人工智能技术的结合.智能 CAI 即 ICAI(Intelligent CAI)在传统 CAI 的基础上应用了人工智能的原理和技术,克服传统 CAI 的一些缺陷,提高了学习者的主动性,增强了人机的交互性,能够做到教学行为人性化、人机通讯自然化、繁杂任务代理化.

(5)CAI 课件向商品化、专业化方向发展.计算机网络的发展、计算机软件业的发展、多媒体技术的发展都推动着 CAI 课件的不断发展变化,特别是 CAI 热潮的兴起、CAI 产业的兴起,使得 CAI 课件向着商品化、专业化的方向发展.

虽然各个国家都充分意识到计算机教育的重要性,制定出相应的远景规划.但还存在一些问题:①设备问题.要进行计算机辅助教学,没有相应的教学设备就无从谈起.经济相对落后的地区,在设备的配置和更新上缺乏相应的资金.②教师问题.教师是主要应用者,运用计算机辅助教学,教师必须具有相应的应用技能,达到熟练使用的程度,而目前许多教师都无法达到上述程度.③软件问题."巧妇难为无米之炊",优秀的教师,要开展好多媒体辅助教学,没有适合于课堂教学需要的软件肯定是不行的.目前虽然有许多商业性的教学软件,但绝大多数软件的质量、应用模式等方面都不理想.教师自我制作的课件一般都是针对某些特定教学内容而开发的,通用性不强,不能适合所有的课堂教学,这些都是亟待解决的重要课题.

(二)现代信息技术在中学数学教学中的应用

1.电子数据表及其应用

算术领域的软件(包括计算器),其功能主要是训练学习者的计算技能,从技术上看,这些程序使计算技能和训练变为自动化,但从本质上看,所运行的还是一种传统的算法形式,人们期望发展基本概念运算的系统软件.算术领域的软件开发商试图对课程中数字和数量重新概念化,这些软件开发的思路还是处于研究的早期阶段.

从关系和结构的角度看数字,电子数据表可以用来支持学生从算术到代数领域的转换过程.这种转换包含熟练操作一般关系,运算未知的关系,应用函数和反函数,发展形式的代数方法.从这个意义上看,电子数据表提供了获得代数语言的可能,这样可以扫除学习代数中的某些障碍.此外计算机把学生从评价符号的算术活动中解脱出来,使他们能够把注意力放在问题的结构和代数方面.这类现代化的设备和工具为实施这类教学模式提供了方便,它延伸了人类手的功能,也辅助了人类脑的功能.

2. 计算机代数系统(CAS),Mathematica,Derive

这是代数、算法和线性代数中使用交互式计算机技术,主要促进学生使用表征形式与图像的能力,如操练代数表达式、画出函数图形等.计算机代数系统(CAS),Mathematica,Derive 等能够使学生以任何传统的表征形式定义、结合、转换、比较或直观地操作函数和关系.利用这些数学系统提供的互动,和更具探索性的方法,可以使数学技术从演绎和代数法转向归纳和实验法,有利于解决问题.

借助于代数系统软件和计算机技术,我们可以很容易地得到丰富的图像,大大地增加了教学容量,活跃了课堂气氛,提高了教学效率,学生积极参与,自行探索,获得亲身体验,对函数概念内涵及各个系数对函数图像的影响有更为深入的理解,学生的主体地位得到了较好的体现,为进一步研究其他函数图像的性质打下了坚实的基础.

3. 几何画板

几何画板软件是由美国 Key Curriculum Press 公司制作并出版的几何软件,它的全名是几何画板——21 世纪的动态几何.几何画板是一个适用于几何(平面几何、解析几何、射影几何等)教学的软件平台,它为教师和学生提供了一个探索几何图形内在关系的环境.它以点、线、圆为基本元素,通过对这些基本元素的变换、计算、动画、跟踪轨迹等,构造出其他较为复杂的图形.几何画板软件的特点:一是形象性,能把较为抽象的几何图形形象化;二是动态性,可以用鼠标拖动图形上的任一元素(点、线、圆),而事先给定的所有几何关系(即图形的基本性质)都保持不变.这种动态性和形象性为学生创造了一个实际操作几何图形的环境,学生可以任意拖动图形,进行观察、猜测和验证,从而加深对图形的感性认识,发挥学生的主体性、积极性和创造性.

几何画板的优势特点主要是:具有独特的记录功能;强大的图形功能和强大的图像功能.它操作简单,只要用鼠标点取工具栏和菜单就可以开发课件.它无需编制任何程序,一切都借助于几何关系来表现,因而用几何画板进行开发速度非常快.一般来说,如果有了明确的设计思路的话,操作较为熟练的教师开发一个难度适中的软件只需5~10分钟.由此可见,几何画板是一个个性化的工具平台,类似几何画板这样的平台代表着教育类工具软件的发展方向.

## 六、情感态度的培养

学校教育是教师和学生共同参与的双边活动,是特定情境下的人际交往活动,是知情交融的信息交流过程.孔子说过:"知之者莫如好之者,好之者莫如乐之者."积极的学习情感和主动学习精神的养成,比学习方法、技巧的掌握具有更深刻的意义,对人一生的发展有更持久的影响.因此,新课改注重培养学生积极的情感态度,倡导使数学教学成为学生的一种愉悦的情绪生活和积极的情感体验,对数学的学习越来越积极,充满自信,不断感受到数学的魅力,认识数学价值进而成为自身的一种需要,最终"学会学习"、"终身学习".

在传统的教育教学中,也强调培养学习兴趣,其目的在于使学生掌握知识、方法和技能,并没有提到为了人的"终身需要"、"人的发展"的高度.把情感态度作为学习的手段,而没有作为学习的目的.有不少教师对情感态度缺乏认识,甚至在一些公开课的教案中虽然也有情感目标,这更多的是一个标签,摆样子,没有系统的目标,因此不能持续发展.新课标中的目标要求明确规定了三个方面:知识与技能、过程与方法、情感态度与价值观.在新的考试大纲中也增加了对个性品质的考查,可见情感态度的培养是新课改的一个亮点,也是新一轮课改成功与否的重要标志.

(一) 对情感态度的理解

人有喜怒哀乐,有接受、拒绝、惊奇、涣散、热情等表现,有道德感、理智感、审美感等体验,这些都是所谓情感态度.

1. 态度

态度是个体在社会环境与各种各样的人与事的互动过程中逐渐形成的,以特定方式对人和事进行反应的一种心理倾向,一个人的世界观,特别是价值观决定着他对待人和事的态度.

2. 情感

情感是人对客观现实的态度体验,是客观事物与个体主观需要相联系的感情反映,以体验的方式来反映对象,并常伴随着明显的身体内部的生理变化和身体外部的表情运动.

广义地讲,情感现象应分为情绪、情感和情操三大类,情绪是最基本的感情现象,着重体现感情的过程方面.它一般具有外部表现明显,持续时间相对较短的特点.情感是较高级的感情现象,着重体现感情的内容方面,具有较稳定持久、内隐含蓄的特点,与人的基本社会性需要相联系.情操是最高级的感性现象,着重体现在感情的内容方面,具有更稳定、更含蓄的特点,不仅与人的高级社会性需要相联系,而且还与一定的社会价值观念相结合.

情感的状态可分为激情、心境和热情三大类.激情是爆发式的,强烈紧张而短暂的情感状态;心境是微弱而持久的心理状态,即平常所谓心情;热情则是一种强有力的、稳定而深厚的心理状态.

3. 情感态度对人的影响

情感态度是人的心理生活的重要组成部分,对人的影响是多维度、全方位的,不仅会影响一个人的活动和积极性,还会影响人际之间的交流、沟通和关系的发生、发展.著名足球教练米卢说:"态度决定一切."美国哲学家威廉·詹姆斯说过:"我们这一代人最伟大的发现是人类可以由改变态度而改变自己的命运."美国心理学家戈尔曼的著作《情商》揭示了人性的一系列特性和品质,指出"情商"对人的命运具有广泛的影响,"情商等于能力".美国斯坦福大学教授路易斯·特曼在对智商在130以上的152名超常儿童进行了历时30年的追踪研究后,得出的结论是:智商的高低与成就的大小无明显相关,而与情商有直接联系.

4. 情感态度的功能

(1)动力功能——对人的行为活动具有增力和减力的效能.有助于提高学生学习有关内容的积极性.

(2)调节功能——对人的认知操作活动具有组织和瓦解的效能.

(3)疏导功能——是指情感能提高或降低一个人对他人言行的接受程度的效能,发挥这一功能的积极作用,有助于提高学生对有关教学内容的内化水平.

(4)信号功能——一个人的情感能通过表情外显而具有信息传递的功能.即能传递一个人的思想、感情,加强语言的表达力、生动性,甚至可以替代言语、超越言语.

(5)保健功能——对一个人的身心健康有增进或损害的效能.

(6)感染功能——一个人的情感具有对他人情感施予影响的功能.情感感染是相互促进的,教师可以"以情育情"形成良好的"情绪场".

(7)迁移功能——一个人对他人的情感会迁移到与他人有关的对象上去的功能.教师应多向学生进行感情投入,以期达到"亲其师、信其道"的效果.

5. 情感态度形成和发展的心理机制

个体与需要关系是决定情感态度的主要因素;个体与预期关系是决定情感态度的又一重要因素;认知评价是决定情感态度的关键因素.

学生在学习过程中的需要有四种,一是探究的需要,二是获得新的体验的需要,三是获得认可与欣赏的需要,四是责任承担的需要.

所谓预期是一个人根据自己的经验、习惯对客观事物作出的一种事前估量.学生在学习过程中的预期,就是对将要学习的内容的价值、难易、作用的估量,以及是否得到老师、同学欣赏等方面的估量.

所谓认知评价就是认知是否满足了需要,达到预期的程度.学生在学习过程中若满足了需要,达到甚至超出预期,则产生积极的情感态度,并能形成良性循环.

(二)情感态度的培养

1. 理论依据

情感态度形成和发展的心理机制,情感态度的功能.

2. 培养目标(新课标)

一是反应——认同.如了解概念、结论等产生的背景、应用,认识数学的科学价值、应用价值和文化价值,体会其中所蕴涵的数学思想和方法,数学的美学意义,感受数学的魅力,等等.二是领悟——内化.如提高数学地提出、分析和解决问题的能力,表达和交流的能力,发展独立获取数学知识的能力,培养数学应用意识和创新意识,提高学习兴趣,形成锲而不舍的钻研精神和科学态度,等等.

**3. 培养策略**

一是调节学生学习数学的心向,让学生乐于学;二是陶冶学生的情操,让学生保持兴趣,学好、会学,刻苦钻研,终生追求.二者相互交织,不断升华.

**4. 培养途径**

(1) 贴近生活、关注社会热点,促进"有意义学习"

数学是理性的、逻辑的,有着严密的形式化体系,同时又具有巨大的实用价值.数学源于生活,数学学习应贴近学生的生活实际与生活体验以及社会热点,在激发学生学习兴趣的同时使其接触到社会、科技及生活的方方面面,在思想和观念上受到熏陶.在新课标中,已经把"初步学会运用数学的思维方式去观察、分析现实社会,去解决日常生活中和其他学科学习中的问题,增强应用数学的意识"等作为教学目标.增加了算法、概率统计等生活中的内容.在教学中要善于联系生活实际,如在学习概率时提出"中奖率为 0.001 的彩票,买 1 000 张一定中奖吗?"在学习数列时研究国民经济产值,研究人民生活水平的变化,研究存款利率等问题,能引导学生关注国计民生,引发学习兴趣.学习圆锥曲线时,从研究我国人造地球卫星、运载火箭、载人飞船等问题开始,能培养学生的民族自豪感及热爱科学,献身祖国的使命感和责任心.

如在讲授"函数的概念"时,为使学生对函数的认识从初中的"一个变量随着另一个变量的变化而变化"升华到"集合——对应"的高度,可以通过如下几个实际问题进行.

① 在我国大西北,某地区荒漠化土地面积每年平均比上一年增长 10.4%,若经过 $x$ 年该地区的荒漠化土地面积是今年的 $y$ 倍,则 $y$ 与 $x$ 的函数关系为: $y = (1 + 10.4\%)^x$.

② 下面是上个世纪我国人均国民生产总值与年份的关系(单位:元)

| 年份 | 52 | 60 | 65 | 70 | 75 | 80 | 85 | 90 | 92 | 93 | 94 | 95 | 96 | 97 | 98 |
| --- | --- | --- | --- | --- | --- | --- | --- | --- | --- | --- | --- | --- | --- | --- | --- |
| 人均 | 119 | 218 | 240 | 275 | 327 | 460 | 856 | 1 634 | 2 288 | 2 933 | 3 904 | 4 754 | 5 520 | 6 053 | 6 392 |

这些问题从可用初中的描述性的概念理解到不能用"一个变,另一个跟着变"的思想加以说明,使引入新的定义方式成为必要,在接受了一次环境教育、爱国主义教育的同时,引发学习兴趣,突破学习障碍.

再如为了突破分段函数的学习困难,可选用新课标中给出的参考例题 1.

田径队的小刚同学,在教练指导下进行 3 000 米跑的训练,训练计划要求是:

①起跑后,匀加速,10 秒后达到每秒 5 米的速度,然后匀速跑到 2 分钟;

②开始均匀减速,到 5 分钟时已减到每秒 4 米,再匀速跑 4 分钟;

③在 1 分钟之内,逐渐加速到每秒 5 米的速度,保持匀速往下跑;

④最后 200 米,均匀加速冲刺,使撞线时的速度达到每秒 8 米.

请按照上面的要求,解决下面的问题.

①画出小刚跑步的时间与速度的函数图像;

②写出小刚进行长跑训练时,跑步速度关于时间的函数;

③按照上边的要求,计算跑完 3 000 米所用的时间.

(2)介绍数学史、数学家,体会数学的价值

介绍古今中外数学家的科学精神、献身精神、刻苦精神以及他们敏锐的眼光、精妙的数学思维方法.例如祖冲之在计算工具极其简单的条件下,却进行了繁复的运算,得到圆周率的如此准确的结果;陈景润的事迹;华罗庚从茶杯盖为什么不会掉到茶杯里到封闭图形的"宽度";童年高斯计算 $1+2+3+\cdots+100$.数学也是社会的发展史,数学的发展推动着社会的发展.例如,讲导数我们可以从介绍牛顿、莱布尼兹发明微积分的数学史实开始.先介绍著名的芝诺"飞矢不动"悖论.提出"飞矢在任一瞬间是静止的吗?"牛顿就是从这"瞬间的速度"着手研究的……,最后说明微积分的建立对数学发展作出的巨大贡献,对社会进步的贡献.老师每每讲到此学生的注意力就高度集中,数学家的探索精神,美妙的数学思想方法,深深打动了学生,升华了人生观、价值观.甚至立志终生从事数学研究.

(3)化平淡为奇异、枯燥为有趣,促成认知冲动

客观事物的表现和发展出乎人们的预料时必然会产生兴趣,产生认知的冲

动.因此教师在数学教学活动中尽可能将看上去平淡的、枯燥乏味的教学内容,看上去经典性的、教条性的教学内容与生动有趣的事例、知识联系起来,与现实社会、实际生活、发展前景联系起来,使学生发现其中的趣味和价值,产生学习冲动.

例如,为了让学生弄清数学归纳法原理,可设置这样的问题:孔夫子姓什么?他的第七十六代孙子及以后各代子孙姓什么?

第一问没有疑义,姓孔.后一问说法就多了,经过热烈讨论,多数同学认为姓孔,但需附加条件:1)子随父姓;2)他的每一代后人中必须有男丁,即姓氏父系中代代相传,就可以保证他的所有后代子孙都姓孔.这一个事实背后就蕴涵着著名的数学归纳法,这样引入会使学生兴趣盎然.把问题进一步引申,由于人的代数是自然数,把它抽象成一个关于自然数的问题.对于命题 $f(n)$:(1)当 $n$ 取初始值 $n_0$($n_0 \in N^*$ 且 $n_0$ 不一定为 1,相当于孔夫子姓孔)时命题成立;(2)设 $n=k$ ($k \geq n_0$)时成立,一定能推出 $n=k+1$ 时命题成立(相当于姓氏在父系亲属中代代相传).于是可以断言,对从 $n_0$ 起的所有自然数命题都成立.至此对数学归纳法的理解已水到渠成,对老师要求的证明格式也就自觉地做到了.

另外,教师大方的穿着,端庄文雅的言行,得体的肢体语言,善意的微笑,平易近人的表情,鼓励的发问,轻松耐心的回答,对学生的信任、信心、欣赏和激励,不失时机的幽默,机智的应变,饱满的热情,抑扬顿挫的声音,丰富形象的语言表达,乐此不疲的执著等都会给学生积极情感感染,产生积极的情感体验.

(4)展示数学之美,陶冶审美情操

一个人如果有良好的审美情趣,充实的心灵愉悦感,就会感受到学习的乐趣,提高学习效率,甚至产生意想不到的效果.爱因斯坦就是通过他的异乎寻常的想像力以及对美的非凡感悟力,从数学的简洁美、对称美的角度建立了广义相对论和狭义相对论.数学中蕴涵着丰富的美,主要表现在:简洁美、对称美、完备美、统一美、和谐美及奇异美.教学过程中要充分地展现这些美,让学生感受到这些美,受到数学美的熏陶,提高学生的科学鉴赏能力,发现美、追求美.

例如,由椭圆的定义得到它的方程 $\sqrt{(x-c)^2+y^2}+\sqrt{(x+c)^2+y^2}=2a$ 即

为所求.但我们看到这个方程还相当复杂,不满足"简洁美"的原则,故化简成 $\frac{x^2}{a^2} + \frac{y^2}{a^2 - c^2} = 1$,至此我们还觉不够,于是令 $b^2 = a^2 - c^2$,得到 $\frac{x^2}{a^2} + \frac{y^2}{b^2} = 1$. 这是相当完美的形式,常数 $a$ 与 $b$ 的选择本是为简洁美而引进的,后来发现它们竟有鲜明的几何意义!达到了"简洁美"与"和谐美"的统一.圆锥曲线中椭圆、双曲线、抛物线本是互不相同的曲线,但都可以表述为:平面内到一个定点与一条定直线的距离之比等于常数 $e$ 的点的轨迹.当 $0 < e < 1, e > 1, e = 1$ 时分别表示椭圆、双曲线、抛物线,达到了高度的"统一".数学美大量地存在于教材中,只要我们留意就可以发现.如所有的三角公式、三角变换;成等差数列的三个数 $a - d$, $a, a + d$;定比分点公式 $x = \frac{x_1 + \lambda x_2}{1 + \lambda}, y = \frac{y_1 + \lambda y_2}{1 + \lambda} (\lambda \neq -1); f(-x) = -f(x)$, $f(-x) = f(x) \cdots\cdots$

数学美不仅表现在形式上,更具魅力的还表现在对奇异思维的启迪上.在解答数学习题时,如果我们"心平气和"地观察分析其特征,感受题目的"和谐"、"对称"……会发现奇妙的解法.

**例 1** 给定实数 $a(a \neq 0$ 且 $a \neq 1)$,设函数 $y = \frac{x - 1}{ax - 1}\left(x \in \mathbf{R} \text{ 且 } x \neq \frac{1}{a}\right)$ ①

证明:(1)经过这个函数图像上任意两个不同点的直线不平行于 $x$ 轴;

(2)这个函数的图像关于直线 $y = x$ 成轴对称图形.

**分析**:由待证的(2),猜测函数式①可变形成关于 $x$、$y$ 明显对称的形式,事实上

由① $\Leftrightarrow y(ax - 1) = x - 1 \Leftrightarrow axy - x - y = -1 \Leftrightarrow xy - \frac{1}{a}x - \frac{1}{a}y = -\frac{1}{a}$

$\Leftrightarrow \left(x - \frac{1}{a}\right)\left(y - \frac{1}{a}\right) = \frac{1 - a}{a^2}$ ②

有了与①等价的②就容易同时证得(1)和(2).

因为②中的 $x$、$y$ 成一一对应,所以不同的 $x(x_1 \neq x_2)$,对应不同的 $y(y_1 \neq y_2)$.

把②中的 $x$、$y$ 互换,等式(显然)不变,故方程的曲线关于直线 $y = x$ 成轴对称.

例2 如图9-14，椭圆$\dfrac{x^2}{a^2}+\dfrac{y^2}{b^2}=1$上任一点$P$，过$P$点分别引四条射线交椭圆于$A$、$B$、$C$、$D$四点，交$x$轴于$A_1$、$B_1$、$C_1$、$D_1$四点且$PA_1=PB_1$，$PC_1=PD_1$，试证：$AB\parallel CD$.

分析：以坐标轴为底边的等腰三角形中，若$PA$的斜率为$k_1$，则$PB$的斜率为$-k_1$，若$PC$的斜率为$k_2$，则$PD$的斜率为$-k_2$.

设$P(x_0,y_0)$，则直线$PA$的方程可表示为$y-y_0=k_1(x-x_0)$.

与椭圆方程联立可解得$A$点的坐标(利用韦达定理)．

$$x_A=\dfrac{(a^2k_1^2-b^2)x_0-2a^2k_1y_0}{a^2k_1^2+b^2},$$

$$y_A=\dfrac{(b^2-a^2k_1^2)y_0-2b^2k_1x_0}{a^2k_1^2+b^2}.$$

因为直线$PB$的方程为$y-y_0=-k_1(x-x_0)$，与直线$PA$的方程相比仅仅是斜率$k_1$变成了$-k_1$，

因此$x_B=\dfrac{(a^2k_1^2-b^2)x_0+2a^2k_1y_0}{a^2k_1^2+b^2}$，$y_B=\dfrac{(b^2-a^2k_1^2)y_0+2b^2k_1x_0}{a^2k_1^2+b^2}$.

所以$k_{AB}=\dfrac{y_A-y_B}{x_A-x_B}=\dfrac{-4b^2k_1x_0}{-4a^2k_1y_0}=\dfrac{b^2x_0}{a^2y_0}$(与$k_1$无关的常量).

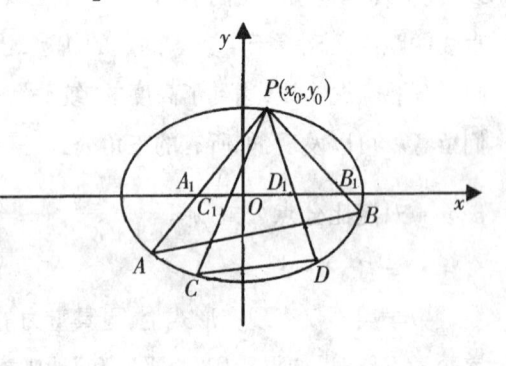

图9-14

因为直线$CD$的条件与直线$AB$的条件完全相同，因此$k_{CD}=\dfrac{b^2x_0}{a^2y_0}$，

所以$k_{CD}=k_{AB}$，故$AB\parallel CD$得证.

不仅如此，把例题的条件移植到圆、双曲线、抛物线上时，还会得到类似的结论！这样层层递进，其乐无穷．

(5)创设问题情境，引导合作探索，交流讨论，培养情感

问题是数学的心脏，探索是数学的生命线，合作交流是培养积极情感的平台．老师要构建一种开放的学习情境，提出问题，引导学生探索、发现并证明结论；提倡合作式、讨论式、甚至争论式的民主课堂，开放思维，凝聚师生心向．使学生在知识领域经历再发现、再创造，在情感上满足探求的需要，新的体验的需要，

成功的喜悦,获得认可与欣赏的需要.例如"三垂线定理"的教学,可以这样设计:多媒体投出雄伟的长江大桥的画面,桥的同侧的斜拉索在同一平面内,一根根斜拉索和索塔、桥面构成一个直角三角形……,老师告诉学生所有的斜拉索都和桥面内一组平行直线垂直,那么如何安装斜拉索,才能使它和桥面内的这组平行直线垂直? 然后分组演示,研究讨论,发现这样的直线之间的位置关系,经过师生共同探索,弄清了平面 $\alpha$ 的斜线 $a$, $a$ 在 $\alpha$ 内的射影 $a'$ 和 $\alpha$ 内的直线 $b$ 三者之间的位置关系: $a' \perp b \Leftrightarrow a \perp b$. 并把 $a' \perp b \Rightarrow a \perp b$, 叫做"三垂线定理";而把 $a \perp b \Rightarrow a' \perp b$ 叫做"三垂线定理的逆定理". 在充满情趣的氛围中完成定理的发现与证明.

(6)发挥评价的激励引导作用,培养积极的情感态度

新课标倡导从单一的、统一的分数评价转变为构建多元的、定量与定性相结合的激励性的过程性的动态评价体系.作为一个学生最大的激励就是意识到自己的成功能得到同学、老师的认可与欣赏.教师要善于捕捉学生行为的闪光点,并进行恰当的鼓励,把带有鼓励与期望的评语,语重心长地写给学生,把学生的点滴进步,良好的习惯"不经意中"告诉学生;教师要善于捕捉学生思维的闪光点,挖掘学生回答中的合理成分,小心翼翼地呵护成长中的幼苗,剔除谬误部分,补充、修正学生的解法,使之成为正确可行的方法,让学生能"体面"地坐下;在课堂上教师要把质疑问难的机会留给学生,把发现简捷解法的"专利"大智若愚地让给学生,把在班集体中显露数学才能的机遇留给学生,把通向成功之巅的阶梯十分艺术地架设给学生……,使学生长期处在被认可与欣赏的情境下,保持对数学学习的浓厚兴趣.

例 3: $x$、$y$、$z \in \mathbf{R}^+$,求证: $\sqrt{x^2 + xy + y^2} + \sqrt{y^2 + yz + z^2} > \sqrt{z^2 + zx + x^2}$.

分析:经教师的引导鼓励,学生给出如下巧妙的证法.

证法①:构造三角形,利用三角形任意两边之和大于第三边的性质;

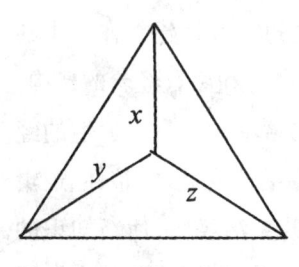

图 9-15

证法②：由 $x、y、z \in R^+$，可知 $\sqrt{x^2+xy+y^2} > x$，$\sqrt{y^2+yz+z^2} > z$.
所以，原式左边 $> x+z = \sqrt{(x+z)^2} > \sqrt{x^2+xz+z^2}$，得证．

构造之巧妙，放缩之大胆，令师生叫绝．

教学实践证明，只要教师用心引导、细心呵护，学生就会自信乐学，必会使学生思维的星星之火呈现燎原之势．

## 七、学习策略的培养

《课程标准》强调有意义的数学学习方式，教学的目的是帮助每一个学生进行有效的学习，使每一个学生得到充分的发展．新课程为不同的学生提供了参与学习、体验成功的机会．教师要通过讨论、研究、实验等多种教学组织形式，引导学生积极主动地学习，培养学生的学习策略，及时地、有针对性地进行学法指导，使学习成为在教师引导下主动的、富有个性的过程．

策略(Strategy)一词来自于希腊文(Strategies)，是信息加工活动中个体根据一定要求和情况的发展而采用的一些解决问题的方式．《人物志·接识》中有："术谋之人，以思谟为度，故能成策略之奇."现代心理学则把策略看成是有助于获得、贮存和利用信息的加工步骤．策略的优劣，反映着思维方法的有效程度，因为策略也就是思维能力的使用，所以，灵活有效地使用策略，可以使问题解决完成得更好．许多研究发现，随着学生的发展，他们的策略水平也不断发生着变化．专家与新手在解决问题中的思维模式的差异主要也是策略方面的差异．

(一) 依据高中生的认知发展和思维的基本特点

《课程标准》提倡建构主义的数学学习观．因为有效的学习是建立在学生的认知发展特点和原有的经验的基础上，没有学生主动的参与和原有经验的建构，任何脱离学习经验的灌输都是低效的学习．此次课程改革，更加关注学生的经验，不再单纯以学科为中心组织教学内容，追求学科体系的严密性、完整性、逻辑性；而是关注学生认知发展规律和思维特点，关注学生的生活经验，使新知识的获得，使新概念的形成建立在学生原有知识、经验的基础上．因此，在建构主义下研究高中数学学习的策略，首先要关注、研究并依据高中生的身心发展、认知发展和思维的基本特点.

1. 高中生的认知发展的基本特点

高中生身心发展趋于成熟,社会接触面更广,社会交往更频繁,学习内容比初中生更复杂、更深刻,升学和就业的压力促使他们的社会化进程加速.高中生的认知发展进入了一个新阶段.

(1)高中生认知结构的完整体系基本形成.高中生认知结构的各种要素迅速发展,各种认知能力不断完善,认知的核心成分——思维能力更加成熟,基本上完成了向理论思维的转化,抽象逻辑思维占了优势地位,辩证思维和创造思维有了很大发展.认知系统各种因素基本上趋于稳定状态,智力的品质和个别差异基本定型.复杂的智力运算能力的掌握和概念机制的加强,使高中生的智力活动更加有效和稳定,从而使他们在这一方面接近于成年人.

(2)高中生认知活动的自觉性明显增强.由于理论思维趋于成熟和自我意识的发展,高中生观察力、有意识记忆能力、有意识想像能力迅速发展,思维的目的性、方向性更明确,认知系统的自我评价和自我控制能力明显增强.

(3)认知与情感、意志、个性因素协同发展.情感、意志、需要、兴趣、动机、理想、世界观、人生观等,对认知活动起定向、发动、维持和调控作用.高中生情感丰富,意志力增强,兴趣更广泛和稳定,学习动机更强烈,理想、世界观开始形成,行为自觉性更高,这一切都给认知发展以强大的推动力.同时,高中生思维的成熟、自我意识的增强,对于情感、意志、个性等心理因素发展也起了很大的促进作用.

2. 高中生观察力、记忆、思维能力发展的特点

观察力是一种有目的、有计划地进行感知的能力.高中生学习内容复杂,思维水平提高,自我意识增强,其观察力的发展具有新的特点:目的性更明确;持久性明显增强;精确性更高;概括性更强.

高中阶段是人生记忆的最佳时期.我国的有关研究表明,在同样长的时间里,高中一、二年级学生记住的学习材料数量,比小学一、二年级学生多四倍,比初中生多一倍多,达到了记忆的高峰.高中生的记忆具有以下特点:

(1)有意识记忆占主要地位.高中生能自觉地、独立地提出较长远的识记任务,选择相应的识记方法,自我检查识记效果,提高记忆水平.

(2)理解识记成为主要的识记方法,达到中学阶段的最高水平,记忆效率大大提高.

(3)抽象记忆占优势.随着学习内容的加深,高中学生要掌握大量科学概念,抽象记忆以抽象逻辑思维为基础.

思维是人脑对于客观事物概括的间接的反映.高中生一般年龄为 15～18 岁,处于青年初期,其思维能力发展迅速并表现出新的特点:

(1)用理论假设进行思维.高中生能撇开具体事物,运用抽象的概念进行逻辑思维,抽象逻辑思维的科学性、理论性更强,思维步骤更完整.

(2)思维具有更强的预见性.高中生能对事物之间的规律联系提出猜想即假设,并设计方案去检验假设.

(3)思维形式化.高中生的形式运算思维已占优势地位.

(4)对思维的自我意识和监控能力显著增强.

(5)思维的创造性提高.

(6)辩证思维迅速发展.高中生基本上能理解特殊与一般、归纳与演绎、理论与实践等的辩证关系,能用全面的、发展的、联系的观点去分析和解决问题.

(7)思维的完整结构基本形成,并趋于稳定.

(二) 数学学习策略的培养

依据高中生认知发展和思维的基本特点,结合数学教学的实践,对培养学生数学学习的策略可从以下几个方面入手.

1.发展和完善数学认知结构的学习策略

《课程标准》强调,学生的数学学习是一个自主的建构过程.建构主义认为学习不能简单地由教师或其他人传授给学生,而只能由学习者依据自身已有的知识和经验主动地建构出对象的意义,将认知框架不断地变革或重组,是一个不断的意义赋予的过程.根据布鲁纳等人的观点,学生的学习过程是学生原有认知结构中的有关知识相互作用形成新的认知结构的过程.对所学新知识与原有认知结构中已有的适当观念建立合理的、逻辑的、实质性的联系(即达到对学生所学知识的反映事物的性质、规律以及该事物与其他事物之间内在联系的深刻理解,这种理解在大脑中的长期存储形式就是图式),并通过新信息与学生认知结构中已有概念的相互作用导致新旧知识的意义的同化.因此,意义建构是指在意义学习的基础上建构自我认知结构.学生学习要依据已有的认知结构,对新知识进行主动的意义建构,学生要在自己的头脑中经历(创造)知识建构的过程,坚持"思想从学生的头脑中产生出来",最终使学生在意义学习的基础上,要自主建构自己的认知结构.

根据现代教育理论,数学学习过程就是数学认知结构的变化和完善的过程.

数学认知结构 = 数学知识结构 + 主体人的主观能动性.

这里的"+"不是机械相加而表示内化,即数学知识结构通过主体内化为数学认知结构.学生在对数学意义学习的基础上,要自主建构自己的数学认知结构.如在数学概念学习中,学生要将抽象的数学概念与已有的生活经验或所掌握的知识联系起来,才能使概念直观明了,由现象到本质,由局部到整体逐步建立数学概念,并将其纳入自己的数学认知结构.数学认知结构是数学知识结构在学习者头脑中的反映,它是学习者在学习的过程中逐步积累起来的在数学方面的观念系统.

这些观念一般包括三种类型:一是基本观念(言语信息或表象信息),它是学习者通过学习一些数学概念和数学命题之后形成的;二是数学具体方法的观念,它是学习者在运用解决问题的过程中形成的;三是数学问题解决策略的观念.例如:通过 CAI 的多媒体功能和基于因特网的网络环境为学生意义建构提供了更丰富的发展空间,有利于学生主动探索、主动发现,更多地获取客观事物的内在规律.

在教学过程中我们通过注重内在联系,构建合理的数学认知结构并通过完善学生的数学认知结构,来培养学生的学习策略.

从认知角度看,数学教学的根本任务就是塑造学生良好的认知结构,因为学生学习数学的过程实际上就是在教师的指导下,将教材的知识结构转化为他们头脑里的认知结构,只有这样学生才能真正理解并掌握数学.教师在数学教学中引导学生以自己对数学知识的理解来建构自己的认知结构.由于数学知识是紧密联系的,各章节、各单元以及每个知识点之间都存在着这样或那样的联系;而新知识的学习就是在已有知识的基础上来进行建构的,只有找到了新旧知识间的这种内在联系,才能构建合理的知识网络.这有利于各知识的提取、检索和应用,当然更易于理解.因此,在教学过程中必须挖掘并揭示这些联系,这是完善和发展数学认知结构的重要途径.

张奠宙先生在《数学教育学》中提出数学对象的特点是思想材料的形式化抽象.针对这一特点,数学教学中必须引导学生认真思考学习内容背后蕴涵的数学思想本质,通过思辨活动,对数学材料进行抽象化、形式化,建立它们之间的本质联系.例如,学习点线距、点面距、线面距、面面距等概念时,要让学生探讨解决距离问题的一般方法,包括其中蕴涵的数学思想(如化归思想:复杂问题简单化,高维问题低维化,不规范问题转化为规范问题,面面距化为线面距,线面距化为点面距,点面距化为点点距).学习距离的过程中,让学生思考知识间的本质联系:各种距离本质上是两个图形间的距离,是两个点集间各任取一点所得距离的最小值.再例如,引导学生推出两角和与差的三角函数、倍角、半角的三角函数的公式后,可引导学生建立公式间的内在联系.而对于下列公式:

$$\sin^2\alpha + \cos^2\alpha = 1 \qquad (*)$$

是三角函数中的一个基础而又重要的公式,它可以与诸多知识和技能结合组块.例如,

三角代换法,有 $a^2 + b^2 = 1$,可设 $a = \cos\alpha, b = \sin\alpha$.椭圆、双曲线、圆的参数方程都可以认为是上式的"衍生物",它的各种不同形式在解方程、不等式的证明或求函数值域、讨论曲线的位置关系等问题中有着极为广泛的应用.

引进辅助角的三角变换. $a\sin\alpha + b\cos\alpha = \sqrt{a^2+b^2}\sin(\alpha+\varphi)$.这种变换在立体几何、解析几何、三角、代数中也有广泛的应用.

极坐标 $(\rho,\alpha)$ 与直角坐标 $(x,y)$ 的互化,其中 $\rho = \sqrt{x^2+y^2}, x = \rho\cos\alpha, y = \rho\sin\alpha$.

以上这些内容遍布高中教材,如果学生能找出这些联系并能深刻理解他们,就能以(*)式为枢纽构建一个完善的知识系统,形成合理的数学知识结构.

2.加强数学交流的学习策略

新课程强调有效的数学学习方式,合作交流作为学生学习数学的重要学习方式.《课程标准》中将"数学交流"贯穿在整个知识领域中,在总体目标之一——

解决问题——中提出了"数学交流"的要求,比如"学会与人合作,并能与他人交流思维的过程与结果".《课程标准》在建立合理、科学的评价体系中特别指出,过程性评价应关注对学生理解数学概念、数学思想等过程的评价,关注对学生数学地提出、分析、解决问题等过程的评价,以及在过程中表现出来的与人合作的态度、表达与交流的意识和探索精神.

数学交流是指数学信息接收、加工、传递的动态过程,是运用数学语言来传递信息与情感的过程,是学习者以口头语言或书面语言的方式,对数学观点所建构的理解和表达.数学通过交流才得以深入和发展,只有用文字和符号表达出来,数学思想才变得清晰.数学是借助于数学符号语言与普通语言的结合才得以流传的.由于学生的数学认知结构的差异,人们对同一数学知识的理解会带上一些"个人色彩".因此,数学学习共同体成员之间彼此解释各自的想法,相互理解对方的思想就非常重要.在交流的过程中,学生可以就所学内容发表自己的看法——不仅仅是说出下一个步骤或最后的结果是什么,学生还可以从中反思自己的理解过程、理解的深刻程度、有没有独到的见解、存在什么问题及其原因.这就为下一步学习与思考提供了新的问题和起点.通过交流,可以使思想清晰、思路明确、因果分明、逻辑清楚.明确表达出来的思想观点更利于检验、修正和完善.

(1)口头交流

语言表达是数学学习过程非常重要的环节.一方面,数学中各种结论都要依靠逻辑推理,而数学语言表达能力直接影响逻辑推理的进行,当然也影响到数学认知结构的形成.另外,学生能用自己的语言正确地叙述自己的想法,一是表明对概念、原理的真正理解,二是表明学生在逐步养成有意识地调控自己学习过程的好习惯.

教师要创造更多机会让学生用语言表达自己的认知过程.比如,让学生谈谈学习的经验方法;对数学材料的观察、感受;对数学问题的分析;解题策略的选择,问题性质的识别.这种表达可以发生在认知学习的预习过程或认知学习之后的归纳、总结、反思过程,也可穿插于教学过程的每个环节.这不仅让学生经历了一次自我调控学习,也让其他同学经历和感受了一次学习策略的活动.

(2) 书面交流

学生在学习过程的每个环节养成书面自我交流的习惯,即便是三言两语的自我点评,也会加深学生的自我评价与调控意识.另一方面,通过教师的作业点评进行师生书面交流,能进一步澄清和巩固思维成果,完善认知结构.具体措施有:①及时表扬、鼓励.学生的每一次点滴进步,不仅注意口头表扬鼓励,而且在作业批语中常用激励性言语点评.②对于作业中自我点评精彩、到位的同学,给予在学习园地上展示,记录在学生成长档案袋.③对于作业中好的解题思路以及学习心得,给予推荐到校刊或其他中学杂志上发表,促进其学习积极性,记录在学生成长档案袋.

(3) 情感交流

情感交流是数学交流中不可分割的部分.在教师与学生、学生与学生的交流过程中,每个人既要表达自己的思想、观点或者思路,也要细心听取别人的想法,感受同学或老师思维的启发,深切体验学习过程的成功感、自豪感.这种情感交流使得学生充满安全感和愉悦感,自由地深入思考问题,敢于真实地表现自己,充分展示自己的思维个性,使得自我调控学习进行得更充分、更深入.

3. 充分运用、提炼"提示语",展示思维过程的学习策略

我们知道,学习策略要求学生对学习过程中的学习目标、策略、结果等及时进行自我监控、调节、评价和反思.面对数学学习材料的高度抽象性(教科书通常只是按知识的逻辑顺序安排,只讲"可以这样做"或"应该这样做",而对"为什么这样做"和"为什么应该这样做"却很少涉及),面对老师、同学的想法、解法(那仅仅是别人的想法),需要充分暴露出自己的真实思维(如独立思考后表述自己的想法,保留错误痕迹,进行自我疑问),不断进行自我评价、调节,才能吸纳教科书、老师、同学的想法,真正内化形成自己的认知结构.如何关注学习过程呢?比如波利亚的"怎样解题表"中的"提示语"就是解决数学问题的认知加工与自我调控过程,它要求学生把数学解题的注意力从指向数学问题本身转移到自身的认知加工过程,从而更好地监视、评价、调节、修正自己的认知活动.对于数学学习过程的其他方面也一样,要让学生多关注诸如:"你的学习任务是什么?""你能规划学习目标吗?""你的结果合理可靠吗?"等.波利亚的"提示语"的常识性、普遍

性,使得这些问题对学生的帮助并非是强加于人的,学生自己也可以很自然地提出类似问题.这些提示语只不过是指出了一般的方向,而留给学生去做的还很多.通过反复地提出这些"提示语",总会获得一次诱导出正确念头的成功.通过这样的成功,学生逐渐真正领会它.教师在教学中应当反复经常地提出这些"提示语",促使学生自己想出一个好念头.这样的指导,可以使学生找到使用各种"提示语"的正确方法,促进学习策略的形成,从而提高自我调控学习能力.

另一方面,教师还应当引导学生从自己的学习体验中提炼和总结出自己的"提示语".尽管每位学生进行数学学习活动的实践是有差别的,但"进行自我调控"却是学习活动的一种共同特征.重要的是自我调控学习活动是主体独立主动进行的,所获得的元认知知识和体验,都是自己建构起来的,具有很强的迁移性,极易迁移到其他的认知活动中.这就使学生真正获得了学习能力层次的提升.

4.变式策略

学生对数学知识的理解是一个逐步深化的过程,有初步理解、确切理解和深刻理解等各个阶段.要使学生对概念、定理、公式、解题方法等全面掌握,就必须采用变式学习策略.例如,人民教育出版社 B 版教科书(数学选修 2—1)P77 第 2 题:在椭圆 $\frac{x^2}{45}+\frac{y^2}{20}=1$ 上一点 $P$ 与两个焦点的连线互相垂直,求 $P$ 点的坐标.

变式 1:在椭圆 $\frac{x^2}{m+25}+\frac{y^2}{m}=1$ 上有一点 $P$ 与两焦点的连线互相垂直,求椭圆方程.

变式 2:已知椭圆 $\frac{x^2}{45}+\frac{y^2}{20}=1$ 上一点 $P(-3,4)$,椭圆两焦点为 $F_1$、$F_2$,求 $\angle F_1PF_2$ 及 $\triangle F_1PF_2$ 的面积.如果把两焦点转换成长轴的两端点,结论如何?

变式 3:椭圆 $\frac{x^2}{a^2}+\frac{y^2}{b^2}=1(a>b>0)$ 上存在一点 $P$,使 $P$ 与椭圆长轴的两端点 $A$、$B$ 的连线互相垂直的充要条件是什么? 如果把长轴改为任意一条过中心的弦,则结论又如何?

变式 4:椭圆 $\frac{x^2}{a^2}+\frac{y^2}{b^2}=1(a>b>0)$ 上存在一点 $P$,使 $P$ 与过椭圆中心的弦的张角为直角的充要条件是什么?(若对原题继续分析,我们要问是否任意的椭

圆都存在点 $P$ 使得它与焦点的连线相互垂直?)

变式 5:椭圆 $\frac{x^2}{a^2}+\frac{y^2}{b^2}=1(a>b>0)$ 上存在一点 $P$,使 $P$ 与椭圆两焦点的连线互相垂直,求此椭圆的离心率的取值范围.

变式 6:椭圆 $\frac{x^2}{a^2}+\frac{y^2}{b^2}=1(a>b>0)$ 上存在一点 $P$,使 $P$ 与椭圆两焦点的连线互相垂直的充要条件是 $b\leqslant c$ 或者 $\frac{\sqrt{2}}{2}\leqslant e<1$($e$ 为椭圆的离心率).

通过这样的变式学习,使学生对椭圆的概念和性质的理解达到一个深的层次,分析问题和解决问题的能力有了较大的提高.

5. 问题解决策略的培养

20 世纪 70 年代以来的大量研究表明,问题解决能力的提高直接依赖于问题解决策略的训练.因此,心理学家提出了各种训练问题解决策略的方案和程序.例如,布卢姆曾在芝加哥大学给大学生进行过问题解决策略的训练.在训练之前,他给大学生进行一系列与学科内容有关的综合测验.在测验中表现出色的学生称为榜样学生组,把没有通过测验的学生称补救学生组.两组学生在学习动机、努力程度和智力方面相同.训练方法是让榜样组和补救组学生都大声地说出自己解决问题的过程,然后请补救组学生找出自己的解题过程与榜样组学生的差异.经过 10～12 次这样的训练,他们的成绩与同等能力和背景但没有接受训练的学生相比,提高了 0.5 到 0.7 个等级点,并表现得更加自信.

再如,克拉奇菲尔德等用"创造思维程序"进行了历时 6 年之久的训练学生解决问题能力的研究.研究表明,学生解决问题的能力,是随着一系列策略的运用而发展与提高的.这些策略是:产生不同寻常的新看法,改变习惯定势,从不同角度看问题,摸清问题的要点,注意与问题有密切关系的事实与条件,等等.最重要的是关键时刻决定最佳行动方针的策略.

有关研究认为,元认知是一种独立的认知过程,而不同于一般能力倾向,元认知能弥补一般能力的不足,因而它能影响问题解决.在数学问题解决的过程中,元认知起着修正目标、激活策略、监控进程等作用,在中学数学问题解决中,元认知对学生寻求数学问题解决策略起着关键作用.数学问题解决具有明确的目标指向性,元认知能修正数学问题解决的目标,学生通过元认知体验,在元认知知识的基础上,要监控其解题计划,制定切实可行的目标结构,致使数学问题解决得以顺利进行.元认知对目标的修正作用是通过定向调节和控制功能表现出来的,在这一过程中,元认知需激活和改组学生的数学问题解决策略.数学问题解决具有明显的策略性,策略是在思维模式的作用下反映出来的,它影响着学生解决数学问题的进程和质量.学生在数学问题解决过程中,通过三种方法来操作策略,即激活策略、制定策略和改组策略.激活策略是以目标的期望为出发点,将材料系统放入知识背景,在操作系统的作用下,激活认知结构、选择解题策略.制定策略,是学生在元认知知识的基础上,根据材料系统在认知结构中的相似性,寻求数学认知结构中的相似块,制定解题策略.而改组策略,是学生通过数学问题解决过程的反馈,进行自我评价.这实质上就是对问题解决策略的评价,一旦对自己的目标确信无疑,而又达不到或不能顺利达到目标时,则将怀疑自己所采取的策略,并对策略进行改组.学生在解决问题的过程中,实际上均受元认知的指示和指导,即通过元认知体验,在元认知知识的基础上,检验回顾解题方法,调控解题策略,最终逼近问题目标状态.调控策略的指标是通过策略的可行性、简捷性、有效性反映出来的.

学生能否自我激活是关系到数学问题解决系统能否优化的先决条件,由于这里指的数学问题与习题不同,都有一定的障碍性,这就要求学生必须发挥主体作用,排除障碍.学生通过元认知知识的导引作用,能主动审清题意,揭示问题的矛盾,主动搜索解题策略.通过元认知体验的自我启发作用,调动非智力因素的参与,积极超越障碍;通过元认知的调控作用,来刺激学生思维模式深层结构的内部运行机制,并通过对解题过程进行自我控制、自我评价.使思维活动成为一种有目的性、可控性的组织活动,这在很大程度上强化了学生的主体意识,优化了学生的解决问题策略,使数学问题得以最快、最好地解决.

莱斯特通过数学问题解决的元认知模式,表达了学生在解决数学问题的各个阶段元认知对解题策略的作用.在理解题意阶段,元认知可以引导学生去寻找题目的关键字,确认解题方向;在制定计划阶段,元认知有助于模式识别和解题迁移,帮助学生制定解题策略;在执行阶段,元认知起调控作用;在验证阶段,元认知可以促使学生对解题策略进行反思总结.

在训练学生元认知以促进数学问题解决策略方面,有人作了实证研究.涂金堂提出了培养学生元认知能力的几条原则:①让学生了解数学问题解决的重要性;②让学生了解数学问题解决可能经历的过程;③协助学生建构数学问题解决策略;④教师亲自口述其解题过程;⑤同学们相互监控解题过程.

认知心理学认为问题解决就是对问题空间进行搜索,以达到一条从问题的起始状态到达目标状态的通路,也就是要找到一定的算子序列.而搜索或选择算子需要策略的引导,任何一个问题要得到解决,总要应用某个策略,策略适宜与否常决定问题解决的成败.人在解决问题时,常常需从长时记忆中提取以前解类似问题使用的策略,或者形成一个新的策略,并常常出现策略的转换.

6.协作与自我探究的策略

新课程强调学习的过程是一个交往协作的过程,协作探究都是促进自我建构知识意义的方式,协作有助于取人之长补己之短,培养与人共事的合作精神;学习作为社会作用的体现,探究有助于发挥学生的主动性,培养学生的独立性、创造性.

(1)注重数学学习过程中的相互协作

新课程强调学生在学习过程中的师生协作、生生合作.教师要真诚相信学生能学好数学,允许学生表露自己的情感.学生之间应相互尊重信任,通过生生之间的表达、解疑,发现隐藏在知识背后的数学思想本质.数学是科学语言,学习数学要掌握数学语言,数学学习中的相互协作、交流、释疑,能促进学生对数学语言的掌握和深刻理解及应用.例如,在学习立体几何时,引导学生学会把文字语言、图形语言、符号语言相互转化,让小组一名学生以一种语言出题,另一些学生把该语言转化为其他语言.

(2)加强自我探究

新课程要求学生要真正获得知识与技能,必须主动地、积极地投身于数学学习活动,必须成为主动探索的实践者.数学学习是一个有意识、有目的的思维活动过程.这就需要学生集中精力,发挥聪明才智,不断克服困难.学生必须主动地、积极地进行思考与实践,投身于数学学习活动中,不断地向自己提出问题,加以分析、研究与解决;学生必须成为一个主动的探究者,才可能取得成功.教师要让学生自己去进行观察、归纳、类比、联想和论证,逐步通过试探或验证来获取新知识.在教学过程中,教师要大胆放手让学生自己得出新知识,让学生经历知识的再创造过程,留足学生思考的时间,让学生讨论、尝试找出解决问题的途径.容忍学生出错,让学生在错误中发现有益的东西,并帮助他们修正错误.在学生学习过程中,要引导他们积极地、独立地进行思考与实践,逐步把书本上的知识,前人创造的精神财富变成自身的东西.

7.加强反思意识和技能培养策略

反思主要指对自我思维结果进行检讨性的再思考,概括出主体真正意义上的学习能力.反思是对自身做过的、思考过的、想像过的事件和问题的评判和总结,反思有助于自我经验、思想观念的内化,促进思维水平上升到一个新的台阶.

荷兰著名数学教育家弗赖登塔尔指出:"反思是数学思维活动的核心和动力.通过反思才能使学生的现实世界数学化.""没有反思,学生的理解就不可能从一个水平升华到更高的水平".反思比总结更进一步,侧重于自我经验、思想观念的内化,进而真正达到意义建构.反思重在提高学习的有效性,通过反思,学生对所学的知识产生多方位、多角度的理解.同时,从另一个角度,以另一种方式对学过的知识进行再认识.

依据操作对象反思可划分出三种水平.

第一,经验性反思:指对每次完成的活动都要认真总结,使参与其中的感受变成宝贵的经验.

第二,概括性反思:指对同类型的学习活动进行横向比较,去伪存真,概括共同的本质、思想、观念和方法.

第三,创造性反思:在概括的基础上,把获得的思想和发现的新问题进行引申、拓展,使认识进一步升华到更高的水平.

反思能力是自控学习能力的核心.学生对学习活动的体验是有时效性的,如不及时总结、反思,这种体验就会消退.从而失去了从经验上升到规律,从感性上升到理性的机会.教学实践中,发现大多学生在学习活动中是"刺激——反应"式的而非反思的,直觉的而非理性的,例行公事的而非主动自觉的.对自己学习活动的成功或失败,不仅缺乏反思意识(如考好了,归结为运气好),而且缺乏反思技能(如做错了不知道错在哪里?为什么会错?),那么反思什么?如何反思?

首先,对自己思考过程的反思.一开始怎么想,走过哪些弯路,为什么会走这些弯路,有什么规律性的经验可以吸取,自己在思考过程中是否作出过某种预测,这种预测和估计有没有带普遍性的东西可以归纳,等等.

其次,对所涉及的数学知识进行反思.根据数学学习的认知规律,数学的每一个概念、定理、法则不是在一次数学活动中就能完成对其的认识.对不同背景下涉及的同一个数学知识进行反思,久而久之其认知才会变得越来越深刻、越完善.

再者,对所涉及的观点,解题策略思想进行反思.在数学学习中对数学思维的基本观点、策略思想的领会、掌握和运用十分重要.中学数学中蕴涵的思想的基本观点有映射、方程、极限、递推及参数观点等.解题的策略思想有逻辑划分、等价与非等价转化、类比与归纳等.要特别注意挖掘活动中采取了哪些策略思想,这样的策略思想是否在其他情况下运用过,现在运用和过去运用有何联系、有何差异,是否是有规律性的东西.

另外,对数学活动结果的反思.面对数学问题的结果,将问题由个别推向一般的过程中使问题逐渐深化,从而使抽象程度不断提高,或将问题由一般推向个别过程,感受数学应用的广泛性.

例如,学习了不等式以后,可设计以下问题序列来促进学生的反思.

问题:已知 $x>0$,求 $y=x+\dfrac{1}{x}$ 的最小值.

解法 1:由 $x>0$,得 $\dfrac{1}{x}>0$.由基本不等式得 $y=x+\dfrac{1}{x} \geq 2\sqrt{x \times \dfrac{1}{x}}=2$,当且仅当 $x=1$ 时取等号.所以 $y$ 的最小值为 2.

反思 1:引导学生总结运用基本不等式成立的条件"一正、二定(和为定值或积为定值)、三相等",加深对基本不等式的理解.

反思 2:引导学生寻求其他解法,培养发散思维的能力,掌握此类问题的基本解法.

解法 2:(判别式法)

由 $y = x + \dfrac{1}{x}$,得 $x^2 - xy + 1 = 0, \Delta = y^2 - 4 \geq 0$.

所以 $y \geq 2$ 或 $y \leq -2$(舍去),当且仅当 $x = 1$ 时取等号.

所以 $y$ 的最小值取 2.

解法 3:(函数的单调性)

函数 $y = x + \dfrac{1}{x}$ 在 $(0,1)$ 上是减函数,在 $[1, +\infty)$ 上是增函数,所以 $x = 1$ 时取得最小值 2.

反思 3:变题,加强理解的灵活性.

变题 1:已知 $x > 2$,求:$y = x + \dfrac{1}{x-2}$ 的最小值.

解:因为 $x > 2$,所以 $x - 2 > 0, y = x - 2 + \dfrac{1}{x-2} + 2 \geq 4$.

所以,$y$ 的最小值为 4.

变题 2:已知 $x \in (0, \dfrac{\pi}{2}]$,求 $y = \sin x + \dfrac{2}{\sin x}$ 的最小值.

解:注意,由 $x \in (0, \dfrac{\pi}{2}], y = \sin x + \dfrac{2}{\sin x} \geq 2\sqrt{2}$,但是等号不成立.

故本题用基本不等式求解,方法不当.

能否用函数的方法解决呢?通过引导学生反思,得出

$y = \sin x + \dfrac{2}{\sin x}$ 在 $x \in (0, \dfrac{\pi}{2}]$ 上单调递减,所以 $x = \dfrac{\pi}{2}$ 时有最小值 3.

同时也可以用方程的方法,借助于三角函数的取值范围来求.

总之,通过运用课堂教学中的反思策略,不仅培养了学生对问题深层次的认识,而且增进了学生的反思意识和自控能力,提高了学习的效果.当然在运用反思策略时,有的是对经验的反思,有的是对错误的反思,也有的是对创造性的反思,等等,这种学习策略会促进学生有效地学习.实践证明,反思的内容越丰富多彩,反思活动进行得越全面、越深刻,学生的自控学习能力的训练效果越好.

# 第十章 新课程教学评价方式

课程评价在课程改革中起着导向与质量监控的重要作用,是课程改革成败的关键环节.教学评价方式是课程评价理念的具体体现形式之一,是课程评价体系的重要组成部分.《课程标准》指出,新课程教学评价要强调更新观念,促进教师与学生共同发展,要建立目标多元、评价方式多样的科学、合理的评价体系.教师在评价学生时,要以过程性评价为主,既可以让学生开展自评与互评,也可以让家长和社区有关人员参与评价过程,既可以用笔试、口试、活动报告等方式,也可以用课堂观察、课后访谈、作业分析、建立学生成长记录等方式.下面介绍常用的几种评价方式,供教师在评价实施过程中针对不同的需要选择使用.

## 一、纸笔测验

纸笔测验是一种最传统最常用的评价办法.测验试题既可由教师命制,也可由教师与学生共同命制.试题分值与答题时间可根据实际情况灵活确定.

1. 笔试命题要面向全体、注重差异,可针对不同层次的学生设置不同水平的试卷,要注意控制试题难度.

2. 试题中的知识点覆盖面要广,要侧重于中学数学学科的重点内容和主要方法,尤其要突出数学主体内容的考查.若测量学生的高层次认知能力,则试题不一定要有固定答案.

3. 命题时要关注三维教学目标在试卷中的体现,试题既要考查学生对基础知识与基本技能掌握的程度,又要考查学生的思维方法和能力,同时还要注意对学生的个性品质进行考查.

4. 针对不同层次的学生、不同难度的试题及不同教学内容的要求,笔试既可采用闭卷形式,也可采用开卷形式.

5. 根据教学内容和教学时间,笔试分为单元达标测试、章节达标测试、模块达标测试、期中测试与期末测试等.除期中、期末测试外,要鼓励学生选择先后不同的时间达标,要鼓励一次不达标的学生申请二次或三次达标过关.

## 二、作业评价

作业评价是课堂教学的延伸,也是教师及时了解学生对所学知识掌握情况最常用的评价方法.作业量的多少要因人而异,针对不同水平的学生可布置不同的作业.也可由师生共同设计作业,还可提供多套作业方案由学生自主选择.作业评价一般由教师评价、学生自我评价、学生互评三种方式组成.

1. 教师评价

要求教师不论批改课堂作业、家庭作业还是评阅试卷,都要针对学生的学习情况,给予准确、带有激励性的评语,以激发学生的学习兴趣与热情.如"你的思路真开阔!""你学习成绩真稳!""你进步很快,凭你的能力一定能学好数学!"或者只写个"好"字等.

2. 学生自我评价

教师公布答案与标准(也可由学生集思广益得出),由学生根据自己的实际情况对自己的作业进行客观的评价.

3. 学生互评

依据教师公布的答案与标准,对同伴的作业进行评价.互评时,要求学生要看到同伴的进步,要多看优点,要给同伴写出激励性的评语.

## 三、即时性评价

即时性评价是对学生表现的随时随地的评价.运用好即时性评价可以使学生随时体验到成功的喜悦,极大地提高学生学习的兴趣与积极性.

1. 借助"电话、电子邮件、家校联系单"等,使家长、教师随时对学生进行评价.家长可以把学生近期数学学习方面的情况通过上述方式反馈给老师,同时老师也可将学生在校的表现反馈给家长,使家长与教师及时沟通,便于对学生的进步进行及时鼓励,对学生的不良倾向给予纠正指导,使学生始终保持良好的成长状态.

2. 对学生在课堂上的表现进行即时评价.由教师评价、学生自评、学生互评三种方式结合进行.

(1) 教师评价

教师要善于课堂观察,随时抓住学生课堂表现的亮点,运用激励性语言(评语)对学生进行实事求是的评价.评语要具有明确的导向性,学生听后要懂得怎么做对,怎么做好,而不要模糊地说"非常好"、"非常正确"、"很好"等,要关注学生的差异,对不同层次的学生使用不同的评价语.教师在课堂观察时,不仅要关注学生知识、技能的掌握情况,更要关注学生其他方面的表现.课堂观察可采取随时记录一些重要信息的方式,也可以运用课堂观察检核表对学生进行比较系统的观察.根据实际需要,也可以关注学生突出的一两个方面.对于观察到的情况,教师或给予鼓励和强化,或给予指导与纠正.

(2) 学生自评

根据教师公布的问题答案或其他学生的正确做法,学生对自己的表现进行评价.

(3) 学生互评

学生对他人的课堂表现进行评价.学生自评与互评可以有效地培养学生正确认识自己与别人的能力.

## 四、成长记录

成长记录是显示有关学生学习的成就或持续进步信息的一连串表现、作品、评价结果以及其他相关记录和资料的汇集,它不只是收集学生作品的档案袋,而是更有意义地收集学生迈向课程目标的、与成长和发展相关的作品样本.采用此方式,可以反映学生学习数学的情况和成长的历程,增强学生学好数学的信心.成长记录的内容可以包含学期开始、学期中、学期结束三个阶段的学习材料,材料要真实并定期加以更新，使学生感受自己的不断成长与进步．这既有助于教师全面了解学生的学习状况，改进教学，同时也为教师实施因材施教提供了重要依据．

1. 学生在成长记录袋中可以收录自己特有的解题方法、印象最深的学习体验、最满意的作业或试卷、探究性活动的记录、单元知识总结、提出的有挑战性的问题、数学小论文、最喜欢的一本书、自我评价与他人评价资料，等等．

2. 成长记录袋中的材料应由学生自主选择，并与教师共同确定．材料要真实并定期加以更新．根据本学段学生的特点，对于选择或更新的材料，要给予一定的说明．比如学生放入新的作业以代替原来的作业时，要说明理由，如果是因为这次比上次做得好的话，还应说明取得进步的原因．

3. 教师要引导学生适时反思自己的成长情况，如实现了哪些学习目标，获得了哪些进步，自己作品的特征，解决问题的策略，还需要在哪方面努力等．并定期组织学生在班上进行展示和交流，使学生学会正确看待别人，不断反省自我，完善自我和超越自我．

建立数学成长记录可以使学生比较全面地了解自己的学习过程，培养学生自己对数学学习进行监控的能力和负责的态度．

## 五、表现性评价

表现性评价是让学生通过完成实验任务来表现知识和技能成就的一种评价方式，可以从"交流、操作、运动、概念的获取和情感"五个领域来反映学生的学习成效，教师可通过如下几种方式来实施．

1. 开放性任务

为学生设置一个较为复杂、开放性的问题情境，让学生提出假设，对数学情境作出解释，计划解题的方向，创造一个新的相关问题或进行概括，等等，这不仅要求学生给出问题的解答结果，而且要求学生在完成任务中学会探索，使用各种方法，综合应用各种数学知识和技能，并且在具体的情境中及时调整以适应新的情境．

将学生置于一个真实的解决问题的故事和事件中,是设计和开发开放性任务的最简单的方法,也是一个有效调动学生学习的积极性、促进其积极思维的方法.有些传统的与数学紧密联系的问题,其目的是要求学生练习和应用最近学的定理、法则或算法等,我们要善于对它们进行一定的改造,为我所用,并帮助我们清晰、真实地了解学生的学习情况.

开放性任务的设置要依据学生的学习进度来进行,下面给出几项开放性任务供参考.

如学生学习了正弦函数、余弦函数与正切函数的图像、性质后,可设置这样的开放性任务:若规定 $\cot x = \dfrac{1}{\tan x}$,试研究函数 $y = \cot x$ 的图像和性质.

再如学生学习了平面向量和直线的方程后,可分别设置:

①利用平面向量的知识可以解决平面几何的哪些问题?其基本思路是怎样的?试举例说明之.

②用坐标思想能证明平面几何问题吗?若能,请探求其基本思路与步骤,并举例说明之.

2.调查和实验

可以实地调查、问卷调查和实验室实验.学生通过实验或研究去直接感知和体验事物,促进心智的全面发展以及动手实践能力、解决问题能力的提高,有助于学生对数学的整体把握,加强数学与外部世界的联系,充分发挥学生的主动性、创造性以及在一个长期任务中坚持不懈的精神.也为我们对学生提出假设、分析和综合数据进行合理推断能力的考查提供了依据.

让学生进行调查和实验要结合教学进度来进行,下面给出几个调查和实验的例子,供参考.

①调查你所在年级每班的学生生日情况,并利用概率的知识给予解释.

②假设你的家庭要贷款购买新房,请你根据银行的贷款利率、你家庭的实际情况设计几种合理的还款方式.

③调查你所在城市的空气污染状况,并写出调查报告.

3.数学日记

数学日记不仅可用于评价学生对知识的理解程度,而且还可用于评价学生的思维方式.通过日记的方式,学生可以对他所学的数学内容进行总结,可以像和自己谈心一样写出他们自己的情感态度、困难之处或感兴趣之处.新课程强调发展学生数学交流的能力,而写数学日记无疑提供了一个让学生用数学的语言或自己的语言表达数学思想方法和情感的机会.而且,数学日记还可以发展成为一个自评报告,评价自己的能力或反思自己问题解决的策略.从这个意义上说,数学日记有助于数学教师培养和评价学生的反省能力.

## 六、网络式评价

有条件的学校可充分利用现代化信息工具,在电脑上创建班级网页,建立现代化的评价平台,这是一种较为快捷的评价方式.

1. 由同学或教师制作班级网页,内容包括班级情况、任课教师情况(含教师的业务水平与工作能力介绍、获奖情况、家庭电话号码、电子邮箱地址等)、学生情况(含爱好、数学学习情况、获得的奖励、参加各种活动情况等)、每位学生心里话、同学寄语、教师寄语及个人档案等.

2. 在网页上,学生可以互相查阅同学的档案,把自己与别人进行对照,激发学生的上进心和竞争意识;还可以在给自己的话中对自己进行评价;也可以同学之间互相送寄,互相评价.教师可以随时给学生"寄上"评语,家长与教师也可以互相发送 E-mail 进行交流.这种评价方式,不受时间与空间的限制,方法灵活,能增进家长、教师与学生之间的交流与沟通,共同促进孩子在学校、社会中健康成长.

## 七、问卷法

问卷法是教师了解学生学习情况的一种常用方法.问卷编制的科学合理与否是成功实施评价的关键.教师要明确评价的情意变量是什么,以及这一变量的内部结构和外在表现是怎样的.在此基础上,编写出一系列封闭式或开放式问题,合成一套情意评价问卷发放填写.及时汇总分析,作出科学的决策.

## 八、访谈法

师生之间的沟通和访谈是教师评价学生各种情意表现的有效方法之一.教师可以从与学生进行的个别访谈、团体座谈、公开讨论,或者偶尔的闲谈中了解他们的态度、兴趣或价值观等.这种方法让教师可以观察到学生的姿势、表情、声调,还可以通过追问要求学生澄清或具体说明对某些问题的看法,所以能更准确、深入地评价学生的情感态度与价值观.但要通过访谈有效了解学生的真实情意状态,教师要得到学生的信任,要保持积极倾听的态度,要在访谈前准备大量清晰、简要的开放性问题,使学生大胆、充分地表露自己的想法.

## 九、观察法

观察法是一项有目的、有计划、有组织的评价活动.活动中教师要有比较明确的评价目的,要制定具体的观察计划和观察指标,并认真作好观察记录.观察时使用的记录或评价工具有检核表、评定量表、轶事记录等.

## 十、评语

评语是用简明的语言叙述评定的结果.评语可用以补充评分的不足.对于难以用分数反映的问题,可以在评语中反映出来.如学生的学习特点、兴趣爱好、主要优缺点、今后注意的事项等,都可用评语来表述.评语无固定模式,但针对性强,它是教师根据学生的具体情况进行深入分析作出的评定.评语应力求简明扼要、具体,要多使用激励性语言,要反映出不同学生的特点,要避免一般化.

上述评价方式需要每位教育工作者在评价实施过程中有机结合起来,针对评价需要创造性地使用和灵活变通(可采用形成性评价与终结性评价相结合、相对评价与绝对评价相结合、他人评价与自我评价相结合、定性评价与定量评价相结合、单项评价与综合评价相结合等评价策略），形成一种科学、合理的评价机制，保证新课程评价理念的有效落实．使评价结果有利于树立学生学习数学的信心，提高学生学习数学的乐趣，促进学生的健康和谐发展．

# 第十一章 教师专业发展的模式

《课程标准》的理念与实施为教师的成长提供了新舞台,并为教师提供了广阔发展的空间,促进教师发挥自身的聪明才智和创造才能.课程改革的顺利推进,要求中学数学教师全方位提高自身素质,以适应我国社会经济的迅猛发展,为社会培养出高素质的合格人才,从而更好地服务于社会主义建设.新课程能否顺利实施,当务之急是加深教师对新课程的理解,尽快实现教师角色的转变,促使一大批教师成长起来.

教育部提出高中教育要适应高等教育的发展要求(如实行导师制、选课制与学分制等),中学课程改革为实现这一目标迈出了坚实的一步.作为基础学科,数学在构筑多学科交叉的知识体系上起着关键的纽带作用.数学课程改革是一个动态的持续发展过程.数学教师应顺应时势,加强数学教学过程中的对象意识、情境意识、目的意识及评判意识,转变教育观念、提高素质修养.本着以人为本、注重个性发展的教育新思路,面向全体学生,通过恰当的教育模式和方法,强化学生的创造性思维与综合实践能力,为社会培养出创新型的复合人才.

## 一、新课程理念下高中数学教师的专业素质结构

数学教师不仅是数学知识的传播者,同时也是教育者、引导者、智力开发者和教育改革者.每一位数学教师都要特别重视提高自己的职业素质,以适应21世纪新课程改革下数学教师的专业化需要.

依据数学教师专业化的结构特点,适应新课程的教学理念,数学教师的职业素质包括专业品德素质、文化素质、能力素质、身心素质等几个方面.

### (一)数学教师的专业品德素质

数学教师的专业品德素质包括道德素质和思想品德素质两个方面.

数学教师道德素质是依据教师的职业道德而言的,它是指教师在从事教育工作过程中所应遵循的道德规范和准则,它是教师素质结构中极为重要的方面.教师的专业道德素质内容主要包括以下几个方面.

1. **热爱教育,献身教育**.这是教师道德素质主要的方面,是决定教师其他道德素质的前提.

2. **热爱学生,诲人不倦**.这是衡量教师道德水准的标尺,是教师的神圣职责.

3. **严于律己,为人师表**.

4. **治学严谨,教书育人**.

5. **人格魅力**.

数学教师的思想品德素质是指教师的思想观点、工作方法和工作态度等.教师应具有科学的世界观和积极的人生观;应具有积极认真的工作态度、科学的工作方法、实事求是的务实作风,以及勇于创造、积极开拓的精神;特别是数学教师,还应具有现代的教学观、方法论和数学教育观.

(二) 数学教师的文化素质

教师的职责是传播人类思想文化,造就各种社会人才.教师要担负起此重任,本身就必须具备较高的文化素质,这是教师从事教育工作所必需的基本条件.教师的文化素质是指教师的知识结构及其程度.面向21世纪的中学数学教师必须有合理的知识结构,它应包括以下几个方面.

1. 精深的数学专业知识

数学专业知识是数学教师知识结构的核心.数学教师是通过传授数学知识,把数学知识转化为学生个体的知识结构来完成教学任务的.中学数学教师的专业知识应包括如下几个方面.

(1)掌握高等数学的基础知识.首先要掌握高等数学的基础知识,如数学分析、高等代数、解析几何的基础理论.通过高等数学的学习过程,可使教师受到高层次的严格的思维训练,更加深入地掌握数学的思想方法,提高数学素养.同时,可以利用所掌握的高等数学知识居高临下地去研究初等数学中的问题和方法,如实数理论、集合理论、统计与概率、方程、数学归纳法、算法以及递推数列的求解,等等,从而深刻地理解和吃透教材,深化对数学本质的认识,发挥高等数学对初等数学的指导作用,在教学中做到深入浅出.

(2)熟练地掌握初等数学内容.中学数学的主要内容是初等数学.因此,要搞好中学数学教学,教师必须有扎实的初等数学功底.作为一名中学数学教师要通晓当前数学课程的全部内容,包括掌握和运用基本的数学思想和数学方法,了解中学数学课程的体系结构和发展趋势.

(3)掌握数学思想方法.数学思想方法是处理数学问题的指导思想和基本策略,是数学的灵魂.数学思想方法是数学基础知识和技能的升华,掌握数学思想方法是对一名数学教师的基本素质要求.

(4)掌握与教材有关的数学史、数学哲学,还应熟悉数学科学的其他的方面,掌握现代数学科学的有关知识,如数理知识、统计学和逻辑学等.

2. 必备的数学教育科学知识

教育科学知识是教师文化素质的重要内容,是教师成功地进行工作所必须的知识.教师要想增强工作的自觉性,少走弯路,少犯错误,就必须学习教育学、心理学、教学法等方面的知识,掌握正确的教育观念,了解教育工作的基本规律和基本方法并用于指导实践.

作为中学数学教师,既要熟悉一般教育科学的基本理论,又要把握数学教育的基本理论.

(1)一般教育科学的基本理论.

目前教育科学已发展成为一个分支繁多的学科群.作为一名中学数学教师至少应熟悉和掌握其中的普通教育学和心理学.

普通教育学是从理论上系统地揭示了教育的规律和方法的一门科学.作为一名教师,不仅要知道自己"教什么",而且更要懂得"怎样教",教育学是从理论上、方法上告诉我们"怎样教"的问题.通过学习教育学,我们可以比较系统地了解教育的目的、原则,教学的过程、方法等一系列主要的教育理论与教育实践问题,使我们能够自觉地运用教育规律,根据教学内容、学生实际选择有效的教学途径和手段,以取得教学的最佳效果.

心理学是研究人的心理活动及其规律的科学,它系统地研究人的心理机制、感觉、记忆、思维技能以及动机情感、心理差异等心理发展规律.要求教师对学生的心理特点有深入的了解.教师要组织好课堂教学活动,离不开对学生心理活动的了解,懂得学生的个性差异及其特点.只有这样才能减少教学工作的盲目性,提高教学效果.

(2)数学教育科学的基本理论.

数学教育作为一门特殊的教育科学,除具有一般教育科学的共性外,还有它自身独特的个性,有其特殊的规律.所以数学教师要认识和掌握这个规律,除掌握一般教育科学的基本理论外,还要掌握数学教育科学的基本理论——数学教育学.它揭示了数学教学的规律,在数学知识结构和学生知识结构之间起着中介的作用,促进两者的结合.

3.广博的相关学科的文化科学知识

21世纪的中学数学教师,除了应具备精深的数学专业知识和必备的教育科学知识外,还应有广博的与数学教育密切相关的自然科学、人文社会科学知识,还要懂得一些文学和艺术方面的基础知识,懂得唯物辩证法和古今中外的科学思想,具有较高的文化修养和广泛的兴趣爱好.各门学科知识都不是孤立的,而是彼此相关的.数学教师要有数学意识,充分认识到数学在其中的应用,以便使学生懂得各门学科的联系,学会综合应用.数学教师要努力做到既有数学专长,又有广泛涉猎,既要有点业余爱好,又要有较多的生活常识,这些是数学教师知识结构中应有的部分.

(三) 数学教师的能力素质

数学教师的能力素质是指教师顺利完成数学教育活动必备的心理条件.缺少这种条件,教师就无法完成教学任务.教师的能力素质是在教师生理功能正常的基础上,经过教育培养,并在教育教学实践活动中总结经验教训,吸取他人的智慧和经验而逐步形成和发展起来的.

21世纪数学教师的能力素质要求有合理的能力结构.它主要包括以下几方面.

1.数学能力

包括数学思维能力、数学运算能力、空间想像能力、数学分析和问题解决能力、数学审美能力、数学的创新和实践能力、数学交流和语言表达能力等.

2. 数学教学的能力

包括教学设计能力,分析教材能力,教学组织、监控能力,数学的应用能力,现代教育技术的应用与操作能力,开展第二课堂活动能力,独立获取知识发展自己的能力.

3. 数学教学研究能力

提高教师科学研究的意识,促使数学教师的工作模式由"经验型"向"科研型"转化,教师的角色也由"教书匠"向"教学研究型"的学者教师转化.提高数学教师的教学研究能力,主要体现在以下几个方面.

(1)具有搜集资料、精心选择教学研究课题的能力.数学教师应善于索取资料信息并能结合自己的教学实践,提出问题,从中选取有针对性、新颖性、实用性、前瞻性的课题进行研究.包括数学教育基础理论、教学方法、数学思想方法、解题、教材、教学试验,等等.

(2)具有科学论证和撰写科研论文、学术报告的能力.能阅读和翻译本专业的文献,具有一定的外语功底.

(3)具有独立地将科学的研究方法、现代化教学手段运用于教学研究的能力.

(4)具有创造性开发、转化教学研究成果的能力.

(四)数学教师的身心素质

教师的工作是一项复杂而艰辛的工作,要适应这样的工作,就要求每一位教师具备良好的身心素质.

身体素质是人体活动的一种能力,指人体在运动、劳动与生活中所表现出来的力量、速度、耐力、灵敏度及柔韧性等能力.教师特定的工作特点,要求教师的身体素质要全面发展,而重点应体现在有充沛的精力、清醒的头脑、良好的记忆、敏捷的思维、耳聪目明、声音洪亮等几个方面.

教师的心理素质是指表现在教师身上的那些经常的、稳定的、本质的心理特征.主要包括轻松愉快的心境、昂扬振奋的精神、坚忍不拔的毅力,具有健康的心理和自我调控能力.

## 二、高中数学教师如何适应新课程的教学

（一）更新观念，作好角色转变

新课程改革是一场教育理念革命，要求教师"为素质而教"．在教学过程中树立"为人的可持续发展而教"的教育观念，完成从传统的知识传播者到学生发展的促进者这一角色转变．这是各学科教师今后发展的共同方向．在"以学生发展为本"的全新观念下，教师的职责不再是单一的，而应是综合的．作为课堂学习的指导者、组织者以及学生在探究性课题上的合作者，教师应关注每一个学生的个性发展，引导学生积极参与教学过程，让其获得情感体验、知识积累以及自我探究的内在需求，重视创新精神与实践能力培养．

当前的科学研究呈现多学科交叉的新特点．作为基础学科，高中数学新课程改革将"研究性学习"列入了课程计划，并充实了向量、概率统计、微积分等初步知识．在新课程内容框架下，绝大多数教师由于知识的综合性与前瞻性不足，难以独自很好地完成对学生课题的所有指导工作．要求教师之间必须建立起协作的工作关系，从仅仅关注本学科走向关注其他相关学科，从习惯于孤芳自赏到学会欣赏其他教师的工作和能力，从独立完成教学任务到和其他教师一起取长补短．

（二）数学教师转变职业角色要求数学教师专业化

数学教师转变职业角色要求数学教师专业化．所谓数学教师专业化发展，是指数学教师的专业成长或数学教师在专业结构方面不断更新、演进和丰富的过程．随着社会不断进步和教育的改革发展，社会对数学教师职业必然提出更高的要求．教师具有新的教学观和新的角色行为．新时期教师的角色已从知识的传授者向学生发展的指导者、促进者、合作者转变．这就对数学教师专业化提出了迫切要求．新的角色行为将首先更新数学教师专业理念．数学教师在促进学生掌握数学基础知识的同时，还应当是数学课堂学习活动的设计者、学习进程的组织者、学生数学认知结构的引导者、学生自主学习的指导者、学生学习效果的评价者．

新的教学观必然要求有新的与数学教师职业相适应的专业品格和教学技能,要有对数学教育规律和学生发展的深刻认识,要有不断思考和改革数学教学工作的意识和专业能力.在数学教学中,数学教师的主要任务是帮助学生学会学习.数学教师应注重学生掌握学习方法,引导他们养成良好的学习习惯和自学能力;数学教师应善于调动学生的求知欲和科学态度,学会保护学生的好奇心、发现欲,进而培养学生的科学精神和创造能力;数学教师应能促进学生积极参与课堂学习过程,善于创设适宜的问题情境,鼓励学习者之间的协作与竞争,激励全体学生争取成功;数学教师应鼓励培养学生的求异思维和批判意识.同时数学教师还应努力成为教学研究与创新、终身学习的实践者,以适应社会发展和知识更新的需要.所有这些都是由数学教师专业化特点所要求的.

当前数学教师对自身的职业角色及其教学行为的认识已经发生了深刻的变化.这些变化反映出基层的数学教师队伍专业化的紧迫需要.角色意识必然要求相应的专业行为去体现,而专业行为的完善、拓展又会驱动数学教师通过不断学习、探索,逐渐内化为新的专业品质.对于现行教育体系来说,为了适应教师角色意识及教学行为转变的需要,就应改革不适合教师学习特点的低效能专业培训方式,鼓励教师参与教育教学研究工作.

(三) 终身学习,优化知识结构

新时期数学教师转变自身角色行为的需求,实质上反映出在日益变革的社会中,数学教师要适应教育发展的要求,就必须成为自觉的终身学习者.国内外的数学教育研究者对数学教师的专业结构做了大量的研究,从本质上来看,数学教师的专业结构不外是从专业理念、专业知识、专业能力和专业品德、自我更新意识和创新五方面来体现.衡量数学教师的专业发展水平可以从"内容"和"程度"两个维度来考虑.

1. 数学教育专业的理念结构

即数学教师自己选择、认可并确信的教育观念或教育理念.宏观而言,数学教师的教育理念包括教育观、学生观和数学教育活动观;从微观的角度来看,主要有关于学习者和学习的理念、关于数学教学的理念、关于数学这门学科的理念、关于学会教学的理念和关于自我和教学作用的理念.教师的数学教育理念不

第十一章　教师专业发展的模式

仅影响其教学、教育作为,而且对教师自己的学习和成长也有重大的影响——它是教师接受和学习新的教育观念的"过滤器".教师的数学教育的理念反映了教师对教育、学生及教学学习的基本看法,具有相对的稳定性,在整个教师专业结构中处于总领的最高层次,统摄着教师专业结构的其他方面.

2. 优化和整合数学专业知识结构

首先应当包括优化一般的文化知识,这是数学教师维持正常教学和不断自我学习的前提;其二,数学教师应当具备相当水平的数学专业知识,并建立起相关知识的综合的、良好的组织结构;其三,整合学科教学论、教育心理学的知识,数学教师要实现数学的专业知识与教学法知识二者的融合;其四,提升个人数学教学实践经验知识,体现个人特征.在这里,数学专业知识不仅是前人总结出来的、普遍使用的"原理"或"规律",或书本上的知识,而且是富有"个人特征"的,相对于数学教师而言是一个发展、积累的过程.

为了形成多层次、多元化的知识体系,教师应加强知识量的积累,并逐步实现质的飞跃.作为高中数学教材的实施者,在精心研究《课程标准》的前提下,要重新考虑新旧知识的纵向延伸与横向联系,瞄准新旧知识的连接点、不同点与新知识的生长点;要努力学习数学的新理论、新知识,把握数学领域发展的前沿动态;有意识地拓宽相关学科的知识,实现多学科的沟通与融合.此外,在备课上多下工夫,创设问题情境,重视学生原有的数学认知结构,尊重个性差异,对学生的可能问题或突发情况有备而来,避免在教学中出现随意性、片面性和主观性.最终实现由单一数学专业知识结构向包括自然科学、社会科学和人文科学等在内的高度统一的复合型知识结构转化,由封闭型结构向开放型结构转化,由对知识的被动接纳型结构向主动创造型结构转化.通过对新知识的主动选择与吸收,改造和更新自身的知识体系.

3. 数学教师专业发展的自我更新意识与创新

数学为教师开创了广阔的创新空间,从而也为培养学生的创新开创了独立思考和实践的空间.自我更新意识和创新意识真正实现了教师的自主专业发展,使专业发展呈现出一个动态发展的良性循环,体现了拓展的专业特征,把对自己教学的质疑和探讨作为进一步发展的基础,呈现"以研究促发展"的成长过程.

专业发展的自我更新意识和创新,保证数学教师不断促进自我专业成长,它是数学教师自我专业发展的内在主观动力.专业发展的自我更新意识和创新使得数学教师发展过程中实施终身教育的思想成为可能.有了教师的自我更新意识,就会以终身教育的思想来看待数学教育,使自己的专业发展保持自我更新取向,而且经过一段时间专业发展的积累,逐步形成自我发展能力,从而为教师进一步专业发展奠定基础,成为促进教师专业发展的新因素.

高中基础学科新课程改革适应形势、面向未来,服务于人才的可持续发展.纵观《课程标准》,重点增加了学生对生活中发现数学问题以及用数学方法解决问题的数学意识培养,其中的观点阐述、体例论证、内容衔接均比以前有了显著改进.如此一来,数学教师难以再靠吃老本来维持对学生学习内容的权威和垄断,学生的学习主动性强了,课堂呈现出开放的动态型.在新形势下,教师第一次处于被学生选择的地位,必须重新审视自己的知识结构,将终身学习内化为自学行为,时刻保持研究的态度,力求成为一个学识渊博、具有扎实的基础知识和现代化信息素质的教育工作者.

(四)激发兴趣,改进教学模式

著名物理学家爱因斯坦曾经说过:"兴趣是最好的老师."英国著名生物学家达尔文也指出:"最有价值的知识是关于方法的知识."长期以来,传统的"灌输式"教学方法忽视了学生的兴趣、个性化因素及心理发展规律,不可避免地导致学生独立人格丧失、思维收敛、想像力及创造潜力受压抑等不良后果.新课程重视以人为本,关注对学生人格的塑造,突出对思想品德的培养,强调学生应具有健全、良好的心理素质,注重发展学生的创新精神和实践能力.而这一切只有通过恰当的教育模式和方法才能实现.曾经流行或现在仍在沿用的数学教学方法有:六课型单元教学法、尝试教学法、读议讲练法、程序教学法、自学辅导法、学导式教学法、谈话法、讲授法、发现法、问题教学法等.每一种教学方法都有其特点与不足之处.俗话说:教无定法.在教学过程中,学生的知识获取、智力发展和非智力因素培养,不能单靠一种固定的教学模式.教学模式涉及知识、教师和学生三大要素.教与学是一个共同发展的动态过程,应明确教学过程的复杂性,综合三大要素,权衡利弊,博采众法之长,灵活选择教学方法.既要改革创新,又要着眼实际,积极参与创设启发式、开放式、范例式、合作式的教学方法.

在新课程改革中,智力因素的开发并不是素质教育的全部,学生的学习目的、兴趣、意志、态度、习惯等非智力因素是推进教学进程与实现教学效果的动力系统,对学生的学习过程起着发动、维持、调节的作用.在改进高中数学教学模式的过程中,应当注意吸收教育心理学的研究成果,充分把握数学教学的特点与艺术性,进一步发挥非智力因素的潜在影响.在授课中重视数学思想和数学背景知识的讲授,结合介绍数学家的故事、数学趣闻和史料,让学生了解知识的产生和发展,体会数学在人类历史长河中的作用;善于对比新旧知识的不同点,引发认识冲突,培养学生的质疑习惯,引导学生寻找当前问题与自己已有知识体系的内在联系,强化问题意识与创新精神.最后还应通过比较、分类、类比、归纳演绎和分析综合等逻辑思维方法,向学生展示知识的来龙去脉,使之知其然,更知其所以然.

"学启于思,思启于问".通过生动活泼的课堂教学,激发学习数学的兴趣与求知欲,培养学生发现问题、提出问题和解决问题的能力,使之由"爱学"到"学会",再到"会学",最终掌握数学学习的科学方法与科学思维.

(五) 教师需要一些新的工作方式

新课程的综合化特征,需要教师与更多的人在更大的空间内用更加平等的方式从事工作,教师之间将更加紧密地合作.可以说,新课程增强了教育者之间的互动关系,将引发教师集体行为的变化,并在一定程度上改变教学的组织形式和教师的专业分工.因此,教师需要一些新的工作方式:教师之间将更加紧密地合作;要学会开发利用课程资源.

新课程提倡培养学生的综合能力,而综合能力的培养要靠教师集体智慧的发挥.因此,必须改变教师之间彼此孤立与封闭的现象,教师必须学会与他人合作,与不同学科的教师打交道.例如,在研究性学习中,学生将打破班级界限,根据课题的需要和兴趣组成研究小组.由于一项课题往往涉及物理、化学、生物、地理等多种学科,需要几位教师同时参与指导.教师之间的合作,教师与实验员、图书馆员之间的配合将直接影响课题研究的质量.在这种教育模式中,教师集体的协调一致,教师之间的团结协作、密切配合显得尤为重要.

此外,在未来的新课程中,将出现课程资源的概念.课程资源的开发和利用,是保证新课程实施的重要条件,教师应该学会开发、利用课程资源.

## 三、新课程理念下数学教师如何有效备课

备课是熟悉教材的重要手段,通过备课,可以尽快地熟悉新课程的内容与要求,胸有成竹地走向讲台.长期以来,中学教学中存在着一个非常突出的问题,那就是:教师很辛苦,学生很痛苦."教师很辛苦"最直接的原因之一就是大量繁重而无效的备课占用了教师的时间和精力,所以我们应该依据"有效教学"理论对教师备课进行改革.有效教学理论作为"新课改"的理论基础之一,其核心问题就是教学的效益问题."备课"是教师重要的教学行为,更应注重效益.

新课程有新"课标",教师备课的真正目标就是如何达到新"课标"的要求.与传统的备课要求相比,新课程的备课强调以下几个特点.

(一)新课程备课更强调目标的实效性

1. 教学目标的制定要结合实际.传统的备课目标主要存在两个问题:一是不确切、不实在,如很多教师的备课只是为了完成任务,所以要么没有目标,要么目标不合实际、不具体;二是目标多注重知识传授与获取,强调教师教学行为的结果和学生行为的结果.这样的备课目标对于学生的全面发展显然是无效或效益很低的.

2. 对于数学知识与技能的备课,要根据教材内容的广度、深度和学生的基础来确定重点和难点,找出突破难点的方法,同时要备新旧知识的连接点.由于数学知识本身系统性很强,要真正搞懂新旧知识的连接点,才能把知识融会贯通,沟通知识间的纵横联系,形成知识网络,学生才能举一反三,更有利于灵活地运用知识.

3. 对数学活动的备课.新课程强调数学教学是数学活动的教学,新"课标"要求教师备课的有效目标必须既注重学生能力的培养,又强调师生双边、多边活动的过程.因此数学教师的备课应该围绕着如何组织和设计有效的数学活动来展开,在数学活动中,实现师生协作互动、生生协作互动.

4. 备课时要根据学生的实际,设计恰当的题目,按训练层次恰当地安排到教学的各个环节中去.讲练结合,把训练当作一条主线,提高学习效率.

(二) 新课程备课形式更符合实际

传统的备课形式主要是教师独自一人或冥思苦想,或照抄参考资料,且必须每个过程、每句话都要用备课本写出来,"备课"实际上成了"背课",尤其是教师上优质课、示范课总是把教案记熟,然后按"台词"去"演戏".这样的备课形式与"课改"促进教师的提高和学生的发展宗旨是相悖的,只能使教师吃力不讨好.新的备课形式应该是丰富多彩、灵活多样的,要因课程内容,教师能力水平的不同而异.

(三) 新课程备课的评价在于促发展

传统的备课评价对每个教师、每门课程的备课要求几乎都是一律的.如"环节"都要有"目标要求"、"重点难点"、"教具准备"、"导入"、"展开"、"小结"、"作业"等,缺一项就视为不合格,这样做的弊端就在于忽视了学科特点,扼杀了教师的创造性.按照"课改"的新要求,教师的备课评价应该体现学科特点、教师特色,要有利于教师的提高,有利于学生的发展.无论是老教师,还是年轻教师,只要能按这个总要求去备课,就是好的备课.所以,建立一套符合"课改"要求的新的备课评价标准,是促进教师有效备课的关键.我们认为新的备课评价标准应把握以下原则:照搬照抄要严禁,千篇一律要否定,过程思路有特色,促进发展目标明.

(四) 新课程备课的研究要花气力

长期以来,大多数学校把教学研究的重点都放在"课堂教学及其评价"上,而对备课的研究则相对忽视.其实,备课的研究应比教学其他环节的研究更为重要,因此,我们要大力提倡和实施有效备课.学校教导处和教研组应就备课列出研究专题,如"不同类型课的备课形式"、"怎样才能备出特色"等.对于教龄长、经验丰富、素质高的教师,提倡在书上"点画批注",让他们腾出精力和时间搞研究.只要我们更新观念、坚持不懈,一定会探索出一条符合"课改"要求的"有效备课"新路.

(五) 注重情感备课

传统备课忽视情感投入.新课程"理念"下的备课,要了解学生的知识水平、心理状态、接受能力、情趣爱好和个性差异；要注重师生情感互动，先获得学生的信任，最后形成一条感情的链条，紧紧把师生连接起来；也要协调好学生之间的关系，让学生有一个宽松愉快的学习环境，为提高学习效率打下感情基础．

（六）树立"团队"精神，发挥集体力量，提高备课的质量和效率

改革教师的备课制度，要求教师树立"团队"精神，注重发挥集体力量，提高备课的质量和效率，并推出新的教案模式，要求教师在教案中写教学设想、设计理念，并及时在课后记下教学随笔，进行教学反思．尤其是对于有平行班级的，应大力提倡"集体备课"方式．

## 四、课程改革对教案编写的新要求

课程改革的主渠道是课堂教学．编写优质教案是上好一节课的首要环节，是开展现代课堂教学改革要过的第一关，课程改革对优质教案的编写要求与传统教学编写教案的要求有哪些不同呢？

（一）课堂教学目标的内容不同

传统教学方式下编写教案，教学目标只注重知识目标．尽管不少教案也强调能力目标，也提到思想教育，但是这种"能力"只是解决知识问题的解题能力，这种"思想教育"是从社会的角度进行僵化的、空洞的说教．而实行课程改革后编写教案，知识目标只是教学目标之一，解题能力只是知识目标的组成部分，让学生学会学习和提高学生的学习能力才是最重要的教学目标．情感态度价值观和人生观是取代以前"思想教育"的又一个教学目标．它是从学生个体的角度提出社会要求，尊重学生作为鲜活的人的情感体验，尊重学生个性，培养学生健全的人格、高尚的审美情趣、科学的人生观和价值观．课程改革把培养学生综合素质作为教学根本目标．

（二）课堂教学目标的方法不同

传统教学方式下编写教案，教学过程以"教"为中心，是否有利于教师传授知识是编写教案的主线，学生按老师的规定听课、练习是"责无旁贷"的事．在课堂上，教师是"演员"，学生是"观众"，教师"演"得好就是课上得好．

实行课程改革后编写教案，教学过程以"学"为中心．是否有利于学生自主探究学习是编写教案的主线．教师是学生学习活动的组织者、引导者、启发者和示范者．在课堂上，教师是"导演"，学生是"学员"，学生"表演"是否到位是教学成功与否的关键．

（三）检测教学目标的评价标准不同

传统教学注重的是"教"的结果，即学生是否达到教材知识目标．学生没有达到教学目标的要求，就是教学失败．在课堂上，教师对学生的学习评价是惟一的、绝对的权威．实行课程改革后，注重的内容是学生学习的过程，即不仅了解学生是否掌握知识，更要知道学生是否掌握了学习方法，是否有积极的情感态度．在课堂上，不仅有教师对学生的评价，还要尊重学生的自我评价以及学生对学生的评价．

传统教学注重的是文化传承．大纲、教材规定的知识标准是衡量数以亿计的青少年学习情况的惟一标准．在现实情况下，总有部分学生达不到教材知识标准，于是，这些学生便沦为"差生"．教师苦苦思索的是"差生"的转化，最终，我们的教育成为"差生教育"．实行课程改革后以学生综合素质为评价目标，以学生个体发展为评价标准．知识目标只是衡量学生学习的标准之一．即使学生的知识不够全面，但只要知道了学习的基本方法，拥有了积极健康的心态，感受到学习的乐趣，那也是成功者．因此学生人人都可能是成功者，我们的教育也就成为了"成功者的教育"．

## 五、《课程标准》下的数学教师的主要任务

《课程标准》的出台和实施，促进了数学教师本身的成长，为教师的发展提供了广阔的天地和空间．在数学教学中，通过数学活动的师生互动和师生协作，教师的水平得到了发挥，同时自身素质也得到了发展．数学实验区的教学实验和实践，不仅促进了学生的发展，也造就了一大批优秀的数学教师．数学教师成长的必由之路是对自己的教学实践不断进行反思和研究，开展创造性的数学教学，使自己的教学方法更适合学生发展的需要．

新课程也对数学教师的创造性提出了更高的要求.根据《课程标准》的基本理念,学生的学习方式将发生变化,这对数学教师教学工作提出了新要求.教学工作越来越找不到一套放之四海而皆准的模式.因此,教师必须在教学工作中随时进行反思和研究,在实践中学习和创造,这样才能得到发展.在新课程中,教师将由传统的知识传授者转变为课堂教学的组织者、引导者和合作者.另外,数学教学过程不再是机械地、按部就班地执行教材的过程,而是利用教材在教师的指导下,开展以学生为主体的数学活动.同时,新课程要求师生从实际需要出发,利用更广泛的数学课程资源,组织学生进行数学探究和课题学习的实践活动,进行数学建模、数学文化的专题活动,这促使教学真正成为了师生富有个性化的创造过程.新的课程呼唤着创造型的数学教师,新的时代也将造就大批优秀的数学教师.

用新课程的理念看过去,原来的教学目标、教学环节、教学步骤都带有讲授为主的痕迹.原数学课程中的练习、提问、作业都需要赋予新的含义和形式.从课前准备、教学内容的安排、数学活动的组织到教学方法的运用等,都需要重新设定.

数学教师在课堂的位置,将不再是那个知识传递者的固定位置——讲台,教师将在教室里流动起来,将参与到学生之中,与学生分享数学知识和情感.教师的课前准备,将不再缠绵于数学知识点的微观课程结构之中,而是活跃在课程因素组合的宏观课程结构中,倾心于数学问题教学情境的设计,教学资源的组织、开发和利用.

教师从知识的传授者转变为学生学习的引导者,从学习结果的评判员转变为数学活动的组织者.表面上,教师的讲课时间减少了,绝对权威地位减弱了,然而,新课改对教师的要求更高了,他们在课堂教学中的任务就是围绕教学目标,组织开展数学活动.在教学活动中,主要的工作有以下几个方面.

1.为学生创设适宜的问题情境

"问题"是数学的心脏.问题解决是从问题情境开始的.教师不是将问题及结论和盘托出,而是在适应的条件下,为学生创设适宜的问题情境;教师要通过设计有趣味、富有挑战性的数学问题,使学生产生认识冲突,形成解决问题的心向和趋动性.

2.鼓励学生争论数学问题,展开思维活动,帮助学生解决疑难

在学生的问题解决活动中,展开思维过程,引导学生独立思考,鼓励学生争论,促进学生的学习.问题的争论应该注重以下几个方面:问题设计具有适度的挑战性,能激发思考;注重与现实生活的联系,注意从社会生活中提出新问题,能带来重要的事实或信息;注重提炼问题所反映的数学思想,引导学生将结论用一定的数学模式表示.

3.组织学生小组活动,发展学生合作学习的互动意识

教师要努力设计适当的数学任务,促进学生小组互动式合作学习.好的任务应该以一种生动的线索,吸引学生的兴趣;有足够的难度与复杂性,从而挑战学生的兴趣;控制难度,不要让学生望而生畏;可以用多于一个办法解决;有利于发展数学与实际的联系.

4.帮助学生建构数学知识,掌握科学的思维方法

通过教师有效地组织课堂教学活动,完成数学的知识技能目标是数学教学的基本任务.教师要适时引导学生归纳、整理所学的数学知识和方法,纳入知识系统,形成鲜活的、可以检索的、灵活运用的知识结构体系,并帮助学生归纳总结科学的思维方法,促进学生对数学的有意义学习.

5.指导学生数学应用,帮助学生获得数学活动的经验,增强学生对数学的体验和感受

数学教学的目标之一是促进学生运用数学知识去认识和影响周围的世界,在运用中体会数学的价值.教师需要注意培养学生不断用数学观点分析、探索周围的世界,把学数学与用数学结合起来,形成自然的数学应用意识,不断积累数学活动的经验,增加自觉的社会责任感.

例如,对于统计与概率的内容,教师应重视渗透统计与概率之间的联系,通过频率来估计事件的概率,通过样本的有关数据对总体的可能性作出估计等.教师还应将统计与概率和其他领域的内容联系起来,从统计与概率的角度为学生们提供问题情境,在解决统计与概率问题时自然地使用其他领域的知识和方法,为培养学生综合运用知识解决问题提供机会.

**6. 根据学生的年龄特征和认知特点组织教学**

数学新课程要求教师要充分考虑学生的身心发展特点,结合他们的已有知识和生活经验,设计富有情趣的数学教学活动.《课程标准》在教学建议中指出:"以学生发展为本,指导学生合理选择课程、制定学习计划.为了体现时代性、基础性、选择性、多样性的基本理念,使不同学生学习不同的数学,在数学上获得不同的发展,高中数学课程设置了必修系列和四个选修系列的课程.教学中,要鼓励学生根据国家规定的课程方案和要求,以及各自的潜能和兴趣爱好,制定数学学习计划,自主选择数学课程,在学生选择课程的过程中,教师要根据学生的不同基础、不同水平、不同志趣和发展方向给予具体指导."

在新的世纪里,教师这一角色的特征正在发生着新的变化.当今在教师角色的重塑过程,需要我们站在时代的前列,将历史的和现代的价值意义重新审视,实现教师角色的转变,不断促进教师专业化的发展.

# 案 例 篇

# 第十二章

## 教学设计与案例

### 一、求函数零点近似解的一种计算方法——二分法

**教学目标**

1. 知识目标:(1)了解变号零点与不变号零点的定义和性质.

   (2)了解二分法的原理与步骤.

2. 能力目标:(1)培养广泛的数学素养.

   (2)加强对数学通性通法的学习,体验二分法的算法思想,培养自主探究的能力.

3. 情感目标:(1)从二分法到算法,再到计算机编程,加深对科学的认识以及数学应用.

   (2)通过了解数学家的史料来简单了解相关科学的发展,并增强学习数学的兴趣以及学好数学的信心.

**教学重点、难点**

重点:运用二分法求函数零点的近似值,数学通性通法的学习,二分法的算法思想.

难点:运用二分法求函数零点的近似值.

**教学方法**

利用多媒体辅助教学手段,创设问题情境,实例引入现实生活中的二分法,通过例题引导学生自主探究二分法的原理与步骤.

**教学过程**

| 教学环节 | 教学内容 | 师生互动 | 设计意图 |
| --- | --- | --- | --- |
| 情境设置 | 在一个风雨交加的夜里,从某水库闸房到防洪指挥部的电话线路发生了故障.这是一条 10km 长的线路,如何迅速查出故障所在?如果沿着线路一小段一小段查找,困难很多,每查找一个点要爬一次电线杆子,10km 长的线路中有大约 200 多根电线杆子,想一想,维修线路的工人师傅怎样工作最合理? | 1. 教师找一名学生绘声绘色地给大家描述情景.<br>2. 教师鼓励学生自主探究、合作交流. | 1. 从实例引入能充分调动学生的兴趣,引起学生的求知欲.<br>2. 该实例是为引入二分法作准备的,也说明二分法源于现实生活,并应用于现实生活. |
| 新课导入 | 求下列函数的零点<br>1. $y=x+1$;<br>2. $f(x)=x^2-2x+1$.<br><br>阿贝尔 (Niels Henrik Abel, 1802—1829) 挪威数学家.<br><br>伽罗瓦 (E.Galois, 1811—1832) 法国数学家. | 学生先在练习本上求函数的零点,然后回答计算的结果.<br>问题:<br>①由第 1 题引出变号零点.<br>②由第 2 题引出不变号零点.<br>教师总结:简单高次函数可以因式分解求出零点,不能因式分解的高次函数我们怎样求出其零点?介绍 Abel 与 Galois 的事迹,并引出二分法. | 1. 复习旧知识并介绍变号零点与不变号零点的概念.<br>2. 学习数学知识的同时渗透数学文化,提高学生的数学素养.<br>3. 总结什么样的区间包含变号零点.<br>4. 让学生认识到求近似解的重要性,并明确近似与精确的关系.<br>5. 适时引出本课的课题二分法,并强调二分法是求函数零点近似解的一种重要方法. |
| 例题讲解 | 例:求函数 $f(x)=x^3+x^2-2x-2$ 的一个为正数的零点(误差不超过 0.1). | 问题:<br>①如何选取零点所在的区间?<br>②如何寻找零点的近似解? | 1. 遵循从特殊到一般的思想.<br>2. 以问题研讨的形式替代教师的讲解,分化难点、解决重点,有利于学 |

(续表)

| | | | |
|---|---|---|---|
| | | ③分到何时才能满足误差要求？<br>(问题①②的答案即为二分法的原理.)<br>教师引导,学生合作探究.<br>1.师生共同选择初始区间.教师利用数轴演示二分法的原理.<br>2.学生讨论绝对误差与区间长度的关系.<br>3.用表格演示用二分法逐次计算的结果.<br>4.学生归纳二分法解题的一般步骤,教师作最后总结. | 生对知识的掌握,并强化对二分法原理的理解.<br>3.学生在讨论、合作中解决问题,充分体会成功的愉悦.<br>4.让学生归纳一般步骤有利于提高学生自主探究、归纳的能力,让学生尝试由特殊到一般的思想方法. |
| 练习巩固 | 使用计算器或数学软件,用二分法求函数 $y = x^3 - 2$ 的一个正零点的近似值(误差不超过0.01). | 学生做练习.要求同桌配合,一名同学负责作记录,另一名负责用计算器求值,尽快求解. | 1.鼓励学生采用独立思考与小组活动相结合的办法解决问题,倡导合作学习.<br>2.让学生进行模仿练习,能及时地巩固所学知识与方法. |
| 拓展加深 | 由二分法到算法. | 教师总结二分法的应用,拓展到算法,鼓励学生在学习前人算法的基础上,去寻求解决各类问题的算法. | 1.由二分法的学习上升到对数学通性通法的学习与研究的认识.<br>2.引导学生认识到算法思想的重要性.<br>3.提高学生数学的应用意识和探究能力. |
| 归纳小结 | 二分法的解题步骤. | 师生共同总结、领会二分法的原理. | 让学生回顾本节所学的知识与方法,以逐步提高学生自我获取知识的能力,有利于发现教与学中存在的问题并能及时纠正. |

(续表)

| 评价反馈 | (人教高中数学B版)课本P81 练习B 2; 习题2-4 A 6. | 学生写在作业本上. | 1.学生巩固所学内容,进一步体会和理解二分法. 2.进一步体会算法思想的重要性. |
|---|---|---|---|

## 二、向量的加法

**教学目标**

　　1.知识目标

　　掌握向量的加法定义,会用向量加法的三角形法则和平行四边形法则作出两个向量的和向量;掌握向量加法的运算律,并会用它们进行向量计算.

　　2.能力目标

　　使学生经历向量加法法则的探究和应用过程,体会数形结合、分类讨论等数学思想方法,进一步培养学生归纳、类比、迁移能力,增强学生的数学应用意识和创新意识.

　　3.情感目标

　　注重培养学生积极参与、大胆探索的精神以及合作意识;通过让学生体验成功,培养学生学习数学的信心.

**教学重点、难点**

　　重点:向量加法的两个法则及其应用;

　　难点:对向量加法定义的理解.

　　突破难点的关键是抓住实例,借助多媒体动画演示,不断渗透数形结合的思想,使学生从感性认识升华到理性认识.

**教学方法**

　　结合学生实际,主要采用"问题探究"式教学方法.通过创设问题情境,使学生对向量加法有一定的感性认识;通过设置一条问题链,引导学生在自主学习与合作交流中经历知识的形成过程;通过层层深入的例题与习题的配置,引导学生积极思考,灵活掌握知识,使学生从"懂"到"会"到"悟",提高思维品质,力求把传授知识与培养能力融为一体.

采用计算机辅助教学,通过直观演示体现形、动、思于一体的教学效果,优化课堂结构,提高教学质量.

**教学过程**

| 教学环节 | 教学内容 | 双边活动 | 设计意图 |
|---|---|---|---|
| 复习引入 | 1.复习回顾<br>(1)向量的定义、表示方法;<br>(2)平行向量的概念;<br>(3)相等向量的概念.<br>2.启发引入<br>问题:向量能否和数一样进行加法运算?两向量的和是什么?试举例说明.<br><br>多媒体演示:<br>(1)2003年春节探亲时,由于台湾和祖国大陆之间没有直达航班,某老先生只好从台北经过香港,再抵达上海,这两次位移之和是什么?<br>(2)有两条拖轮牵引一艘驳船,它们的牵引力均为3000牛,牵绳之间的夹角$\theta=60°$.如果只用一条拖轮来牵引,而产生的效果跟原来的相同,试求出这条拖轮的牵引力的大小和方向. | 教师提问,学生思考回答.<br><br><br>学生举例,教师归纳,并选取两个实例进行多媒体演示. | 使学生对本节课所必备的基础知识有一个清晰准确的认识,分散教学难点.<br><br>问题设在学生的"最近发展区"内,可引发学生的积极思维,使学生根据新的学习任务主动提取已有知识.<br>从学生熟悉的实际问题引入,并借助多面体辅助作用,让学生在具体、直观的问题中观察、体验,形成对向量加法概念的感性认识,为突破难点奠定基础. |
| 概念形成 | 1.让学生自己抽象概括出定义.可能会有学生用三角形法则定义,也可能会有学生用平行四边形法则定义,还可能会有其他的想法,语言叙述也许会不准确.于是,学生会迫切地想知道向量的加法究竟如何定义? | 学生思考并回答,教师鼓励学生发表自己的见解. | 把探求新知的权利交给学生,为学生提供宽松、广阔的思维空间,让学生主动参与到问题的发现、讨论和解决等活动中来. |

(续表)

| | | | |
|---|---|---|---|
| | 2.通过阅读课本中的定义,学生完善自己的想法,并会用数学语言描述. 向量加法的定义就是向量加法的三角形法则. | 学生阅读课本中的定义,教师利用多媒体演示两向量相加. | 进一步培养学生良好的学习习惯. 通过多媒体动画演示,使静态的知识以鲜活的面容呈现在学生的面前,既帮助学生理解定义,又渗透了数形结合、分类讨论思想. |
| | 3.教师引导学生提出问题. 问题:两种求和法则有什么关系? 向量加法的三角形法则与平行四边形法则是一致的,但两个向量共线时,三角形法则更有优势. | 学生讨论,然后师生共探. | 在比较中掌握知识,为灵活应用公式打下基础. 对向量加法定义的理解是本节课的难点,通过层层深入的问题设置,将难点化解在三个符合学生实际而又令学生迫切想解决的问题中. |
| | 例1 已知向量 $a,b$(如图),求作向量 $a+b$. | 学生独立完成,教师用多媒体演示. | 及时巩固新知识. 熟悉求两个向量的和向量的几何作图技能,并通过例题总结求和作和的方法和技巧. |
| 概念深化 | 问题1:向量的加法满足哪些运算律?试用图形进行验证. | 学生动手验证,教师演示. | 引导学生类比实数加法的运算律,得出向量加法的运算律,培养学生的类比、迁移能力,同时再次渗透分类讨论的思想. |
| | 问题2:$a+b$ 的方向与 $a,b$ 的方向有何关系?$|a+b|$ 与 $|a|$,$|b|$ 有何关系? | 学生讨论,互相启发,补充.教师完善结论. | 在强调新知识的同时,引导学生及时与旧知识进行对比,使学生体会"向量和"与"数量和"的区别,对向量加法运算的认识更加深入. |
| | 问题3:如何求平面内 $n(n>3)$ 个向量的和向量? $\overrightarrow{OA_1}+\overrightarrow{A_1A_2}+\overrightarrow{A_2A_3}+\cdots+\overrightarrow{A_{n-1}A_n}$ $=\overrightarrow{OA_n}$ 简单介绍数学家沙尔. 提出问题:若点 $O$ 与点 $A_n$ 重合,你将得出什么结论?请列举其实 | 学生思考,讨论补充,师生共同完善.师生共探. | 渗透数学中"一般化"的思想方法,完善知识结构,并使学生体会应用三角形法则的便捷性. 增加学生的数学史知识,提高学习兴趣. |

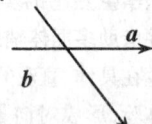

(续表)

| | | | |
|---|---|---|---|
| 应用举例 | 际模型. 若将 n 个向量的起点重合,再列举其实际模型. | | 使学生认识到数学与物理间的紧密联系,进一步培养学生的数学应用意识和探索创新能力. |
| | 例2 如图,一艘船从 A 点出发以 $2\sqrt{3}km/h$ 的速度向垂直于对岸的方向行驶,同时河水的流速为 $2km/h$. 求船实际航行速度的大小与方向(用与水流方向的夹角表示). | 学生独立思考后,教师强调要点,并用多媒体演示. | 使学生进一步加深对知识的掌握,并体验数学在解决实际问题中的作用,增强应用意识. |
| | 例3 用向量方法证明对角线互相平分的四边形是平行四边形. | 学生解答,教师投影学生答案,师生共同点评. | 用向量方法证明平面几何问题,不仅开阔了学生的思路,而且再一次体现了向量是沟通几何与代数的桥梁. |
| 练习反馈 | 1.向量 $a$ 表示"向东走$2km$",向量 $b$ 表示"向南走$4\sqrt{3}km$",则 $a+b$ $+a$ 表示_____. <br> 2.在四边形 $ABCD$ 中,$\vec{AD}+\vec{CB}+\vec{DC}+\vec{BA}=$_____. | 学生练习,在整个练习过程中,教师做好课堂巡视,加强对学生的个别指导. | 巩固所学知识,进一步完善认知结构,并且使学生对自己的学习进行自我评价. <br> 让教师及时了解学生的学习情况,以便进一步调整自己的教学. |
| 归纳小结 | 1.向量加法的三角形法则和平行四边形法则; <br> 2.向量加法的运算律; <br> 3.数形结合的数学思想方法. | 先由学生总结,然后师生共同归纳完善. | 学生自己从知识、方法两方面进行总结,提高学生的概括、归纳能力. <br> 同时,学生在回顾、总结、反思的过程中,将所学知识条理化、系统化,使自己的认知结构更趋完整、合理. <br> 注重数学思想方法的提炼,可使学生逐渐把经验内化为能力. |

(续表)

| | | | |
|---|---|---|---|
| 布置作业 | 1.书面作业：P104 习题 5.2 2、3、4、7.<br>2.研究与思考：<br>(1) $O$ 为三角形 $ABC$ 内一点，若 $\vec{OA} + \vec{OB} + \vec{OC} = 0$，则 $O$ 是三角形 $ABC$ 的（　　）.<br>A.内心　B.外心　C.垂心　D.重心<br>(2)例 2 中若船想以 $2\sqrt{3}\,km/h$ 的速度垂直到达对岸，问船航行速度的大小和方向是多少？ | 书面作业要求所有学生都要完成，研究与思考只要求学有余力的同学完成． | 作业分为两个层次，既巩固所学，又为学有余力的同学留出自由发展的空间，培养学生的创新意识和探索精神，同时为下节课内容作好准备． |

设计说明：

向量是近代数学中最重要和最基本的数学概念之一，是沟通代数和几何的一种工具．纵观整个中学数学教材，向量是一个知识的交汇点，它在平面几何、解析几何、立体几何以及复数等章节中都有着重要应用．向量的加法是学习向量其他运算的基础，它在实际生活、生产中有广泛的应用，而且学生在高一物理中已学过矢量的合成，这为学生学习向量知识提供了实际背景．

高中学生的思维水平已发展到辩证思维的形成阶段，从能力上讲，他们能通过观察、比较、归纳等方式来认识新知识．结合学生的特点及本节课的内容，在教学中采用了"问题探究"式的教学方法．从学生熟悉的实际问题入手，使学生对向量的加法有了一定的感性认识，并且形成各自对向量加法概念的了解，再引导学生抓住实质，抛开个性的东西，抽取共性的内容，在相互交流、启发、补充、争论中，自己抽象概括出定义，经历了知识的形成过程．然后，通过对概念形成和概念深化中的问题的分析、反思、深化，使学生的思维步步深入，在自我发现问题、自我解决问题的过程中，深刻理解了向量的加法的定义．

例题的设置由浅入深．例 1 主要是为了及时巩固新知识；例 2 与例 3 分别用向量的方法解决了实际问题和平面几何问题，使学生对向量的加法的认识在应用中得到深化．

数学教学不只是关心学习者"知道了什么"，而应是更多地关注学习者"怎样知道的". 因此, 在教学中注意引导学生主动参与, 自主探究问题, 并加强合作交流.

本节课的设计理念是"以学生的发展为本", 注重强化数学来源于实践, 又应用于实践的意识, 同时把思维的训练和能力的培养落实到教学的每一个环节. 虽然, 能力的提高不是一蹴而就的, 但潜移默化, 日积月累, 必定升华!

## 三、抛物线及其标准方程

**教学目标**

(1) 知识目标: 掌握抛物线的定义, 继而理解圆锥曲线的统一性; 掌握抛物线方程的推导过程; 能根据定义和标准方程解决一些简单问题.

(2) 能力目标: 渗透数形结合、类比、分类讨论, 以及由特殊到一般和由一般到特殊的数学思想方法, 培养学生大胆猜想、勇于创新的精神.

(3) 情感目标: 帮助学生体验数学学习活动中的成功与快乐, 培养学生良好的数学情感和学习兴趣.

**教学重点**

抛物线的定义及标准方程.

**教学难点**

如何选择恰当的坐标系, 推导抛物线的标准方程.

**教学过程（实录）**

教师: 前面我们学习了椭圆和双曲线, 回想一下, 它们的定义是什么?

学生: 平面内, 到两个定点 $F_1$、$F_2$ 距离之和等于定值 $2a(2a>|F_1F_2|)$ 的动点 $M$ 的轨迹叫椭圆; 平面内, 到两个定点 $F_1$、$F_2$ 距离之差的绝对值等于定值 $2a$ $(0<2a<|F_1F_2|)$ 的动点 $M$ 的轨迹叫双曲线.

教师: 很好! 还有其他定义方式吗?

(学生思考片刻.)

学生: 椭圆、双曲线还可以看成是平面内到定点 $F$ 的距离与到定直线 $l$ 的距离的比等于常数 $e$ 的点轨迹. 其中, $e \in (0,1)$ 时, 轨迹是椭圆; $e \in (1, +\infty)$ 时, 轨迹是双曲线.

教师:非常好!根据同学的回答,谁能提出值得研究的新问题?

(学生开始思考讨论,教师巡回指导,对个别学生进行提示.)

学生:我认为,由于 $e$ 是动点到定点距离和到定直线距离的比值,故 $e \geq 0$,对 $e=0$ 的情况,在椭圆学习中作为特例已经研究过,对 $e \in (0,1)$ 和 $e \in (1,+\infty)$ 的两种情况,前面已经研究过,现在的问题是,当 $e=1$,即动点 $M$ 到定点 $F$ 的距离等于动点 $M$ 到定直线 $l$ 的距离,动点 $M$ 的轨迹是什么?

教师:问题提得非常好!当 $e=1$ 时,即动点 $M$ 到定点 $F$ 的距离等于动点 $M$ 到定直线 $l$ 的距离时,动点 $M$ 的轨迹到底是什么?

(同学议论纷纷,有的同学类比椭圆和双曲线的画法,有的通过描点画图,还有的紧锁眉头,不得其解……这时,教师打开多媒体.)

教师:屏幕上有一个动点 $M$,一个定点 $F$,一条定直线 $l$.定直线 $l$ 的右上角有两个度量值 $|MF|$ 与 $|MN|$.我们开始操作,请大家注意观察.拖动 $M$,使 $|MF|$ 与 $|MN|$ 保持相等,画出了 $M$ 点的轨迹(如图 12-1)

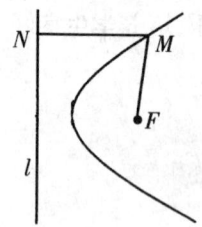

$$|MF| = |MN|$$

教师:请同学们思考,这条曲线像什么?

学生:双曲线的右支!

教师:对吗?

学生:不可能!因为双曲线上的点到定点(焦点)距离大于它到定直线(相应准线)的距离.

**图 12-1**

教师:很好!我们将这条曲线叫做抛物线.现在,我们能否给抛物线下个定义呢?

学生:平面内,到定点的距离等于到定直线的距离的动点的轨迹叫抛物线.

教师:很好!类比椭圆和双曲线第二定义,这个定点叫抛物线的焦点,这条定直线叫抛物线的准线.同学们,刚才我们得出了抛物线的定义,接下来干什么呢?

学生:求出抛物线的方程,研究抛物线的几何性质.

教师:同学们回想一下,求曲线方程的步骤是什么?

学生:①建立恰当的坐标系;

②用$(x,y)$表示曲线上任一点的坐标；

③寻找动点满足的几何条件；

④化简方程.

教师:很好,求曲线方程的步骤,简单讲就是建系、设点、列式、化简四个步骤.如何建立直角坐标系呢? 前面我们接触过建立直角坐标系的问题,我们曾研究过,建立直角坐标系要遵循简单、和谐的原则,即使已知点的坐标、已知直线的方程表达简单化,要充分注意利用图形的对称性.

下面请同学们讨论如何建立直角坐标系?

(学生讨论.)

学生1:过点$F$作$KF \perp l$,垂足为$K$,以直线$KF$为$x$轴,以$K$为坐标原点建立平面直角坐标系.

学生2:我也这样选定$x$轴,但我认为可以选点$F$为坐标原点.

学生3:由抛物线的定义可知,线段$KF$的中点也在抛物线上,考虑到数学的对称美,我认为可以选线段$KF$的中点为坐标原点.

(老师在黑板上分别画出这三种坐标系.)

教师:以上三位同学的回答都非常好,都遵循了建立直角坐标系简单、和谐的原则.那么,选择哪个坐标系能使抛物线方程更加简洁呢? 老师常说,实践出真知,要知道梨子的味道,得亲自尝一下.下面我们分组实践一下,一组用第一种方法,二组用第二种方法,三组用第三种方法,四组随便选择一种方法.在做的时候,我们可设焦点$F$到准线$l$的距离为$p(p$为常数且$p>0)$.

(做完后,各小组推选一名代表,将结果写在黑板上.)

教师:同学们请看,哪种建系方法最好?

学生:第三种方法最好!

教师:我们把方程$y^2=2px(p>0)$定义为焦点在$x$轴正半轴上的抛物线的标准方程,焦点$F(\frac{p}{2},0)$,准线方程为$x=-\frac{p}{2}$.这里要明确系数$p$的几何意义——焦点到准线的距离.

同学们,通过刚才的不同坐标系下得出抛物线方程的体验你有什么体会?

学生:不同的建系方法,不仅计算结果不同,而且对计算过程及计算结果的简捷性有一定影响,所以,在做题时应考虑怎样建立恰当的坐标系,平日要积累这方面的经验.

教师:非常好!现在我们趁热打铁练习两道题目(屏幕显示).

(1) 抛物线 $y^2 = \dfrac{1}{2}x$ 的焦点坐标是_____,准线方程为_____;

(2) 抛物线 $y^2 = ax(a>0)$ 的焦点坐标是_____,准线方程为_____.

(学生交流答案,教师给予激励.)

教师:同学们,刚才我们研究了开口向右的抛物线的标准方程,就抛物线的开口方向来说,你还见过怎样的抛物线?

(同学议论,有的说拱桥的轮廓像抛物线,开口向下;有的说平抛物体的运动轨迹是抛物线,开口向下;有的说二次函数的图像是抛物线,开口有的向上,有的向下;等等.)

教师:好,根据同学的讨论,根据开口方向,还有以下三类抛物线(屏幕显示).

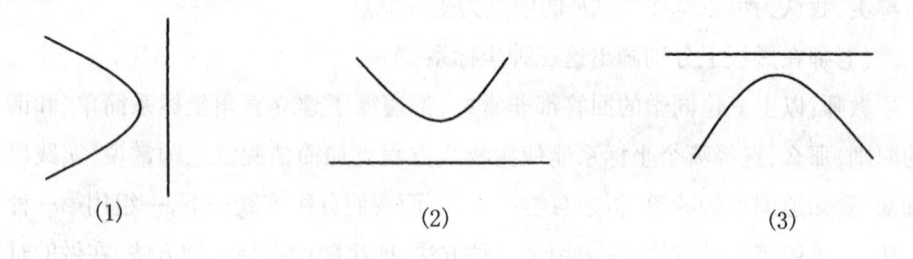

图 12 - 2

以上三条抛物线,我们建立怎样的坐标系,能使得出的方程具有最简形式(标准方程),下面分三组来做,二组做(1),三组做(2),四组做(3),一组任选一个.

(这时,学生根据已有经验,比较轻松地建立了坐标系,得出了抛物线的标准方程,教师给予适时激励.)

教师:下面将抛物线 $y^2 = 2px(p>0)$ 和 $x^2 = 2py(p>0)$ 在同一坐标系中画出,观察这两条曲线有怎样的对称性?

学生:将方程 $y^2 = 2px$ 以 $y$ 换 $x$,以 $x$ 换 $y$,得 $x^2 = 2py$,故两者关于直线 $y = x$ 对称.

教师:非常好!这样,当顶点在坐标原点且 $p$ 值一定时,开口向上的抛物线与开口向右的抛物线关于直线 $y=x$ 对称,故将 $x$ 换成 $y$,将 $y$ 换成 $x$,就得到开口向上的抛物线的标准方程 $x^2=2py(p>0)$,焦点为 $F(0,\frac{p}{2})$,准线方程为 $y=-\frac{p}{2}$.在此基础上,请同学们继续思考,我们如何得到开口向左和开口向下的抛物线的标准方程?

学生:开口向左的抛物线与开口向右的抛物线的图形关于 $y$ 轴对称,所以将 $x$ 换成 $-x$,即可得到开口向左的抛物线的标准方程 $y^2=-2px(p>0)$,焦点坐标为 $F(-\frac{p}{2},0)$,准线方程为 $x=\frac{p}{2}$.

学生:开口向上的抛物线和开口向下的抛物线的图形关于 $x$ 轴对称,所以将 $y$ 换成 $-y$,即得到开口向下的抛物线的标准方程 $x^2=-2py(p>0)$,焦点坐标 $F(0,-\frac{p}{2})$,准线方程为 $y=\frac{p}{2}$.

教师:很好!还有其他方法吗?

学生:开口向左的抛物线与开口向上的抛物线关于直线 $y=-x$ 对称,所以将 $x$ 换成 $-y$,$y$ 换成 $-x$,就得到开口向左的抛物线的标准方程 $y^2=-2px(p>0)$,焦点坐标 $F(-\frac{p}{2},0)$,准线方程 $x=\frac{p}{2}$;开口向下的抛物线与开口向左的抛物线关于直线 $y=x$ 对称,所以将 $x$ 换成 $y$,将 $y$ 换成 $x$,就得到开口向下的抛物线的标准方程 $x^2=-2py(p>0)$,焦点坐标 $F(0,-\frac{p}{2})$,准线方程 $y=\frac{p}{2}$.

教师:很好!刚才同学们对问题的解法富有创意.下面请同学们将屏幕上的表补充完整,并总结一下记忆规律(包括焦点在怎样的轴上,焦点的非零坐标有什么规律,准线方程如何写出).

| | 图形 | 标准方程 | 焦点坐标 | 准线方程 |
|---|---|---|---|---|
| 开口向右 | | | | |
| 开口向左 | | | | |
| 开口向上 | | | | |
| 开口向下 | | | | |

**学生**:通过观察抛物线标准方程的几种不同形式,可以看出:

(1) 焦点在一次项相应的坐标轴上;

(2) 焦点的非零坐标是一次项系数的$\frac{1}{4}$;

(3) 准线方程可对照焦点坐标相应写出,即若焦点为$F(a,0)$,则准线方程为$x=-a$;若焦点为$F(0,a)$,则准线方程为$y=-a$.

**教师**:非常好!下面我们做几道题,巩固所学知识(屏幕显示).

**例1**:(1)抛物线$x^2=-\frac{1}{4}y$的焦点坐标为_____,准线方程为_____;

(2)抛物线$y^2=ax(a<0)$的焦点坐标为_____,准线方程为_____;

(3)抛物线$y^2=ax(a\neq 0)$的焦点坐标为_____,准线方程为_____;

(4)抛物线$x=\frac{1}{4}y^2$的焦点坐标为_____,准线方程为_____.

**学生**:(回答略).

**教师**:(强调:①求抛物线的焦点坐标和准线方程,要将方程化为标准形式;②对题(3)不必分$a>0$和$a<0$两种情况,只要按同学们总结的规律解答即可).

**例2**:写出下列抛物线的标准方程

(1)焦点为$F(0,-3)$;

(2)准线为$x=-\frac{1}{4}$;

(3)焦点到准线的距离等于2.

**学生**:(回答略).

**例3**:在抛物线$y^2=12x$上求一点$P$,使$P$到焦点的距离为9.

**学生**:(回答略).

**教师**:抛物线$y^2=2px(p>0)$的焦点为$F$,$P(x_1,y_1)$为抛物线上的一点,则$|PF|$等于$P$到准线$x=-\frac{p}{2}$的距离,即$|PF|=x_1+\frac{p}{2}$,从而得到焦半径公式,使用起来很方便,望同学们注意应用,对于其他几种形式的抛物线,请同学们自己总结.

**教师**:本节课我们研究了抛物线的定义和标准方程.在知识方面我们学习了

抛物线的定义;求出了抛物线的标准方程;巩固了求曲线方程的步骤和方法.

(屏幕显示.)

1.抛物线的定义:平面内,到定点 $F$ 的距离和到定直线 $l$ 的距离相等的动点的轨迹叫抛物线.(强调定点不在定直线上.)

2.抛物线的标准方程:

| | 图形 | 标准方程 | 焦点坐标 | 准线方程 |
|---|---|---|---|---|
| 开口向右 | | $y^2 = 2px(p>0)$ | $F(\dfrac{p}{2},0)$ | $x = -\dfrac{p}{2}$ |
| 开口向上 | | $x^2 = 2py(p>0)$ | $F(0,\dfrac{p}{2})$ | $y = -\dfrac{p}{2}$ |
| 开口向左 | | $y^2 = -2px(p>0)$ | $F(-\dfrac{p}{2},0)$ | $x = \dfrac{p}{2}$ |
| 开口向下 | | $x^2 = -2py(p>0)$ | $F(0,-\dfrac{p}{2})$ | $y = \dfrac{p}{2}$ |

(强调学生总结的记忆规律.)

能力方面:学会用联系的观点、运动的变化的观点研究问题,了解圆锥曲线定义的统一性,加深了对数形结合、类比、分类讨论,及由特殊到一般和由一般到特殊的数学思想方法的理解.通过本节学习,进一步体会到数学知识的和谐美,培养了同学们的创新精神(如抛物线的标准方程几种形式的得出).

作业(屏幕显示.)

A 组

1.求下列抛物线的焦点坐标和准线方程:

(1)$x^2 = 2y$;   (2)$4x^2 + 3y = 0$;

(3)$2y^2 + x = 0$;   (4)$y^2 - 6x = 0$.

2.求下列抛物线的标准方程:

(1)焦点 $F(3,0)$;   (2)准线 $y = -\dfrac{1}{4}$.

3.抛物线 $y^2 = 2px(p>0)$ 上一点 $M$ 与焦点 $F$ 的距离 $|MF| = 2p$,求:点 $M$ 的坐标.

B 组

1.点 $M$ 到点 $F(2,0)$ 的距离比它到直线 $l: x + 3 = 0$ 的距离小 1,求:点 $M$ 的轨迹方程.

2.方程 $|x - y| = \sqrt{2(x-1)^2 + 2(y+1)^2}$ 表示的曲线为:

(A)椭圆;   (B)双曲线;   (C)抛物线;   (D)两相交直线.

点评

《课程标准》要求教师在课堂教学中应设法激发学生学习的积极性和主动性,要求教师向学生提供充分从事数学活动的机会,帮助他们在自主探索和合作交流中掌握基本的数学技能、思想和方法,获取广泛的活动经验.在教学地位上,学生是主体,教师是平等的另一个主体.但长期以来,课堂教学着眼于知识的传授,课堂教学气氛严肃有余、活泼不够,使学生的思维得不到更好的发展,潜能得不到更好的发挥.本节课为学生创造了宽松和谐、民主开放、平等外向的教学环境,鼓励学生自由思考、自主发现、自由讨论、踊跃发言,让学生的思维得到了活跃,潜能得到了充分发挥;本节课注重了学生的主体地位,以学生为中心,强调学生对知识的主动探索、主动发现,以及对所学知识的主动建构,一开始就让学生通过自己的积极思维去发现问题,从而创设了问题情境,对抛物线标准方程的得出,让学生充分地动脑、动手,始终注意发挥学生的主体地位,这样有利于培养学生的独立思考能力;本节课也充分发挥教师的主导作用,在学生"最近发展区"不断引导学生进行探索,问题情境的创设面向全体学生,让每一个学生都积极思维,既没有超出学生的认知范围,又能使学生通过探索接受新的知识,使学生对新知识的掌握水到渠成.

《课程标准》关注学生学习的结果,更关注学生的学习过程;关注学生学习水平,更关注学生在数学活动中表现出来的情感与态度.但长期以来,数学给学生的感觉是枯燥的,好像只有严密的公式、公理以及逻辑推理、繁琐的运算,使学生失去学习数学的兴趣,产生了对数学的厌倦心理,这也许是许多学生学不好数学的原因所在.为此,本节课的教学设计注重概念、结论的得出过程的教学,使学生通过经历(感觉)、体验(体会)、探索等过程,培养学生良好的情感与态度,缓解忧虑、压抑、痛苦、失望等消极情绪,激发学生热爱生活、热爱数学的积极情绪.长此以往,学生必将乐学、会学.思维是智力的核心,教学目的之一就是要提高每一个学生的学习质量,培养发展学生的思维能力.在本节课中,教师鼓励学生用已有的知识和经验去推理、观察、寻找解决问题的方法,指导学生运用比较、分析、推理、综合、概括、类比等方法有意识地训练、培养学生的学习能力,分析问题和解决问题的能力,数学表达和交流能力,数学创新能力等.

现代信息技术集声、文、图、动于一体,使传授知识的信息量增大,内容充实形象,从而更具有吸引力,为学习者提供多样化的外部刺激.如本节课使用多媒体画出了抛物线,使学生加深了对抛物线定义的理解,促进了学生学习的积极性和主动性.

## 四、相互独立事件同时发生的概率

**教学目标**

(1)知识目标:了解相互独立事件的意义,熟练判断两个事件是否独立,掌握相互独立事件同时发生的概率计算公式,会用该公式计算一些事件的概率.

(2)能力目标:通过一题多解与一题多变培养学生思维的深刻性和发散思维能力.学会从数学的角度对日常生活中的某些问题进行研究,培养学生用数学的意识.

(3)情感目标:通过对概率知识的学习,了解偶然性寓于必然性之中的辩证唯物主义思想;让学生获得成功,体验到学习的愉快和成就感.

**教学重点**

用相互独立事件的概率乘法公式计算一些事件的概率.

**教学难点**

将一些复杂事件分解为若干简单事件及逆向思维的方法.

**教学过程(实录)**

教师:模块3我们研究了互斥事件有一个发生的概率,请大家回顾一下互斥事件的定义及互斥事件有一个发生的概率计算公式.

学生:(略).

教师:互斥事件是两个不能同时发生的事件,但是,日常生活中我们经常遇到两个及两个以上事件同时发生的情况,例如下面这个问题.

有两门高射炮,已知每一门击中侵犯我领空的敌机的概率均为0.4,假设这两门高射炮射击时相互之间没有影响.如果这两门高射炮同时各发射一发炮弹,则它们都击中美军侦察机的概率是多少?

"高射炮1击中敌机"记为事件$A$,"高射炮2击中敌机"记为事件$B$,两门都击中敌机就是说事件$A$和事件$B$同时发生,那么,如何计算它们的概率呢?

通过本节课的学习,我们就可以轻松地解决这样的问题.(板书课题.)

教师:请同学们看下面的例子.(屏幕显示.)

例1:甲坛子中有3个白球,2个黑球,乙坛子中有1个白球,3个黑球,从这两个坛子中分别摸出一个球,它们都是白球的概率是多少?

设把"从甲坛子摸出一个球,得到白球"叫做事件$A$,把"从乙坛子摸出一个球,得到白球"叫做事件$B$.那么,事件$A$发生与否对事件$B$发生的概率有影响吗?

学生:没有影响.如果事件 $A$ 发生,事件 $B$ 发生的概率是 0.25;如果事件 $A$ 不发生,事件 $B$ 发生的概率仍然是 0.25.

教师:很好！这就是说事件 $A$ 发生与否对事件 $B$ 发生的概率没有影响,同样,事件 $B$ 发生与否对事件 $A$ 发生的概率也没有影响.我们把这样的两个事件叫做相互独立事件.(板书独立事件的概念.)

教师:下面继续思考,$A$ 的对立事件 $\bar{A}$ 是什么？$B$ 的对立事件 $\bar{B}$ 是什么？

学生:$A$ 的对立事件 $\bar{A}$ 是指"从甲坛子摸出一个球,得到黑球",$B$ 的对立事件 $\bar{B}$ 是指"从乙坛子摸出一个球,得到黑球".

教师:很好！同学们说,事件 $A$ 与 $\bar{B}$、$\bar{A}$ 与 $B$、$\bar{A}$ 与 $\bar{B}$ 具有什么特点？

学生:相互独立.

教师:很好！由此,可以得出什么结论？

学生:如果事件 $A$、$B$ 是相互独立事件,那么,$A$ 与 $\bar{B}$、$\bar{A}$ 与 $B$、$\bar{A}$ 与 $\bar{B}$ 都是相互独立事件.

教师:非常好！下面请同学们判断下列各对事件是否为相互独立事件.(屏幕显示.)

例2:(1)甲组3名男生,2名女生,乙组2名男生,3名女生,从甲、乙两组中各选1名同学参加游园活动,"从甲组中选出1名男生"与"从乙组中选出1名女生".

(2)一盒内盛有5个白色球和3个黄色球,"从8个球中任意取出1个,取出的是白球"与"从剩下的7个球中任意取出1个,取出的仍是白球".

(3)一盒内盛有5个白色球和3个黄色球,"从8个球中任意取出1个,取出的是白球"与"把取出的球放回盒内,再从盒子中任意取出1个,取出的是白球".

(学生回答,教师给予表扬鼓励.)

教师:现在,我们可以明白,例1中实际上就是求两个独立事件 $A$ 与 $B$ 同时发生的概率.事件 $A$、$B$ 同时发生,我们记为 $A \cdot B$,其发生的概率记为 $P(A \cdot B)$.下面我们讨论它和单个事件发生的概率 $P(A)$、$P(B)$ 有何关系？

教师:这里的一次试验指的是什么？

学生:从这两个坛子中分别摸出一个球.

教师:很好!这样的一次试验中可能出现的结果有多少个?

学生:从甲坛子摸出一球,有 5 种等可能的结果;从乙坛子摸出一球,有 4 种等可能的结果.故这样的一次试验中等可能的结果有 $n = C_5^1 C_4^1 = 20$ 种.

教师:这其中 $A \cdot B$ 即同时摸出白球的结果有多少种? $P(A \cdot B)$ 等于什么?

学生:$A \cdot B$ 即同时摸出白球的结果有 $m = C_3^1 C_1^1 = 3$ 种.根据等可能事件的概率计算公式得:$P(A \cdot B) = \dfrac{m}{n} = \dfrac{3}{20}$.

教师:很好!下面我们再求事件 $A$ 和事件 $B$ 的概率是多少?

学生:由等可能事件的概率计算公式可得,

$$P(A) = \dfrac{C_3^1}{C_5^1} = \dfrac{3}{5}; \quad P(B) = \dfrac{C_1^1}{C_4^1} = \dfrac{1}{4}.$$

教师:很好!由刚才的研究,我们可以看到 $P(A \cdot B)$ 与 $P(A)$、$P(B)$ 有怎样的关系?

学生:$P(A \cdot B) = P(A) \cdot P(B)$.

教师:很好!下面我们再研究几个问题,显然"从甲坛子中摸出一个球是黑球"是事件 $A$ 的对立事件 $\bar{A}$,"从乙坛子中摸出一个球是黑球"是事件 $B$ 的对立事件 $\bar{B}$.那么 $P(\bar{A} \cdot \bar{B})$ 等于什么?它与 $P(\bar{A})$、$P(\bar{B})$ 有何关系? $P(\bar{A} \cdot B)$ 等于什么?它与 $P(\bar{A})$、$P(B)$ 有何关系? $P(A \cdot \bar{B})$ 等于什么?它与 $P(A)$、$P(\bar{B})$ 有何关系?

(学生演算,教师巡回并指导学生,然后学生交流.)

学生:$P(\bar{A} \cdot \bar{B}) = P(\bar{A}) \cdot P(\bar{B})$,$P(\bar{A} \cdot B) = P(\bar{A}) \cdot P(B)$,$P(A \cdot \bar{B}) = P(A) \cdot P(\bar{B})$.

教师:根据以上问题,你能否归纳出一般的结论?

学生:两个相互独立事件同时发生的概率,等于每个事件发生的概率的乘积.即:

$$P(A \cdot B) = P(A) \cdot P(B).$$

教师:很好!一般地,如果事件 $A_1, A_2, \cdots A_n$ 相互独立,那么这 $n$ 个事件同时发生的概率,等于每个事件发生的概率的积.即:

$$P(A_1 \cdot A_2 \cdot \cdots \cdot A_n) = P(A_1) \cdot P(A_2) \cdot \cdots \cdot P(A_n).$$

教师：下面，我们研究公式的应用，先看开始我们给出的问题如何解决？

学生：由于事件 $A$ 与事件 $B$ 相互独立，故两门高射炮都击中敌机的概率是

$$P(A \cdot B) = P(A) \cdot P(B) = 0.4 \times 0.4 = 0.16.$$

教师：很好！若求恰有一门炮击中敌机的概率呢？

学生："两门高射炮同时各发射一发炮弹，恰有一门击中敌机"有两种情形．一种是"高射炮1击中而高射炮2未击中"，即 $A \cdot \bar{B}$；另一种是"高射炮1未击中而高射炮2击中"，即 $\bar{A} \cdot B$，又由于事件 $A \cdot \bar{B}$ 与事件 $\bar{A} \cdot B$ 互斥，因此，所求概率为

$$P(A \cdot \bar{B}) + P(\bar{A} \cdot B) = P(A) \cdot P(\bar{B}) + P(\bar{A}) \cdot P(B) = 0.4 \times (1-0.4) + (1-0.4) \times 0.4 = 0.48.$$

教师：非常好！今后我们遇到求两个独立事件恰有一个发生的概率时，要像这样分为两种情形解之．下面继续思考求至少一门炮击中敌机的概率．

学生："两门高射炮同时各发射一发炮弹，至少有一门击中敌机"，等价于"甲击中敌机或乙击中敌机"．因此，可以用事件 $A + B$ 表示，所求概率为

$$P(A + B) = P(A) + P(B) = 0.8.$$

教师：这种做法正确吗？

学生：不正确！"甲击中敌机"与"乙击中敌机"两个事件相互独立而非互斥事件，公式 $P(A + B) = P(A) + P(B)$ 是在 $A$、$B$ 为互斥事件的前提下应用．

教师：非常好！今后，在解题时我们一定要认真分析题意，看看事件是相互独立还是互斥，从而选择正确的公式解题．本题如何解呢？

学生："两门高射炮同时各发射一发炮弹，至少有一门击中敌机"，可分为两种情形．一种是"两门高射炮都击中敌机"，一种是"恰有一门击中敌机"．因此，所求概率是

$$P(A \cdot B) + [P(A \cdot \bar{B}) + P(\bar{A} \cdot B)] = 0.16 + 0.48 = 0.64.$$

学生："两门高射炮同时各发射一发炮弹，至少有一门击中敌机"的对立事件"两门高射炮同时各发射一发炮弹，都没有击中敌机"，即 $\bar{A} \cdot \bar{B}$ 发生，故所求概率为

$$1 - P(\bar{A} \cdot \bar{B}) = 1 - P(\bar{A}) \cdot P(\bar{B}) = 1 - (1-0.4) \times (1-0.4) = 0.64.$$

教师：以上两位同学的解法都很好．第一位同学采用正向思维的办法，分类解之，分类时要做到不重不漏；第二位同学从反面入手，将问题转化为求事件"至少有一门击中敌机"的对立事件"都没有击中敌机"，优化了解题过程．同学们以后要熟练运用这种逆向思维的方法．还有其他解法吗？

学生："至少有一门击中敌机"，可分解为两种情形：甲击中敌机与甲未击中敌机．甲击中敌机时，不管乙是否击中敌机，都合题意，其概率为 $P(A)$．甲未击中敌机时，乙必须击中敌机，其概率是 $P(\bar{A} \cdot B)$，故"至少有一门击中敌机"的概率是 $P(A) + P(\bar{A} \cdot B)$．

教师：非常好！和前面的同学相比，这位同学更换角度思考问题，解法独到新颖，创新意识强，值得我们学习．下面请同学们练习几个题目．

1. 已知 $A$、$B$ 是两个相互独立事件，$P(A)$、$P(B)$ 分别表示它们发生的概率，则 $1 - P(A) \cdot P(B)$ 是下列哪个事件的概率

  A．事件 $A$、$B$ 同时发生；  B．事件 $A$、$B$ 至少有一个发生；

  C．事件 $A$、$B$ 至多有一个发生；  D．事件 $A$、$B$ 都不发生．

2. 在某段时间内，甲地下雨的概率是 0.2，乙地下雨的概率是 0.3，假定在这段时间内两地是否下雨相互之间没有影响，计算在这段时间内

 （1）两地都不下雨的概率；

 （2）恰有一地下雨的概率；

 （3）至少有一地下雨的概率．

（学生交流解法，略．）

教师：本节课主要研究两个问题，一是相互独立事件的概念，二是相互独立事件同时发生的概率．在应用这些知识解决问题时，一是要搞清互斥事件与相互独立事件有何区别．两事件互斥是指两个事件不可能同时发生；两事件相互独立是指一个事件的发生与否对另一事件发生的概率没有影响．二是要善于从不同角度思考问题，培养同学们的发散思维能力和创新意识．

课后作业：(略)．

点评：

  本案例采用"问题—探究"教学模式．课的开始创设问题情境，引起学生的认

知冲突,刺激学生的求知欲,使学生处于"愤"、"悱"状态,调动了学生参与学习新知识的积极性.教学过程中通过大量的师生活动,从特殊问题的解决到一般规律的寻求,再到例习题的巩固,活动层层深入.通过学生的课堂表现说明,学习过程是学生主动建构其认知结构的过程,他们以自己的方式建立对问题的理解,并通过自己建构的反思,稳定、深化其理解,这一点应引起老师们的注意.

"问题是数学的心脏","问题解决"的教学已成为数学教学的重要模式之一.本案例通过教师的精心、巧妙地设置问题,引导学生分析、解决问题,促使学生主动探索、积极思维,充分发挥学生的主体作用,让学生在动脑、动口、动手的活动中掌握知识和方法,提炼规律.

与传统的教学相比,本案例中教师已由课堂单一的数学知识传授者的角色,向数学学习活动的组织者、引导者和合作者转变.教师在整个教学过程中一直与学生保持平等的关系,让学生在平等、尊重、信任、理解中受到激励和鼓舞.这也正是《课程标准》所倡导的"学生是学习的主人,教师是数学学习的组织者、引导者和合作者".

## 五、三角函数的最值问题

**教学目标**

(1)知识目标:深化对三角函数单调性及有界性的理解,熟练运用三角函数的单调性及有界性研究三角函数的最值问题.

(2)能力目标:能够运用等价转化、数形结合、分类讨论等数学思想方法将一些较复杂的三角函数最值问题转化为熟悉的易于解决的问题.培养学生在"变化中创新"、在"比较中创新"、在"批判中创新"的能力,努力拓展学生的思维空间.

(3)情感目标:创设问题情境,使学生体验成功的乐趣,培养学生学习数学的兴趣.

**教学重点**

培养学生的发散思维,引导学生从不同角度分析问题、解决问题.

**教学难点**

如何将较为复杂的三角函数最值问题化为熟悉的易于解决的问题.

**教学过程(实录)**

教师:同学们,今天我们一起来研究"三角函数最值问题".(开门点题.)
下面请同学们思考如下几个小题.

例1:(1)函数 $y=\sqrt{3}\sin x-\cos x(x\in \mathbf{R})$ 的最大值为_____;

(2)函数 $y=\sin^2 x-2\sin x+3(x\in \mathbf{R})$ 的最大值为_____,最小值为_____;

(3)函数 $y=\dfrac{2-\cos x}{4-\cos x}(x\in \mathbf{R})$ 的值域为_____.

(学生思考,然后回答.)

学生:对于(1),可将函数表达式化为一个角、一个函数的形式,进而求得最大值.

因为 $y=2(\dfrac{\sqrt{3}}{2}\sin x-\dfrac{1}{2}\cos x)=2\sin(x-\dfrac{\pi}{6})$,故函数的最大值为2.

对于(2),可归结为"二次函数"的最值问题来解决.

因为 $y=(\sin x-1)^2+2,\sin x\in[-1,1]$,故函数的最大值为6,最小值为2.

对于(3),解出 $\cos x=\dfrac{2-4y}{1-y}$,然后利用余弦函数的有界性,得 $\left|\dfrac{2-4y}{1-y}\right|\leqslant 1$,

解不等式得 $\dfrac{1}{3}\leqslant y\leqslant\dfrac{3}{5}$.

教师:刚才同学的回答都很好!由这三例可以看出,三角函数最值问题经常将函数表达式化为以下三种类型.

(1) $y=a\sin x+b\cos x=\sqrt{a^2+b^2}\sin(x+\varphi)$ ($\varphi$ 为辅助角);

(2)关于"$\sin x$"或"$\cos x$"的"二次函数";

(3)解出"$\sin x$"或"$\cos x$",利用三角函数的有界性解之.

教师:对于(3),还有其他解法吗?

学生:按照分式的一个常规变形,得 $y=\dfrac{4-\cos x-2}{4-\cos x}=1-\dfrac{2}{4-\cos x}$,

因为 $3\leqslant 4-\cos x\leqslant 5,\therefore \dfrac{1}{3}\leqslant y\leqslant\dfrac{3}{5}$,即函数的值域为 $\left[\dfrac{1}{3},\dfrac{3}{5}\right]$.

学生:也可利用数形结合的思想方法,设 $A(4,2),B(\cos x,\cos x)$,问题转化

为线段 $y=x, x\in[-1,1]$ 上的动点 $C$ 与定点 $A$ 连线斜率的取值范围. 如图 12-3, 很直观地得出斜率的取值范围.

教师:回答非常好!第一位同学使用了分式函数的常规变形

$$y = \frac{ax+b}{cx+d} = \frac{\frac{a}{c}(cx+d)+b-\frac{ad}{c}}{cx+d} = \frac{a}{c} + \frac{bc-ad}{c(cx+d)},$$

然后根据三角函数的有界性将问题解决,对这一变型同学们应牢固掌握并熟练应用. 第二位同学的方法体现了数形结合的数学思想,从数学思想的角度观察问题、分析问题,有助于提高思维品质.

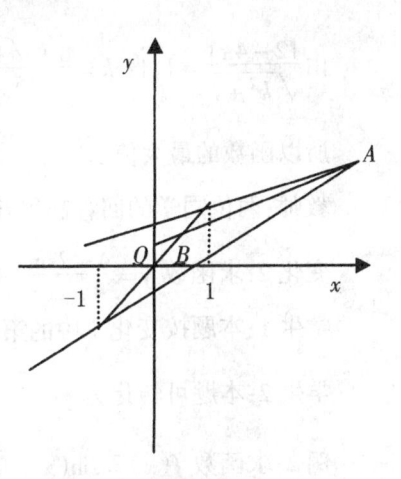

图 12-3

教师:下面我们来看这个题的变化.

变化 1:求 $y = \dfrac{2-\sin x}{4-\cos x}$ 的最值.

学生 1:将函数表达式化为 $\sin x - y\cos x = 2 - 4y$,

$$\sqrt{1+y^2}\sin(x-\varphi) = 2 - 4y,$$

$$\sin(x-\varphi) = \frac{2-4y}{\sqrt{1+y^2}},$$

由 $\left|\dfrac{2-4y}{\sqrt{1+y^2}}\right| \leq 1$ 解出 $y$.

学生 2:利用数形结合的数学思想,设 $A(4,2)$、$B(\cos x,\sin x)$,问题转化为单位圆 $x^2+y^2=1$ 上的动点 $B(\cos x,\sin x)$ 与定点 $A(4,2)$ 连线的斜率的最值问题,最大值是切线 $AD$ 的斜率,最小值是切线 $AC$ 的斜率. 如图 12-4, 求切线的斜率,可设过 $A$ 点的切线方程为 $y-2=k(x-4)$, 即 $kx-y+2-4k=0$.

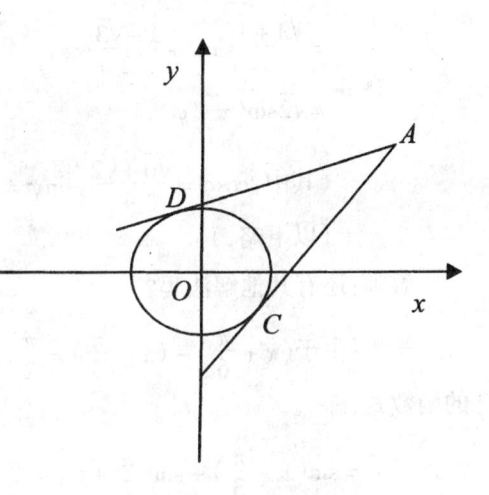

图 12-4

由 $\dfrac{|2-4k|}{\sqrt{k^2+1}}=1$,得 $k=\dfrac{8\pm\sqrt{19}}{15}$.

所以函数的最大值为 $\dfrac{8+\sqrt{19}}{15}$,最小值为 $\dfrac{8-\sqrt{19}}{15}$.

教师:两位同学的回答都很好,下面请看另一个变化.

变化2:求函数 $y=\dfrac{4-2\sin x}{4-\cos x}$ 的最值.

学生1:本题按变化1中的第一种方法解之.

学生2:本题可转化为 $y=\dfrac{2(2-\sin x)}{4-\cos x}$,然后按变化1中的第二个解法来解.

例2:求函数 $f(x)=\sin(x-\dfrac{\pi}{3})+\sin(x+\dfrac{\pi}{6})$ $(x\in\mathbf{R})$ 的最值.

(学生思考,然后谈思路.)

学生:运用两角和与差的正弦公式,

$$f(x)=(\dfrac{1}{2}\sin x-\dfrac{\sqrt{3}}{2}\cos x)+(\dfrac{\sqrt{3}}{2}\sin x+\dfrac{1}{2}\cos x)$$

$$=\dfrac{\sqrt{3}+1}{2}\sin x+\dfrac{1-\sqrt{3}}{2}\cos x$$

$$=\sqrt{2}\sin(x+\varphi).$$

(其中,$\cos\varphi=\dfrac{\sqrt{6}+\sqrt{2}}{4}$,$\sin\varphi=\dfrac{\sqrt{6}-\sqrt{2}}{4}$.)

(以下略.)

教师:还有其他解法吗?

学生:由于 $(x+\dfrac{\pi}{6})-(x-\dfrac{\pi}{3})=\dfrac{\pi}{2}$,故可将函数表达式化为同一角 $(x-\dfrac{\pi}{3})$ 的函数式,即

$$y=\sin(x-\dfrac{\pi}{3})+\sin[\dfrac{\pi}{2}+(x-\dfrac{\pi}{3})]$$

$$=\sin(x-\dfrac{\pi}{3})+\cos(x-\dfrac{\pi}{3})$$

$$=\sqrt{2}\sin[(x-\dfrac{\pi}{3})+\dfrac{\pi}{4}]$$

$$=\sqrt{2}\sin(x-\dfrac{\pi}{12}).$$

(以下略.)

教师:非常好! 刚才两位同学从不同角度出发,进行了积极的、有益的探索,两种方法最后都归结为 $a\sin x + b\cos x = \sqrt{a^2+b^2}\sin(x+\varphi)$($\varphi$ 为辅助角),哪种方法更好一些呢? 下面来看几个变化题.

变化 1:求函数 $f(x) = 3\sin(x - \frac{\pi}{3}) + 4\sin(x + \frac{\pi}{6})(x \in \mathbf{R})$ 的最值.

学生:如果按第一种解法,展开函数式,运算会比较复杂,还是按照第二种解法,将函数式变成如下形式,运算就会比较简单.

$$f(x) = 3\sin(x - \frac{\pi}{3}) + 4\cos(x - \frac{\pi}{3})$$

$$= 5\sin[(x - \frac{\pi}{3}) + \varphi].$$

(其中 $\cos\varphi = \frac{3}{5}, \sin\varphi = \frac{4}{5}$.)

(以下略.)

教师:很好! 我们继续改变例 2,并请同学谈思路.

变化 2:求函数 $y = 3\sin(x + 10°) + 4\sin(x + 70°)(x \in \mathbf{R})$ 的最值.

学生:由于 $x + 70° = (x + 10°) + 60°$,设 $x + 10° = t$,则 $x + 70° = t + 60°$,

$$y = 3\sin t + 4\sin(t + 60°)$$

$$= 3\sin t + 4(\frac{1}{2}\sin t + \frac{\sqrt{3}}{2}\cos t)$$

$$= 5\sin t + 2\sqrt{3}\cos t.$$

(以下略.)

教师:思路非常好,通过刚才三位同学的解答,可以看出,从不同角度思考问题,寻找不同的解题思路,在此基础上进行比较,找出最佳解题方案,这样才能做到"以不变应万变".

例 3:求函数 $y = \frac{1}{2}\cos^2 x + \frac{\sqrt{3}}{2}\sin x\cos x + 1(x \in \mathbf{R})$ 的最值.

(学生稍做思考.)

学生:对"$\cos^2 x$"逆用二倍角余弦公式化为 $\frac{1 + \cos 2x}{2}$,对"$\sin x\cos x$"逆用二倍

角正弦公式化为 $\frac{1}{2}\sin 2x$，这样

$$y = \frac{1+\cos 2x}{4} + \frac{\sqrt{3}}{4}\sin 2x + 1$$
$$= \frac{1}{2}(\frac{\sqrt{3}}{2}\sin 2x + \frac{1}{2}\cos 2x) + \frac{5}{4}$$
$$= \frac{1}{2}\sin(2x+\frac{\pi}{6}) + \frac{5}{4}.$$

(以下略.)

**教师**：非常好！由本例可以看出，凡函数表达式出现关于"$\sin x$""$\cos x$"的二次齐次式，我们都可以实施上述变形，达到求最值的目的. 如果不是二次齐次式呢？

**变化1**：求函数 $y = \frac{1}{2}\cos^2 x + \frac{\sqrt{3}}{2}\sin x + 1(x\in \mathbf{R})$ 的最值.

**学生**：可化为关于"$\sin x$"的"二次函数"，即

$$y = \frac{1}{2}(1-\sin^2 x) + \frac{\sqrt{3}}{2}\sin x + 1$$
$$= -\frac{1}{2}\sin^2 x + \frac{\sqrt{3}}{2}\sin x + \frac{3}{2}.$$

(以下略.)

**变化2**：$m\in \mathbf{R}$，$m$ 为常数，求函数 $f(x) = \frac{1}{2}\cos^2 x + \frac{\sqrt{3}}{2}m\sin x + 1$ 的最大值.

**学生**：化为关于"$\sin x$"的"二次函数"，即

$$f(x) = -\frac{1}{2}\sin^2 x + \frac{\sqrt{3}}{2}m\sin x + \frac{3}{2}$$
$$= -\frac{1}{2}(\sin x - \frac{\sqrt{3}}{2}m)^2 + \frac{3}{2} + \frac{3}{8}m^2.$$

然后分 $\frac{\sqrt{3}}{2}m < -1$；$-1 \leqslant \frac{\sqrt{3}}{2}m \leqslant 1$；$\frac{\sqrt{3}}{2}m > 1$ 三种情况讨论解之.

**教师**：很好！对于可化为关于"$\sin x$"或"$\cos x$"的"二次函数"的函数最值问题，如果系数有参数，要对参数进行合理的分类讨论，以达到求最值目标. 分类讨论是一种重要思想方法，大家在复习中应根据问题需要合理运用.

下面再研究一个例子.

例4:求函数 $y = \sin 2x + 5\sin(\frac{\pi}{4} + x) + 3, x \in [0, \frac{\pi}{2}]$ 的最小值.

(学生思考,教师巡回,对于思路受阻的同学给予适当的点拨和充分思考时间.)

学生:本着角统一的原则,将函数式化为

$$y = 2\sin x \cos x + \frac{5\sqrt{2}}{2}(\sin x + \cos x) + 3.$$

再往下我感到无从下手.

教师:(给予充分的鼓励)这位同学的想法很好,为解决本题迈出了可喜的一步,下一步怎么办?

学生:考虑到"$\sin x + \cos x$"与"$\sin x \cos x$"的联系是 $(\sin x + \cos x)^2 = 1 + 2\sin x \cos x$,可以用换元法.

设 $\sin x + \cos x = t, t \in [1, \sqrt{2}]$,则 $2\sin x \cos x = t^2 - 1$,于是

$$y = t^2 - 1 + \frac{5\sqrt{2}}{2}t + 3 = t^2 + \frac{5\sqrt{2}}{2}t + 2, t \in [1, \sqrt{2}].$$

(以下略.)

教师:太棒了!这位同学从联系的角度,产生了设 $\sin x + \cos x = t$,则 $2\sin x \cos x = t^2 - 1$ 的灵感,使函数式简化为"二次函数" $y = t^2 + \frac{5\sqrt{2}}{2}t + 2, t \in [1, \sqrt{2}]$.从而使问题柳暗花明,迎刃而解.下面我们再来一个变式题.

变化题:求函数 $y = (\sin x - a)(\cos x + a)(a \in \mathbf{R}$ 且 $a$ 为常数,$x \in \mathbf{R})$ 的最值.

学生:将函数式展开成下面的形式.

$$y = \sin x \cos x + a(\sin x - \cos x) - a^2.$$

然后按照前一题的解法,化归为一个含有参数 $a$ 的"二次函数"问题,运用分类讨论思想化归为熟悉的易于解决的问题.

教师:本节课我们共同研究了三角函数最值的求法,通过本节课的学习,我们应注意以下三个问题.

1. 扎实的掌握基础知识.能熟练地运用三角变换的有关公式将三角函数式化为 $y = A\sin(\omega x + \varphi) + k$ 或化为关于"$\sin x$"或"$\cos x$"的"二次函数"等.

2.要注意数学思想方法的运用.如数形结合、分类讨论、等价转化、换元等数学思想方法.

3.要善于从不同角度来观察问题、分析问题、解决问题,以此来培养同学们思维的变通性、灵活性、发散性和创新能力.

**课外作业**

1.函数 $y = \cos x + \cos(x + \dfrac{\pi}{3})$ 的最大值是_____.

2.(1)求函数 $y = \cos 2x + 2\sin x (x \in \mathbf{R})$ 的最值;

(2)对 $a \in R$,求函数 $f(x) = \cos 2x + 2a\sin x (x \in \mathbf{R})$ 的最大值.

3.求函数 $y = 3\sin(x - \dfrac{\pi}{6}) + 4\sin(x + \dfrac{\pi}{3})(x \in \mathbf{R})$ 的最值.

4.求函数 $f(x) = 2\cos x \sin(x + \dfrac{\pi}{3}) - \sqrt{3}\sin^2 x + \sin x \cos x (x \in \mathbf{R})$ 的最值.

5.求函数 $y = \dfrac{\sqrt{3}\sin x}{2 - \cos x}, x \in \mathbf{R}$ 的值域.

6.求函数 $y = (1 + \dfrac{1}{\sin x})(1 + \dfrac{1}{\cos x}), x \in (0, \dfrac{\pi}{2})$ 的最小值.

**点评**

本节课是一节高三复习课,总复习的目的是使学生进一步系统掌握三角函数最值问题的求法,提高学生综合运用所学知识灵活地分析问题和解决问题的能力.根据总复习课的要求,本节课教学设计注意了以下几个问题.

1.进行了方法疏理(根据教学内容,有的是方法疏理,有的是知识疏理).

2.精选了例题,并对例题进行变式拓展练习.(使例题对知识有复习功能,对方法有启发功能,对潜能有开发功能.)

3.让学生动脑想、动手做、动口说,体现了学生的主体地位.

4.引导学生注意数学思想的运用,如:数形结合、分类讨论、等价转化、换元等数学思想方法.在例题的探究和练习深化中,充分地发挥这些数学思想对发现解题途径的定向、联想和转化功能,体现了数学思想方法对解题的指导作用.

5.引导学生从不同角度来观察问题、分析问题、解决问题,培养学生思维的变通性、灵活性、发散性和创新能力.

6.在师生关系上体现平等互助、教学相长的新型关系.本节课突出体现了教师是复习课实施的组织者,是学生思维发展的促进者,是学生潜能的开发者,是教学活动的研究者,始终坚持把学生的发展作为出发点和归宿.这也正是《课程标准》所倡导的.

## 六、数列在分期付款中的有关应用

**教学目标**

(1)知识目标:使学生能够应用数列知识解决有关分期付款的问题.

(2)能力目标:学会从数学的角度对日常生活中的某些问题进行分析研究;通过学习,培养学生的合作意识、探究意识,提高运用数学知识解决实际问题的能力.

(3)情感目标:激发学生学习数学的兴趣和积极性,陶冶学生的情操,培养学生实事求是的科学学习态度和勇于创新的精神.

**教学重点**

等比数列通项公式和前 $n$ 项和公式在分期付款问题中的一个实际应用.

**教学难点**

利用等比数列有关知识解决实际问题.

**教学过程**

教师:前面我们学习了数列的有关知识,常言道"学以致用",这节课我们共同来探究一下它在实际生活中的一个应用——分期付款问题.

如今,在社会主义市场经济的调节之下,促销方式越来越灵活,一些商店为了促进商品的销售,便于顾客购买一些售价较高的商品(如:汽车、房子),在付款方式上也很灵活,可以一次性付款,也可以分期付款,采用分期付款时又可以提供几种方案便于选择.选择哪种方案更实惠? 在同学们的家庭中也会遇到这个问题,大家有兴趣、有勇气帮助父母解决这个问题吗?

下面我们先了解分期付款是怎么一回事呢? (屏幕显示以下内容.)

例:顾客购买售价为 5000 元的商品时,如果采用分期付款的方式,那么,在一年内将款全部付清的前提下,商店又提出了下表所示的几种付款方案,以供顾客选择.

| 方案类别 | 分几次付清 | 付款方法 | 每期所付款额 | 付款总额 | 与一次性付款差额 |
|---|---|---|---|---|---|
| 1 | 3次 | 购买后4个月第1次付款,<br>再过4个月第2次付款,<br>再过4个月第3次付款. | | | |
| 2 | 6次 | 购买后2个月第1次付款,<br>再过2个月第2次付款,<br>……<br>购买后12个月第6次付款. | | | |
| 3 | 12次 | 购买后1个月第1次付款,<br>再过1个月第2次付款,<br>……<br>购买后12个月第12次付款. | | | |
| 注 | 规定月利率为0.8%,每月利息按复利计算. | | | | |

说明:(1)分期付款中规定每期所付款额相同.

(2)每月利息按复利计算,是指上月利息要计入下月本金.例如:由于月利率为0.8%,款额 $a$ 元过1个月就增值为 $a(1+0.008)=1.008a(元)$,再过1个月又增值为 $1.008a(1+0.008)=(1.008)^2 a(元)$.

(对于以上两条说明,教师向学生解释.)

教师:为了让顾客在从上表中选择付款方案时便于比较,同学们能把上表完善起来吗?

下面我们以第2方案为例来研究.你认为在这种方案下每期应付款、总共应付款各多少呢?

(学生开始思考.)

教师:下面,请同学们考虑这样一个问题,顾客购买商品时,本应一次性地付清货款,现在这笔货款须拖到一年后付清,假如你是商店的经理,那一年后的今天,你还同意收5000元的货款吗?

学生:不愿意!

## 第十二章 教学设计与案例

教师:为什么呢?

学生1:今天我收了5000元钱存入银行,一年后的今天,我不但能取出5000元,还能拿到利息.

学生2:由于货款拖欠,导致流动资金缺乏,不能扩大经营规模,商店的利润必然受到影响.

教师:很好! 刚才两位同学都很有经济头脑.这也就是说,商店在确定如何付款时,要考虑购买1年后,5000元钱的货款在银行里的本息之和.那么,5000元的货款如何分期支付呢?

(要求学生首先独立思考,然后展开讨论.)

学生:计算出5000元及其1年后的利息和,然后除以6,就是要每期支付的款额.

学生:不对.我认为每期所支付的款额应比刚才这位同学说的少.

教师:为什么?

学生:因为顾客前5期的付款也应该产生利息,这样才是公平的.

教师:很好! 这就是说,在货款全部付清时,前5期所付的款也是要增值的.那么,在货款全部付清时,各期所付款连同利息之和应该等于多少元时,商店和顾客双方才能够接受?

学生:我认为,在货款全部付清时,各期所付款连同利息之和应该等于5000元及从购买到最后一次付款时的利息之和时,商店和顾客双方才能够接受.

教师:很好! 下面请同学们讨论一下,解决本题的基本步骤是什么?

学生:(1)首先计算购买1年后,商品的售价增值到了多少;(2)计算各期所付款连同利息之和;(3)解方程即得答案.

教师:很好! 下面我们来研究一下,在商品购买后1年,货款全部付清时,其商品售价5000元增值到了多少.

学生:由于月利率为0.008,在购买商品后1个月时,该商品售价增值为

$$5000(1+0.008) = 5000 \times 1.008(元),$$

出于利息按复利计算,在商品购买后2个月,商品售价增值为

$$5000 \times 1.008 \times (1+0.008) = 5000 \times 1.008^2(元),$$

……

在商品购买 12 个月(即货款全部付清时),其售价增值为

$5000 \times 1.008^{11} \times (1+0.008) = 5000 \times 1.008^{12}$(元).

教师:我们再来看一看,在货款全部付清时,各期所付款额的增值情况如何?假定每期付款 $x$ 元.

学生:第 1 期付款(即购买商品后 2 个月)$x$ 元时,过 10 个月即到款全部付清之时,则付款连同利息之和为 $1.008^{10}x$(元),第 2 期付款(即购买商品后 4 个月)$x$ 元后,过 8 个月即到款全部付清之时,所付款连同利息之和为 $1.008^{8}x$ (元).依此类推,可推得第 3,4,5,6 期所付的款额到货款全部付清时,连同利息的和依次为 $1.008^{6}x$(元),$1.008^{4}x$(元),$1.008^{2}x$(元),$x$(元).

教师:如何根据上述结果来求每期所付的款额呢?

学生:根据以上两位同学的解答,可得如下关系式

$x + 1.008^{2}x + 1.008^{4}x + \cdots + 1.008^{10}x = 5000 \times 1.008^{12}$.

即 $x(1 + 1.008^{2} + 1.008^{4} + \cdots + 1.008^{10}) = 5000 \times 1.008^{12}$.

学生:观其特点,可发现上述等式是一个关于 $x$ 的一次方程,且等号左边括弧是一个首项为 1,公比为 $1.008^{2}$ 的等比数列的前 6 项的和.由此可得

$$x \cdot \frac{1-(1.008^{2})^{6}}{1-1.008^{2}} = 5000 \times 1.008^{12},$$

$$x = \frac{5000 \times 1.008^{12} \times (1.008^{2}-1)}{1.008^{12}-1}.$$

由计算器可算得 $x \approx 880.8$(元).

即每次所付款额为 880.8 元,因此 6 次所付款额共为 $880.8 \times 6 = 5285$(元),它比一次性付款多付 285 元.

教师:下面请同学们继续对这一问题进行探究.当分期付款采用方案 1 或方案 3 时,每期应付款额多少,付款总额与一次性付款相差多少?

(分两组完成方案 1、3 的计算,然后进行交流.教师提问,完善表格.)

教师:根据表中的结果,顾客就可以权衡几种付款方式,然后从中选定一种适合自己情况的付款方式.

通过对三种付款方式的研究,每期所付款 $x$ 的表达式有什么共同特点吗?

你能从中概括出一个一般的表达式吗？

学生：我认为可以，因为三种付款方式中 $x$ 的表示式的结构是相同的．

教师：很好！一般地，购买一件售价为 $a$ 元的商品，采用上述分期付款时要求在 $m$ 个月内全部付清，月利率为 $p$，分 $n$ 次付款（$n$ 是 $m$ 的约数），那么每次付款的计算公式是什么？请同学们研究一下．

（学生推导出公式后，要求学生将它应用于上述 3 个方案中的有关计算，验证一下结果是否一致．）

教师：同学们，今天我们研究了分期付款问题．通过学习，我们了解了分期付款是怎么一回事，掌握了分期付款中的规定："各期所付的款额连同到最后一次付款时所生的利息之和，等于商品售价及从购买到最后一次付款时的利息之和"．本节课的问题顺应当今消费的形式，与我们的生活息息相关，望大家结合实际仔细体会与应用．将实际问题转化为数学问题，即数学建模，然后根据所学有关数学知识将问题解决，这是解决实际问题的基本步骤．

**课后作业**

请你提出一个你所熟悉的日常生活中的分期付款问题，并探究解决．

**点评**

本节课是一节数学活动课，重点是探究等比数列前 $n$ 项和的公式在分期付款问题中的一个应用．

(1)为使学生探究出分期付款时每期所付款额，教学过程主要突出了以下两个方面：引导学生探究出商品售出得到的一次性付款到分期付款的货款全部付清时会产生增值；引导学生探究出顾客每期所付款额到货款全部付清时也会产生增值．在此基础上列出方程，利用等比数列前 $n$ 项和的公式进行有关计算．

(2)本节课注重培养学生的应用意识和探究意识．在教学过程中，教师让学生转变角色，"假如你是顾客"，"假如你是商店的经理"，把学生置于自主解决问题的地位，使学生带有责任感，激发了解决问题的动机，调动了学生的非智力因素．对于学生的探究结果，给予展现的机会，及时地进行表扬与激励，培养了学生的探索精神．本节课的作业是让学生提出一个自己所熟悉的日常生活中的分期付款问题，并探究解决．这对学生应用意识的培养大有益处．

(3)活动课的主要任务是对某些数学问题进行深入的探讨,或者从数学的角度对日常生活中和其他学科中出现的问题进行研究.因此,教师对活动课进行设计的要求,首先是通过问题情境的创设,使学生学会提出问题和明确探究方向,本节课在这些方面作了一些尝试.

# 第十三章

## 教学评价实施案例

### 一、单元教学评价案例

数学 4 第一章第一、二单元测评案例

说明:本案例由测试题、某班测试成绩、试题评价、学生答题情况分析与学生自评与互评等内容组成.

（一）数学 4 第一章 第一、二单元测试题及答案

（时间:120 分钟,分数 150 分）　　班级_____　姓名_____　学号_____

**(一)选择题:(每小题 5 分,共 60 分)**

1. 若角 $\alpha$ 与 $x+\dfrac{\pi}{4}$ 具有同一终边,角 $\beta$ 与 $x-\dfrac{\pi}{4}$ 具有同一终边,那么 $\alpha$ 与 $\beta$ 的关系是(　)

   (A) $\alpha-\beta=\pi$;　　　　(B) $\alpha+\beta=0$;

   (C) $\alpha-\beta=2k\pi(k\in\mathbf{Z})$;　　(D) $\alpha-\beta=2k\pi+\dfrac{\pi}{2}(k\in\mathbf{Z})$.

2. 圆的半径变为原来的 2 倍,而弧长也增加到原来的 2 倍,则(　)

   (A) 扇形的面积不变;　　　　(B) 扇形的圆心角不变;

   (C) 扇形的面积增大到原来的 2 倍;　(D) 扇形的圆心角增大到原来的 2 倍.

3. 若 $\cos(\pi+\alpha)=-\dfrac{1}{2}$,$\dfrac{3\pi}{2}<\alpha<2\pi$,则 $\sin(2\pi-\alpha)$ 等于(　)

   (A) $\dfrac{1}{2}$;　　(B) $\pm\dfrac{\sqrt{3}}{2}$;　　(C) $\dfrac{\sqrt{3}}{2}$;　　(D) $-\dfrac{\sqrt{3}}{2}$.

4. 当 $x\neq\dfrac{k\pi}{2}(k\in\mathbf{Z})$ 时,$\dfrac{\sin x+\tan x}{\cos x+\cot x}$ 的值(　)

   (A) 恒为正值;(B) 恒为负值;(C) 可能为零;(D) 值的正负与 $x$ 的取值有关.

5. 函数 $y = \dfrac{|\sin x|}{\sin x} + \dfrac{|\cos x|}{\cos x} + \dfrac{2|\sin x \cos x|}{\sin x \cos x}$ 的值域为（ ）

(A)$\{-4,-2,2,4\}$； (B)$\{-4,-2,0,2,4\}$； (C)$\{-4,0,2\}$； (D)$\{-2,0,4\}$.

6. 已知 $|\cos\theta| = \cos\theta$，$|\tan\theta| = -\tan\theta$，则 $\dfrac{\theta}{2}$ 的终边在（ ）

(A)第二、四象限； (B)第一、三象限；

(C)第一、三象限或 $x$ 轴上； (D)第二、四象限或 $x$ 轴上.

7. 若 $\tan\alpha = t\,(t \neq 1)$，且 $\sin\alpha = -\dfrac{t}{\sqrt{1+t^2}}$，则 $\alpha$ 是（ ）

(A)第一、二象限角； (B)第二、三象限角；

(C)第三、四象限角； (D)第一、四象限角.

8. 已知 $\sin\alpha = -\dfrac{\sqrt{3}}{2}$，且 $-3\pi \leqslant \alpha \leqslant \pi$，那么由角 $\alpha$ 的值组成的集合是（ ）

(A)$\left\{-\dfrac{8\pi}{3}, -\dfrac{7\pi}{3}, -\dfrac{2\pi}{3}, -\dfrac{\pi}{3}\right\}$； (B)$\left\{-\dfrac{8\pi}{3}, -\dfrac{5\pi}{3}, -\dfrac{2\pi}{3}, -\dfrac{\pi}{3}\right\}$；

(C)$\left\{-\dfrac{7\pi}{3}, -\dfrac{4\pi}{3}, -\dfrac{2\pi}{3}, -\dfrac{\pi}{3}\right\}$； (D)$\left\{-3\pi, -\dfrac{7\pi}{3}, -\dfrac{5\pi}{3}, -\pi\right\}$.

9. 当 $\theta$ 是第二象限角时，$\sqrt{\dfrac{1+\sin\theta}{1-\sin\theta}} - \sqrt{\dfrac{1-\sin\theta}{1+\sin\theta}}$ 化简的结果是（ ）

(A)$2\tan\theta$； (B)$-2\tan\theta$； (C)$2\cot\theta$； (D)$-2\cot\theta$.

10. 设 $\tan(5\pi + \alpha) = a$，则 $\dfrac{\sin(\alpha - 3\pi) + \cos(\pi - \alpha)}{\sin(-\alpha) - \cos(\pi + \alpha)}$ 的值为（ ）

(A)$\dfrac{a+1}{a-1}$； (B)$\dfrac{a-1}{a+1}$； (C)$\dfrac{-a-1}{a+1}$； (D)$\dfrac{-a-1}{a-1}$.

11. 已知 $\sin\alpha\cos\alpha = \dfrac{1}{8}$，且 $\dfrac{\pi}{4} < \alpha < \dfrac{\pi}{2}$，则 $\cos\alpha - \sin\alpha$ 的值等于（ ）

(A)$\dfrac{\sqrt{3}}{2}$； (B)$\dfrac{3}{4}$； (C)$-\dfrac{\sqrt{3}}{2}$； (D)$\pm\dfrac{\sqrt{3}}{2}$.

12. 若在 $\triangle ABC$ 中，满足 $\sin 2A = \sin 2B$，则这个三角形一定是（ ）

(A)等腰三角形； (B)等腰或直角三角形；

(C)等边三角形； (D)直角三角形.

**(二)填空题(每小题 4 分，共 16 分)**

13. 设 $f(n) = \sin\dfrac{n\pi}{3}\,(n \in \mathbf{Z})$，则 $f(1) + f(2) + f(3) + \cdots + f(2004) = $ _____.

14. 已知 $\tan\theta + \cot\theta = m$，则 $\tan^2\theta + \cot^2\theta = $ _____ .

15. 已知 $\alpha$ 是第三象限角，且 $1 - 5\sin\alpha\cos\alpha - 7\cos^2\alpha = 0$，则 $\tan\alpha = $ _____ .

16. 在 $\triangle ABC$ 中，若 $\sqrt{2}\sin A = \sqrt{3}\cos A$，则 $\angle A = $ _____ .

**(三)解答题**

17. (12 分) 化简(每小题 6 分)

① $\dfrac{\sqrt{1 - 2\sin 10° \cos 10°}}{\sin 10° - \sqrt{1 - \sin^2 10°}}$；

② $\cos\alpha \sqrt{\dfrac{1 - \sin\alpha}{1 + \sin\alpha}} + \sin\alpha \sqrt{\dfrac{1 - \cos\alpha}{1 + \cos\alpha}}$ ($\alpha$ 是第二象限角).

18. (12 分) 已知扇形的周长为 20cm，当扇形的中心角为多大时，它有最大面积并求出它的最大面积.

19. (12 分) 已知 $\tan\alpha = m$，求 $\sin\alpha$，$\cos\alpha$.

20. (12 分) 已知 $3\sin\alpha = 2\cos\alpha$，求值

① (6 分) $\dfrac{\cos\alpha - \sin\alpha}{\cos\alpha + \sin\alpha} + \dfrac{\cos\alpha + \sin\alpha}{\cos\alpha - \sin\alpha}$；

② (6 分) $2\sin^2\alpha - 3\sin\alpha\cos\alpha + 1$.

21. (12 分) 证明 $\dfrac{\cos\alpha}{1 + \sin\alpha} - \dfrac{\sin\alpha}{1 + \cos\alpha} = \dfrac{2(\cos\alpha - \sin\alpha)}{1 + \sin\alpha + \cos\alpha}$.

22. (14 分) 若 $\sin\theta$，$\cos\theta$ 是关于 $x$ 的方程 $8x^2 + 2kx + 2k + 1 = 0$ 的两根，试求 $k$ 的值.

答案

(一)选择题：DBCAD　　DBABA　　CB．

(二)填空题：13. 0；　　14. $m^2 - 2$；　　15. 6；　　16. $\dfrac{\pi}{3}$．

(三)解答题

17. 解：① 原式 $= \dfrac{|\sin 10° - \cos 10°|}{\sin 10° - \cos 10°} = \dfrac{\cos 10° - \sin 10°}{\sin 10° - \cos 10°} = -1$．

② 原式 $= \cos\alpha \sqrt{\dfrac{(1 - \sin\alpha)^2}{1 - \sin^2\alpha}} + \sin\alpha \sqrt{\dfrac{(1 - \cos\alpha)^2}{1 - \cos^2\alpha}}$

$= \cos\alpha \dfrac{1 - \sin\alpha}{|\cos\alpha|} + \sin\alpha \dfrac{1 - \cos\alpha}{|\sin\alpha|}$．

∵ $\alpha$ 是第二象限角，

∴原式 $= \sin\alpha - 1 + 1 - \cos\alpha = \sin\alpha - \cos\alpha$.

18. 解：设扇形的中心角为 $\alpha$，半径为 $r$，弧长为 $l$.

则 $l = 20 - 2r$，面积 $S = \frac{1}{2}lr = \frac{1}{2}(20 - 2r)r = 10r - r^2$.

∴当 $r = 5$ 时，$S$ 最大，$S_{\max} = 25$.

此时，$l = 10$，$\alpha = \frac{10}{5} = 2$.

即当扇形的中心角为 2 弧度时，扇形的面积最大. 最大面积为 $25\text{cm}^2$.

19. 解：因为 $\sin^2\alpha = 1 - \cos^2\alpha$，所以 $\tan^2\alpha = \frac{\sin^2\alpha}{\cos^2\alpha} = \frac{1}{\cos^2\alpha} - 1$.

$\cos^2\alpha = \frac{1}{1 + \tan^2\alpha} = \frac{1}{1 + m^2}$,

∴$\cos\alpha = \begin{cases} \dfrac{1}{\sqrt{1 + m^2}}, & \text{当 } \alpha \text{ 为第一、第二象限角或 } x \text{ 轴非负半轴.} \\ -\dfrac{1}{\sqrt{1 + m^2}}, & \text{当 } \alpha \text{ 为第三、第四象限角或 } x \text{ 轴非正半轴.} \end{cases}$

∵$\sin\alpha = \cos\alpha \tan\alpha$,

∴$\sin\alpha = \begin{cases} \dfrac{m}{\sqrt{1 + m^2}}, & \text{当 } \alpha \text{ 为第一、第二象限角或 } x \text{ 轴非负半轴.} \\ -\dfrac{m}{\sqrt{1 + m^2}}, & \text{当 } \alpha \text{ 为第三、第四象限角或 } x \text{ 轴非正半轴.} \end{cases}$

20. 解：∵$3\sin\alpha = 2\cos\alpha$，∴$\tan\alpha = \frac{2}{3}$.

① $\dfrac{\cos\alpha - \sin\alpha}{\cos\alpha + \sin\alpha} + \dfrac{\cos\alpha + \sin\alpha}{\cos\alpha - \sin\alpha} = \dfrac{\cos\alpha - \frac{2}{3}\cos\alpha}{\cos\alpha + \frac{2}{3}\cos\alpha} + \dfrac{\cos\alpha + \frac{2}{3}\cos\alpha}{\cos\alpha - \frac{2}{3}\cos\alpha} = \dfrac{1}{5} + 5 = 5.2$.

② $2\sin^2\alpha - 3\sin\alpha\cos\alpha + 1 = \dfrac{2\sin^2\alpha - 3\sin\alpha\cos\alpha}{\sin^2\alpha + \cos^2\alpha} + 1$

$= \dfrac{2\tan^2\alpha - 3\tan\alpha}{\tan^2\alpha + 1} + 1 = \dfrac{2 \times (\frac{2}{3})^2 - 3 \times \frac{2}{3}}{(\frac{2}{3})^2 + 1} + 1 = \dfrac{3}{13}$.

21. 证明：

法一

$\because \dfrac{\cos\alpha}{1+\sin\alpha} = \dfrac{1-\sin\alpha}{\cos\alpha}, \dfrac{\sin\alpha}{1+\cos\alpha} = \dfrac{1-\cos\alpha}{\sin\alpha},$

$\therefore \dfrac{\cos\alpha}{1+\sin\alpha} = \dfrac{1-\sin\alpha+\cos\alpha}{1+\sin\alpha+\cos\alpha}, \dfrac{\sin\alpha}{1+\cos\alpha} = \dfrac{1-\cos\alpha+\sin\alpha}{1+\sin\alpha+\cos\alpha}.$

$\therefore \dfrac{\cos\alpha}{1+\sin\alpha} - \dfrac{\sin\alpha}{1+\cos\alpha} = \dfrac{1-\sin\alpha+\cos\alpha}{1+\sin\alpha+\cos\alpha} - \dfrac{1+\sin\alpha-\cos\alpha}{1+\sin\alpha+\cos\alpha} = \dfrac{2(\cos\alpha-\sin\alpha)}{1+\sin\alpha+\cos\alpha}.$

∴结论成立.

法二

$\because (1+\sin\alpha+\cos\alpha)\left(\dfrac{\cos\alpha}{1+\sin\alpha} - \dfrac{\sin\alpha}{1+\cos\alpha}\right) = \cos\alpha + \dfrac{\cos^2\alpha}{1+\sin\alpha} - \sin\alpha - \dfrac{\sin^2\alpha}{1+\cos\alpha}$

$= \cos\alpha + \dfrac{\cos^2\alpha}{1+\sin\alpha} - \sin\alpha - \dfrac{\sin^2\alpha}{1+\cos\alpha} = \cos\alpha - \sin\alpha + \dfrac{1-\sin^2\alpha}{1+\sin\alpha} - \dfrac{1-\cos^2\alpha}{1+\cos\alpha}$

$= \cos\alpha - \sin\alpha + 1 - \sin\alpha - 1 + \cos\alpha = 2(\cos\alpha - \sin\alpha),$

$\therefore \dfrac{\cos\alpha}{1+\sin\alpha} - \dfrac{\sin\alpha}{1+\cos\alpha} = \dfrac{2(\cos\alpha-\sin\alpha)}{1+\sin\alpha+\cos\alpha}.$

∴结论成立.

22.解:$\because \sin\theta, \cos\theta$ 是关于 $x$ 的方程 $8x^2+2kx+2k+1=0$ 的两根,

$\therefore \sin\theta + \cos\theta = -\dfrac{k}{4}, \sin\theta\cos\theta = \dfrac{2k+1}{8}.$

$\because (\sin\theta+\cos\theta)^2 = 1+2\sin\theta\cos\theta = 1+\dfrac{2k+1}{4} = \dfrac{k^2}{16},$

$\therefore k=-2, 或 k=10.$

$\because \sin\theta+\cos\theta = -\dfrac{k}{4} \in [-\sqrt{2}, \sqrt{2}],$

$\therefore -4\sqrt{2} \leqslant k \leqslant 4\sqrt{2}, k=10(舍).$

$\therefore k=-2.$

(二) 数学4第一章第一、二单元测试成绩

| 学号 | 姓名 | 成绩 | 学号 | 姓名 | 成绩 |
| --- | --- | --- | --- | --- | --- |
| 1 | 苏小凤 | 150 | 5 | 王明光 | 139 |
| 2 | 李萌 | 141 | 6 | 陈宁 | 140 |
| 3 | 孙敬敬 | 145 | 7 | 张森 | 114 |
| 4 | 高建亮 | 150 | 8 | 张晓阳 | 132 |

(续表)

| | | | | | |
|---|---|---|---|---|---|
| 9 | 谭琳 | 138 | 35 | 刘晓晨 | 140 |
| 10 | 刘正勇 | 122 | 36 | 金浩正 | 107 |
| 11 | 邢婷婷 | 129 | 37 | 姚建峰 | 137 |
| 12 | 王鹏 | 134 | 38 | 姜言青 | 144 |
| 13 | 刘鹏 | 139 | 39 | 刘芳 | 130 |
| 14 | 刘媛媛 | 125 | 40 | 刘琼 | 128 |
| 15 | 陈伟燕 | 114 | 41 | 黄帅 | 121 |
| 16 | 彭传梅 | 135 | 42 | 尹国栋 | 127 |
| 17 | 姚晴晴 | 108 | 43 | 曹俊凯 | 146 |
| 18 | 李淼 | 105 | 44 | 任昌平 | 98 |
| 19 | 王军委 | 121 | 45 | 穆孝祥 | 94 |
| 20 | 王彩霞 | 140 | 46 | 于顺 | 134 |
| 21 | 翟程远 | 150 | 47 | 刘晓楠 | 126 |
| 22 | 张延邦 | 105 | 48 | 于晓 | 106 |
| 23 | 韩大伟 | 123 | 49 | 鞠迎华 | 99 |
| 24 | 刘翔伟 | 120 | 50 | 林传宝 | 106 |
| 25 | 付佳佳 | 130 | 51 | 尹雷东 | 136 |
| 26 | 范绍磊 | 125 | 52 | 孙倩倩 | 110 |
| 27 | 张东利 | 128 | 53 | 张彦晨 | 110 |
| 28 | 王俊峰 | 150 | 54 | 黄莎莎 | 128 |
| 29 | 马长升 | 144 | 55 | 陈秋娜 | 116 |
| 30 | 刘猛 | 123 | 56 | 张文远 | 94 |
| 31 | 姜黎丽 | 136 | 57 | 于晓华 | 119 |
| 32 | 魏文杰 | 93 | 58 | 杨继坤 | 92 |
| 33 | 王启迪 | 128 | 59 | 任柏华 | 138 |
| 34 | 姜明明 | 132 | 60 | 贾克涛 | 134 |

说明:以上学生姓名均为化名.

### (三) 学生答题情况数据统计分析

数学 4 第一章第一、二单元测试试卷统计数据：

**表 1**

| 题号 | 1 | 2 | 3 | 4 | 5 | 6 | 7 | 8 | 9 | 10 | 11 | 12 | 总计 |
|---|---|---|---|---|---|---|---|---|---|---|---|---|---|
| 平均分 | 5 | 4.92 | 4.83 | 4.83 | 4.75 | 4.54 | 4.17 | 4.25 | 4.54 | 4.08 | 4.17 | 4.08 | 54.16 |
| 难度系数 | 1 | 0.98 | 0.97 | 0.97 | 0.95 | 0.91 | 0.83 | 0.85 | 0.91 | 0.82 | 0.83 | 0.82 | 0.90 |
| 错题率(%) | 0 | 1.67 | 3.33 | 3.33 | 5 | 8.33 | 16.67 | 15 | 8.33 | 20 | 16.67 | 20 | 9.86 |

**表 2**

| 题号 | 13 | 14 | 15 | 16 | 小计 |
|---|---|---|---|---|---|
| 平均分 | 3.93 | 3.6 | 3.47 | 3.6 | 14.6 |
| 难度系数 | 0.77 | 0.72 | 0.69 | 0.72 | 0.91 |
| 错题率(%) | 1.67 | 10 | 13.3 | 10 | 8.75 |

**表 3**

| 题号 | 17 ① | 17 ② | 18 | 19 | 20 ① | 20 ② | 21 | 22 | 总计 | 全卷 |
|---|---|---|---|---|---|---|---|---|---|---|
| 平均分 | 5.5 | 5.6 | 9.9 | 9.1 | 5.9 | 5 | 9.1 | 8.6 | 59.6 | 125.47 |
| 难度系数 | 0.92 | 0.93 | 0.83 | 0.76 | 0.98 | 0.83 | 0.76 | 0.72 | 0.81 | 0.84 |
| 错题率(%) | 8.3 | 6.7 | 17.5 | 24.2 | 1.7 | 16.7 | 24.2 | 28.3 | 19.5 | |

### (四) 测试评价

三角函数是中学数学的重要内容之一，而本章的第一、二单元又是整个三角函数的基础，本套测试题体现了新课标的理念，从本单元的最基本的基础知识、基本技能、基本方法出发，多层次、多角度对本单元的基本内容、思想方法进行了考查.强调了基础和能力并重、知识和能力并举，以对逻辑思维能力的考查为主体，同时注重合理推理及其表述的条理性和严密性，强调理性思维和知觉思维，小题主要考查学生能否直接抓住问题的本质，以简约的思维解决问题；解答题中多数题目解法不惟一，但方法有差异，学生解题的切入点不同，运用的思想方法不同，解题的繁简程度与速度都有所不同，体现出对学生不同的思维水平和思维层次的考查.例如第20题是考查学生思维能力的综合性问题,要求学生熟知同角三角函数间的基本关系式以及此类题目的解题方法,并要求具备较强的逻辑推理能力以及灵活运用数学知识解决问题的能力.命题设置了两问,第一小题是对"整体代入"运算技巧的考查,第二小题是对转化思想的考查.本套测试题涉及的知识点如下表.

**表4**

| 内容 | 角的概念 | 弧度制 | 三角函数定义 | 同角间的基本关系式 | 诱导公式 |
|---|---|---|---|---|---|
| 题号 | 1、6 | 2、18 | 4、5、6、8、9、12、13 | 3、4、7、11、14、15、16、17、19、20、21、22 | 3、10、12、13 |
| 分值 | 10 | 17 | 34 | 81 | 19 |
| 百分比(%) | 6.7 | 11.3 | 22.7 | 54 | 12.7 |

(五) 测试效果分析及问题反思

本测试题涉及的都是本单元中最基本的知识、技能、方法.学生平均得分125.47分,得分率83.64%,说明大部分的学生能够较好地掌握本单元内容的最基本的基础知识、技能、方法和数学思想,具备了一定的观察、分析、解决问题的能力和较高的运算水平,说明教师的日常教学是以《课程标准》为依据,依照教材,夯实"三基",以培养能力、提高素质为根本,结合学生的具体情况而进行的.但也存在很多问题,具体表现在如下几个方面:①对学生的观察能力的培养方面.如选择题第7小题,学生没有认真的观察题干与选择支的关系而导致解法复杂化甚至出现错误.再如20题因对条件和算式的观察不够深刻导致两问的解法相同.②运算能力欠缺,本次测试因运算错误失分占总失分的48%.③没有形成较好的解题思路和方法,如19题,分类讨论不知为何讨论、怎样讨论.20题不知如何寻找最佳的解题方法等.下面就学生对各题的解答情况进行评析.

1. 选择题

选择题以考查本单元基本知识、基本运算、基本方法为主,没有设置太多的"关卡".如1、2、5、7、12小题,学生如果概念清楚、基本功扎实,只需观察、思考,几乎可以不动笔运算即可求得正确答案.选择题3、4、6、8、9、10、11都是学生并不陌生的基础题.就本大题学生的平均成绩(平均分为54.16)来看,说明学生对双基的掌握较好,但也存在一些问题.从学生的失分情况来分析主要存在如下三个方面的问题.

(1)基本方法没有掌握好

如第1小题因不会用"比较法"把 $\alpha$、$\beta$ 角的终边与 $x$ 角的终边进行比较,而不能确定 $\alpha$、$\beta$ 角的关系,如果把 $\alpha$、$\beta$ 角的终边与 $x$ 角的终边进行比较不难发现,只要把 $\beta$ 角的终边按逆时针旋转 $\frac{\pi}{2}$ 即可得到 $\alpha$ 角,从而得到正确的答案.第4小题因不清楚判断给定式子符号的基本方法——化为因式的积或商,而造成无所适从,导致失分.第5小题因去绝对值符号时没有掌握好按 $\alpha$ 角所在的象限分类讨论的方法,引起混乱而出错.第7小题失分的原因一是由于用公式去求解 $\sin\alpha$ 时出现运算错误,二是受观察能力的限制,没有发现此选择题的解法是"排除法".如果学生具有基本的观察能力就不难发现 $\tan\alpha$ 与 $\sin\alpha$ 异号,从而通过给出的选择支,很容易排除选项 A、C、D 而得到 B.

(2)基础知识不牢固

如第2小题因没有真正理解公式 $|\alpha|=\frac{l}{r}$ 而出错.第3小题因对给定范围内角的函数值的符号判定不对而出错.第6小题对绝对值非负和轴线角掌握不牢,在解题时遗漏了轴线角.第8小题同样是因为没有掌握好三角函数值与角的对应关系,而不能准确地确定满足条件的角.第12小题因没有掌握好三角函数值与角的对应关系,不能在 $(0,2\pi)$ 内确定正弦值相等的角相等或互补,因而失分.

(3)基本技能不够熟练

如第9题因在化无理式为有理式时,没有考虑后面的分式而化为 $\frac{|\cos\theta|}{1-\sin\theta}+\frac{|\cos\theta|}{1+\sin\theta}$ 使得以后的化简复杂,最终出现错误.正确的化法为 $\frac{1+\sin\theta}{|\cos\theta|}+\frac{1-\sin\theta}{|\cos\theta|}$.第11小题是因没有很好地掌握 $\sin\alpha\cos\alpha$ 与 $\cos\alpha-\sin\alpha$ 的关系,以及不能根据角 $\alpha$ 的范围正确地判定 $\cos\alpha-\sin\alpha$ 的符号而导致错误.

2.填空题

填空题主要考查学生对本单元的最基本的基础知识、技能、方法的掌握情况.第13题考查学生对"终边相同角的同名三角函数值相等"的理解,只有一名学生错了.第14题考查运用基本公式("完全平方式"和"$\tan\alpha\cdot\cot\alpha=1$")灵活解题的能力,有六名学生因此而失分.第 15 题考查学生对"同角三角函数基本关系式"的应用能力,八名学生因不能灵活运用基本关系式得到关于 $\tan\alpha$ 的一元二次方程,无法进行解答.第 16 题考查"同角三角函数基本关系式"的变形和"消元"法,有六名学生失分.

3.解答题

同样也是把考查学生对本单元的最基本的基础知识、技能、方法的掌握情况作为重点.第 17 题的①小题主要考查"同角三角函数间的基本关系式"和"同角三角函数值的大小",平均得分 5.5 分,失分原因在于不能正确判定 $\sin 10°$ 与 $\cos 10°$ 的大小;②小题主要考查"同角三角函数间的基本关系式"和"象限角的三角函数值的符号",平均得分 5.6 分,失分原因在于不能正确判定角 $\sin\alpha$ 和 $\cos\alpha$ 的符号.第 18 题,利用扇形的基本公式,建立简单的一元二次函数关系式,然后求此函数在定区间内的最值.本题平均得分 9.9 分,主要失分原因表现在如下四个方面:①忽视设置的变量的实际意义,没有注明变量的取值范围.②运算不准确,得不到正确的一元二次函数关系式.③没有掌握好求一元二次函数的区间最值的方法.④不规范,最后的结论不完整.第 19 题,利用分类讨论的思想、同角三角函数的基本关系式即可解答.本题平均得分 9.1 分,主要失分原因在于:①分类讨论的方法使用不当.一是因为不清楚引起讨论的原因,选错了讨论的对象,不是按角 $\alpha$ 讨论而是按 $m$ 进行讨论.二是讨论不完整,遗漏了轴线角.②在求得 $\cos\alpha$ 后求 $\sin\alpha$ 时,没有利用商数关系而是利用了平方关系,导致重复讨论.第 20 题考查对基本公式的应用能力.①小题,平均得分 5.9 分,说明学生能较好地掌握该类题目,但在解法中有 $\dfrac{2}{3}$ 的学生受思维定势的影响,把条件化为"切"后求值,加大了运算量,没有认真地观察、分析就采用"代入消元",难以提高解题的效率和准确性.②小题,平均得分 5 分,主要失分在于:一是解题方法的选择,使用"代入消元"法后,不能进行下一步的运算.二是运算错误.第 21 题重在考查证明题的基本方法和运算能力,本题平均得分 9.1 分,主要失分原因在于方法的选择.部分学生没有认真地观察、分析,只是按照由繁到简的原则,把左边通分,这样不仅加大了运算量,而且很容易出现运算错误.第 22 题以韦达定理为载体,利用基本公式构造关于 $m$ 的方程即可解得 $m$ 的取值范围. 本题平均得分 8 分, 失分原因主要表现在如下三个方面: ①不能利用 $\sin\theta\cos\theta$ 与 $\sin\theta+\cos\theta$ 的关系构造关于 $m$ 的方程; ②忽视方程有两根的条件; ③运算错误.

(六) 学生自评与互评

1. 学生自评:

表一

| 姓名 | | 张淼 | 班级 | 高一(四)班 | 学号 | | 0407 | 总分 | 114 分 |
|---|---|---|---|---|---|---|---|---|---|
| 你认为本套测试题水平如何? | | | | 很好☑ | 一般□ | | 较差□ | | |
| 你认为好的题目 | | | | 3、5、8、12、15 | | | | | |
| 你认为不好的题目 | | | | 2、16 | | | | | |
| 你认为一般的题目 | | | | 4、6、9、11、10、17、19 | | | | | |
| 失分统计 | 题号 | 7 | 12 | 14 | 18 | 19 | 20 | 21 | 22 | 总计 |
| | 失分 | 5 | 5 | 4 | 2 | 2 | 4 | 12 | 2 | 36 分 |
| 错因分析 | 题号 | 错因分析 | | | | | | | |
| | 7 | 方法选择不当. 采用直接求解法, 运算出错. | | | | | | | |
| | 12 | 三角函数值与角的对应关系不清, 只考虑 $2A=2B$, 遗漏 $2A=\pi-2B$. | | | | | | | |
| | 14 | 不会做, 原因是找不到 $\tan\theta+\cot\theta=m$ 与 $\tan^2\theta+\cot^2\theta$ 的关系. | | | | | | | |
| | 18 | 没有注明半径 $r$ 的范围失 1 分, 没写结论失 1 分. | | | | | | | |
| | 19 | 遗漏 $\Delta\geq 0$ 这一条件失 2 分. | | | | | | | |
| | 20 | 方法不当, 由左边化右边时无法变形. | | | | | | | |
| | 21 | ②小题运算错误失 4 分. | | | | | | | |
| | 22 | 讨论时遗漏轴线角失 2 分. | | | | | | | |
| 经验与教训 | (1) 运算要认真扎实, 规范解题步骤, 减少不必要失分. (2) 要注意运算技巧的运用, 灵活解题, 节省时间. (3) 做题要考虑周全, 审题要严格, 力争做到做一个对一个. (4) 每做一道题, 多联想一下平时学过的东西, 从多角度考虑一下, 找出最佳方法. (5) 要把题目先看一遍然后按先易后难的次序作答; 要审清题意, 明确要求, 不漏做; 要仔细检查修改. | | | | | | | | |

| 表格中使用的 | | | | | | | | | |

(续表)

| | |
|---|---|
| 学习反思 | 　　平时要认真听课,注意记住老师强调的问题,认认真真地学好课本上的基础知识,不要好高骛远.公式定理要记熟,课本上的例题要多做几遍,力戒粗心大意的坏习惯.平时要注意积累一些计算技巧,提高运算速度,多做练习.学习过程中,要定时将重要知识进行温习,要加强知识之间的联系,在大脑中形成清晰的知识结构. |
| 对教师教学建议 | (1) 认真讲解每一个题,写出具体过程.<br>(2) 讲一些重点题目时要放慢速度.<br>(3) 抓基础知识,引导我们自己做,思考,讲方法、讲技巧.<br>(4) 要注意解题思路形成过程的教学. |

表二

| 姓名 | 马长升 | 班级 | 高一(四)班 | 学号 | 0429 | 总分 | 144 分 |
|---|---|---|---|---|---|---|---|
| 你认为本套测试题水平如何? | | | 很好☑ | 一般□ | 较差□ | | |
| 你认为好的题目 | | | 3、5、15 | | | | |
| 你认为不好的题目 | | | 2、8、16 | | | | |
| 你认为一般的题目 | | | 1、4、6、9、10、11、12、17、19 | | | | |

| 失分统计 | 题号 | 6 | 17 | | | | 总计 |
|---|---|---|---|---|---|---|---|
| | 失分 | 4 | 2 | | | | 6 分 |

| 错因分析 | 题号 | 错因分析 |
|---|---|---|
| | 6 | 粗心大意. |
| | 17 | 解题步骤不完整,缺步解答而失分. |

| | |
|---|---|
| 经验与教训 | (1) 解题一定要审好题,注意题目中的隐含条件.<br>(2) 平时练习时,要注意写好解题步骤,学会"挣分".<br>(3) 学习数学的最大敌人就是粗心. |
| 学习反思 | 　　在老师讲课时,认真听好自己在预习时不懂的问题.课后要进行有规律的复习,然后完成好课后作业.在空余时间多做些练习,更好地巩固所学知识. |
| 对教师教学建议 | (1) 课程不要上得太快.<br>(2) 要在讲完一个题后给我们总结点东西.在讲完某一题后,应尽量变着花样把此题改一下,如改动部分条件,看应如何作答. |

## 2.学生互评

| 评价学生 | 谭琳 | 学号 | 0409 | 分数 | 138 |
|---|---|---|---|---|---|
| 被评价学生 | 张彦晨 | 学号 | 0453 | 分数 | 110 |
| 优点 | (1) 做题时书写比较认真,字迹工整,步骤规范. <br> (2) 能够综合运用基础知识解决问题. <br> (3) 会灵活运用数形结合、化归等数学解题方法. ||||||
| 缺点 | (1) 有的题目考虑不够全面,粗心大意. <br> (2) 运算的速度和准确率有待进一步提高. ||||||
| 建议 | 平时学习要认真细致,改掉粗心大意的坏习惯,要学会独立思考.多做题,以求熟能生巧,融会贯通. ||||||

## 二、学生自评案例

(一) 高一某学生自评跟踪案例

说明:学生自我评价体现在学习的全过程之中,且评价方式灵活多样.该案例以某学生一个学期的评价操作程序(基本操作程序见附页)为例,展示了学生自主评价、自主达标的基本过程.

学期伊始,该同学依据"自主评价量表"(见附表一)制订的达标计划是:

(1)到本学期末能独立阅读新课内容,并能提出有价值的问题,学会分析问题.逐步尝试解决问题的不同方法.

(2)上课认真听讲,并积极地思考问题.

(3)认真完成作业,及时订正错误.

(4)及时反思所学内容,温故而知新.

为助其达成目标,学期开始下发"问卷调查表"(见附表二),并帮助其对答案进行统计分析、制定对策,作为基础情况,便于对比经过努力后的进步情况,有效制定下一步的努力方向.此次调查结果仅选取与学期目标相关的内容进行统计和分析(即针对制定的达标计划有目的地统计).具体如下所示.

1.问卷调查结果统计

| 题号 | 项目 | 选项 |
| --- | --- | --- |
| 18 | 预习 | A |
| 2 | 预习 | C |
| 3 | 复习 | B |
| 19 | 复习 | A、B |
| 10 | 复习 | B、D |
| 11 | 上课 | A |
| 16 | 上课 | B、C |
| 9 | 作业 | C、D |
| 14 | 作业 | C、D |
| 15 | 作业 | C、D、E |
| 13 | 复习与作业 | A、B |

2. 问卷调查结果分析

(1)对待预习

该生每天预习数学的时间为 10 分钟以下,并且进行浏览性预习,说明他对预习的目的性、重要性认识还不够到位,自觉性稍差.

对策

教师:构建在预习基础上的新的课堂教学模式,培养学生良好的预习习惯.

学生:强制自己按既定时间进行预习,并提出疑问或与其他同学交流预习所得.

(2)对待上课

该生满足于听(看)懂,习惯与左右同学商讨答案,有时要等待教师公布答案,说明他的独立思考能力和学习主动性还有待于进一步提高.

对策

教师:①创设良好的问题情境,引导学生发现并提出问题,通过归纳问题,筛选出接近该生"最近发展区"的问题,使其经过一定的努力能够得以解决,从而使他保持独立思考的兴趣.②为其独立思考留下充足的时间,以保持其对问题作出深入的思考后,再发表见解,促使其知识水平和思维能力同步发展.③尽量多给该生提供发表个人见解的机会.

学生:①逐步学会多种感官并用,参与学习活动.②主动积极地回答老师提出的问题.③积极地、逐步地学会思考,学习从多个角度思考问题、提出问题、解决问题.

(3)对待复习

该生平时只是浏览一下课堂笔记,也不进行系统复习,有时只是考前复习复习,也不经常和其他同学谈论数学问题.一方面说明该生对复习的重要作用认识不够,另一方面也可能是该生忙于完成作业,复习时间不够充裕.

对策

教师:①分类布置作业,避免布置机械重复性的作业,努力使其成为驾驭学习的主人.②有效控制作业时间,培养其独立思考的习惯.

学生:①制定复习计划并严格执行.②与优等生交流复习方法,并借鉴使用.③努力沟通前后知识之间的联系,使知识与方法形成网络,以求融会贯通.

(4)对待作业

该生一般满足于把作业做完,若作业中出现错误,一般等老师讲解后再订正,或者急于请教同学.作业是课堂学习的延伸,该生对此认识不够到位,因此订正错误的方式只是停留在对问题表面现象的认识上,订正过程缺乏深刻和理性的反思,难以形成自己的观点和元认知能力.

对策

教师:正确引导,找出错因,提出纠正和预防措施,培养其独立反思能力.

学生:①若作业出现错误,先要求自己独立思考,分析错因,尽量自己纠正错误.②逐步学会总结和反思的步骤与方法.

找出了存在的问题及原因,并制定出了相应的对策,引导该生继续努力,督促该生诚心合作.期中又下发问卷,分析反馈,针对不足,调整对策,助其进步.期末再次下发自评量表,分析总结,回扣目标,用描述性语言表述达标情况,本学期达标计划基本完成,并作为下学期努力的起点与基础.

(二) 附表一

学生数学学习过程自主评价量表

| 一级指标 | 二级指标 | 三级指标 | 自我评价 |
|---|---|---|---|
| 情感与态度 | 好奇心与求知欲 | 喜欢数学,对数学现象和数学问题有兴趣,能够主动求教,自主探索. | |
| | 意志力与自信心 | 反复琢磨,勇于探索,敢于质疑,大胆尝试,善于表达个人见解,有竞争意识,有成功体验. | |
| | 科学精神 | 刻苦钻研,实事求是,严谨细致,敢于挑战权威. | |
| 学习习惯 | 预习 | 能独立地阅读新课内容,提出疑问,并能搜集和整理相关信息,作好课前准备. | |
| | 听讲 | 听讲时精力集中,做到多种感官并用,能够积极地思考问题. | |
| | 研讨 | 在独立思考的基础上,能够积极参与讨论与交流,积极表达自己的意见,听取别人不同见解. | |
| | 复习 | 精读、归纳、总结、反思所学内容,并能认真、及时地完成作业. | |
| | 书写 | 认真、规范. | |
| 思维品质 | 条理性 | 有条理地表达自己的见解;解决问题的过程清楚,做事有计划. | |
| | 灵活性 | 能较为快捷地找到解决问题的思路,会从不同角度寻求解决问题的方法,会收集和处理相关数学信息. | |
| | 独创性 | 不盲从于书本上的现成答案与结论,能够大胆质疑、独立思考,善于发表新见解,提出新思想,并能用不同方法解决问题. | |
| 学习方法 | 勤思多练 | 勤于思考数学问题,并主动多做练习以巩固和掌握所学内容. | |
| | 归纳升华 | 学完每一单元或一阶段,能够对所学知识进行梳理总结,并会分析、综合、归纳,使知识形成网络. | |
| 总评 | | | |
| 说明 | | 1＝做得好;2＝做得较好;3＝做得一般;4＝做得不好,需继续努力. | |

（三）附表二

高中学生数学学习情况问卷调查表

1.你喜欢上数学课吗?

　　A.非常喜欢；　　B.喜欢；　　C.一般；　　D.不喜欢.

2.你每天课前预习数学的时间为

　　A.30分钟～60分钟；　　　　B.10分钟～30分钟；

C.10分钟以下； 　　　　D.不经常预习.

3.你是否经常和其他同学一起谈论数学问题?

　　A.经常； 　　　B.不经常； 　　　C.从不谈论.

4.你有记课堂笔记的习惯吗?

　　A.有； 　　　B.没有； 　　　C.有时记,有时不记.

5.你学习数学的动力是

　　A.兴趣爱好； 　　　　B.考上理想的大学；

　　C.有实用价值； 　　　　D.老师、家长管得严.

6.你喜欢你们的数学老师吗?

　　A.非常喜欢； 　　B.喜欢； 　　C.一般； 　　D.不喜欢.

7.你对自己目前的数学成绩满意吗?

　　A.非常满意； 　　B.满意； 　　C.不太满意； 　　D.不满意.

8.你目前的数学成绩是

　　A.优秀； 　　B.良好； 　　C.中等； 　　D.暂时落后.

9.你做数学作业的时间平均每天为

　　A.15分钟～30分钟； 　　　　B.30分钟～45分钟；

　　C.45分钟～60分钟； 　　　　D.60分钟以上.

10.学习完一节课(或一单元)之后,你能及时将所学内容进行复习吗?

　　A.自己能进行复习； 　　　　B.等待老师领着进行复习；

　　C.按老师的要求进行复习； 　　D.基本上不复习.

11.老师进行例题教学时,你目前的状况是

　　A.满足于听(看)懂； 　　　　B.经常揣摩老师是怎么想出来的；

　　C.经常想还有没有别的解法； 　　D.我努力思考,寻找它们的规律；

　　E.先自己思考,暂不理会别人的解法.

12.求解数学题的过程中,下列哪个因素对你的成功起决定作用?

　　A.老师讲过的类似例题； 　　　　B.解题目标的导向；

　　C.不断尝试与探索； 　　　　D.凭自己的感觉.

13.当你遇到难题而不得其解时,你常选择

A.等待老师讲解； B.不了了之； C.与同学讨论；

D.向老师求教； E.自己继续思考.

14.若你的试卷或作业中出现错误,你常选择

A.先独立订正,不会的再与同学讨论；

B.先独立订正,不会的再听老师讲评；

C.等待老师讲解后,再订正；

D.立即请教同学；

E.懒于订正.

15.当你在作业中遇到不会做的题时,你常选择

A.先独立思考,做不出就问同学； B.尽力通过自己的独立思考来完成；

C.先参考别人的答案,再完成作业； D.边做边对答案；

E.暂时放到一边,等待老师讲解.

16.数学课堂上,老师提出了问题,你常常

A.习惯独立思考； B.习惯与左右同学商讨；

C.等待教师公布答案； D.常常不能思考出问题的答案.

17.你认为学好数学主要靠

A.勤学苦练； B.独立思考；

C.优秀的数学教师； D.经常请教他人；

E.原有的数学基础.

18.你对预习所持的观点是

A.要进行浏览性预习； B.边预习边思考,带着问题听课；

C.要预习,有问题请教他人； D.没有必要预习.

19.你对课后复习所持的观点是

A.复习即是浏览一下课堂笔记； B.平时不必复习,考前必须复习；

C.边复习边理解,有疑难问他人； D.边复习边理解,并独立思考一些问题.

20.你每天(或某一时段)的数学学习有计划吗?

A.有计划,但执行得不太好；

B.有计划,在老师和家长的督促下能够较好地执行；

C.有计划,自己能持之以恒地执行;

D.没有计划.

21.请你试用一句话描述你学习数学的感受_____

(四) 附页一

学生数学学习自评操作程序

  1.学期开始,下发"学生数学学习过程自主评价量表"(见附表一),组织学生学习标准,制定本学期达标计划.再将"高中学生数学学习情况问卷调查表"(附表二)发给学生,要求他们根据自己的实际情况认真地、客观地进行选择.教师对下发问卷数、收回问卷数及学生对每一题的每一选择支的应答情况进行详细统计并进行分析,以充分了解个体与整体数学学习的情况,作为本学期的学习情况的基础.然后对照标准进行分析,找出学生在数学学习中存在的问题和原因,针对每个个体与整体的不同情况制定出切实可行的达标对策,帮助学生找准自己的努力方向,有的放矢地进行努力.

  2.每章或每单元结束后,可再次下发"高中学生数学学习情况问卷调查表",组织学生根据自己的努力情况实事求是地进行填写,通过汇总、对比与分析,再次找出自己的进步与不足,作为继续努力的起点,并重新修订目标,坚持不懈地奋斗下去,依次循环往复,不断提升自我.

  3.期末下发"学生数学学习过程自主评价量表",组织学生对照标准进行自评与互评,用描述性语言表述达标情况,作为下学期努力的基础.

  上述操作过程以目标为导向、以自评为调控、以发展为动力、以反思为保障,形成了注重过程,注重学生自设目标、自主评价、定期反思、自主达标的激励性动态评价运行机制,使学生不断自我完善、自主发展.

## 三、发展性成长记录案例

说明:本案例取自多名学生,具有一定的代表性,具有较高的借鉴价值.

  (一) 特殊值法解选择题案例

内容:结合平日的学习,试卷讲评所提供的材料,就选择题的解法总结自己的体会.

目标：①倡导学生积极主动学习，勇于探索、创新，使不同层次的学生都得到发展．②通过学生的成长记录，诊断学生对知识、方法的运用情况，思维的发展水平，进一步探索在解选择题方面的教学规律．③使学生养成反思学习的习惯．

**案例1**

特殊值法使我受益很大

以前，求解选择题，我的做法就是逐题按照题目给出的条件去计算，然后将所得结果与选项对照，选出对应项即可．有时，第一遍未找出对应答案，就再算一遍．很少去考虑用其他办法．最近，通过老师的讲评，我感到特殊值验证法很好，只要把四个选项逐一代入即可找出正确的答案．我尝试用了一下，效果不错．

如：函数 $y = \sin(2x + \dfrac{5}{2}\pi)$ 的图像的一条对称轴的方程是（  ）

(A) $x = -\dfrac{\pi}{2}$；　　(B) $x = -\dfrac{\pi}{4}$；　　(C) $x = \dfrac{\pi}{8}$；　　(D) $x = \dfrac{5}{4}\pi$．

只要将 $x$ 的值代入函数式，看是否取得最大或最小值即可．

学生自评：这种方法好，可以减少烦琐的运算，提高解题的速度．

教师点评：你的方法是自己对解题的感悟，这是非常好的开端．只要坚持不懈地努力，解决数学问题的能力会有很大提高．数学问题千变万化，解题方法灵活多样，就选择题中的特殊值法而言，应研究在什么样的条件下运用，特殊值的取值有什么特点．如逐一验证有时也用很多时间．

**案例2**

我的解题速度提高了

以前，考试解选择题，我用时基本都在30分钟多一点．经老师点拨，我掌握了几种特殊办法，结合教师指点的办法，通过研究不同的题目，我受到了很大的启发．结合具体题目，选用不同的方法，使我做选择题的速度快了，我相信再考试解选择题可以少用5分钟．如有的题目运算比较烦琐，但给出的选项有特点，就可以用特殊值法排除；有关函数、不等式的题目，通过作草图、估计推测等方法特别有效．

如：如果奇函数 $f(x)$ 在区间 $[3,7]$ 上是增函数，且最小值是5，那么 $f(x)$ 在区间 $[-7,-3]$ 上是

(A)增函数且最小值为 –5；　　(B)增函数且最大值为 –5；
(C)减函数且最小值为 –5；　　(D)减函数且最大值为 –5.

只要画出草图,就能立即找到答案.

**学生自评**：通过这些内容的学习,我悟出了好多的东西,上课只满足听懂老师的讲解是不够的,还要结合老师讲的东西,自己去找方法、研究规律.

**教师点评**：①你已经找到了学好数学的方法,那就是反思自己的学习过程,总结出适合自己特点的学习方法.相信只要你坚持不懈地努力下去,就会成为优秀的学生.②就你所写的内容看,你结合具体的题目,探讨出了可行的方法,体现了数学思想方法在解题中的应用.但数学知识联系紧密,随着学习的不断深入,知识的不断增加,还会遇到新问题,只要你及时地把它融入已有的方法中去,就能不断地提高.③对于解答题,往往有多种解法,除掌握基本解法外,还要注意探索简捷的解法,以优化自己的解题方法,提高思维水平.

（二）研究性课题案例记录

**内容**：结合"有关储蓄的计算"以学习小组为单位,到银行去了解相关利率问题,自己提出问题,并写出相关报告.

**目标**：①让学生了解数学知识来源于实践,又服务于社会；让学生关心身边的数学.②培养学生学习数学的兴趣.③培养学生的合作精神、创新意识和应用意识.

案例1

哪种存款方式更有利

根据老师的安排,我们小组六人进行了分工,由三人负责去附近的银行了解有关利率与储蓄问题.另外三人分工负责材料的整理,写出书面报告.

下面是我们小组去中国人民银行调查的整存整取的年利率表：

| 存期 | 一年 | 二年 | 三年 | 五年 |
|---|---|---|---|---|
| 利率(%) | 1.98 | 2.25 | 2.52 | 2.79 |

我们小组就提出的问题展开了激烈的讨论,最后提出了两个问题：①讨论五年中客户定期存款1万元,不同存期的利率.②若客户存1万元(定期五年),采用怎样的方式,能获得最大效益.最后,我们决定用问题②作为研究的对象.

方案一:1万元定期存五年的收益为1116元.

方案二:1万元存定期一年,一年到期取出后连本带息再存一年定期,直到存满五年为止.最后的收益为820.13元.

方案三:先存2年定期,到期后连本带息再存2年定期,最后再存一年定期,最后的收益为903.06元.

方案四:先存3年定期,到期后连本带息再存2年定期,最后的收益为986.57元.

比较上面的四种方案,如银行利率在一定时期内保持不变的话,客户手头有余钱又无用处,要想获得最大的效益,还是存长期的定期储蓄合算.

教师点评:①从上面的研究过程看,达到了研究性学习的目的,既体现了学生的探究意识又展现了学生的合作精神.②由于选材的局限性,研究的内容显得比较简单.如将问题进一步拓展,发挥的空间会更大.比如采访一些小学生家长,他们从小就给孩子搞教育储蓄,为日后孩子考上大学作准备.如家长采用零存整取的办法,从小学一年级开始为孩子储蓄上大学四年的费用四万元,应每月定期存多少元钱为宜.

案例2(学生习作)

我印象最深的一节课

今天上了一节习题课,我受益很大.这节课不仅使我学会了怎样解一个题,更重要的是学会了一种思维方法:类比——归纳——证明.题目给出如下.

例:求函数 $y = x + \dfrac{1}{x}$ 在区间 $[\dfrac{1}{2}, 4]$ 上的值域.

老师引导我们先猜想函数在 $(0, +\infty)$ 上的单调性,经过同学们的讨论,特殊值验证,将区间分为 $(0,1]$ 和 $[1, +\infty)$,然后我们用定义给出了证明.再结合函数的奇偶性,于是得出函数 $y = x + \dfrac{1}{x}$ 在区间 $(0,1]$ 和 $[-1,0)$ 上是减函数;在 $[1, +\infty)$ 和 $(-\infty, -1]$ 上为增函数.老师让有兴趣的同学课后练习:判断函数 $y = x + \dfrac{2}{x}$ 的单调性,并且能否把结论推广到更一般的形式?

课后,我对函数 $y = x + \dfrac{2}{x}$ 的单调性做了进一步的研究,得出的结论是:在区

间 $(0,\sqrt{2}]$ 和 $[-\sqrt{2},0)$ 上是减函数；在区间 $[\sqrt{2},+\infty)$ 和 $(-\infty,-\sqrt{2}]$ 上是增函数.
推广到一般形式：$y=x+\dfrac{a}{x}(a>0)$ 的单调性，在区间 $(0,\sqrt{a}]$ 和 $[-\sqrt{a},0)$ 上是减函数；在区间 $[\sqrt{a},+\infty)$ 和 $(-\infty,-\sqrt{a}]$ 上是增函数. 一般结论的得出比较简单，只要将以上的两个函数的单调区间作类比，找出一般性的结论即可.

通过对这个题目的研究，我觉得通过观察、类比，可以起到会一题，带一类题的作用. 这样做看起来多费了一点时间，少做了几道题，但收获确实很大.

教师点评：你的做法非常有意义，数学是思维的科学. 学习数学不仅要掌握基础知识、基本技能和基本的数学思想方法，更重要的是提高思维能力及个人思维的质量. 如果做题只是为了就题论题，而不去反思解题过程，就失去了做题的意义.

（三）单元小结案例

单元知识总结

内容：要求学生学完"平面向量"一章后，结合自己的具体情况，写出本章的知识小结.

目标：通过知识总结，让学生进一步梳理知识，以便形成自己的知识网络；通过查阅总结的内容了解学生对知识的理解水平.

案例

"平面向量"单元小结

1. 知识结构

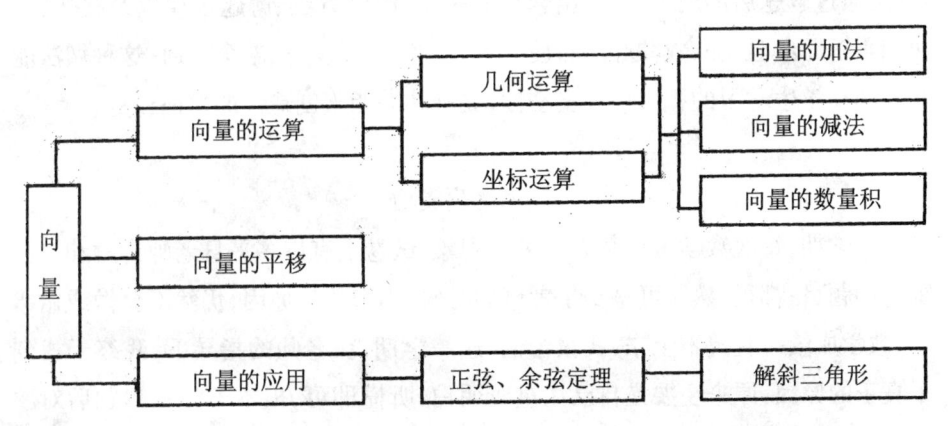

```
                            ┌─ 几何运算 ─┬─ 向量的加法
              ┌─ 向量的运算 ─┤            ├─ 向量的减法
              │              └─ 坐标运算 ─┴─ 向量的数量积
  向量 ───────┤
              ├─ 向量的平移
              │
              └─ 向量的应用 ── 正弦、余弦定理 ── 解斜三角形
```

2. 学习体会

(1)向量是既有大小又有方向的量.向量的几何运算比较抽象,解题的最好办法是画出图形,结合图形去求相关的量.而引入了向量的坐标表示后,向量的相关运算就容易多了,只要记住公式,就变成了代数运算.要想能进行准确的运算,首先是理解有关概念,掌握法则、运算律和定理.

(2)向量的应用非常广泛,应用它可以解决部分代数、平面几何及三角中的问题.如向量知识为我们解决平面几何问题提供了新的方法.其中证三点共线、两线垂直、平行,求两条直线的夹角等,利用向量知识解决就很容易了.

(3)向量的平移为函数图像的平移提供了理论依据.向量知识还为物理中的力的分解与合成提供了理论依据.

(4)在数学思想方法的应用上,我觉得数形结合的思想和转化的思想运用得比较多.

**教师点评:**这篇"平面向量"知识小结,写得很有特点,体现出了自己对这一章知识的理解.特别是本章知识与其他相关知识的联系写得好,这对于形成知识网络,提高综合运用知识解决问题的能力,很有帮助.希望今后继续加强这方面的学习,并推荐给其他同学,以相互交流、共同提高.

(四) 解题后的反思案例

**内容:**把老师讲过的和自己练过的典型题目整理总结,进行解题后的反思.

**目标:**通过解题后的反思,总结出题目的题型、解题方法、解题规律以及技巧,从而积累解题经验,提高解题能力,使知识与方法举一反三,融会贯通.这种做法能充分调动学生学习的积极性和主动性,促进其潜能与创造性的发挥.

**案例1**

反思助我成功

上学期,每次数学考试都有一种怪现象,试卷上有许多平日老师讲过和自己练过的题目,都很"熟",可是到了考试的时候,不知什么原因,仍然不会做或做错了,数学成绩一直提不上来.我很苦恼.这一学期,在老师的指导下,我终于找到了真正的原因.原来主要是自己注重听明白,听懂即可,根本不注重解题后对题目的反思,没有形成自己的解题经验,核心问题是还没有真正地学会思考.现在,

## 第十三章 教学评价实施案例

我已经养成主动反思的习惯,受益匪浅,我再也不用担心做过的题目不会做或做错了,数学成绩也逐步提上来了.例如,前段时间我曾反思过这样一道题目:

函数 $y = \sin x \cos x + \sin x + \cos x + 1$ 的值域是（　）

(A) $[0, +\infty)$；　　　　(B) $(0, +\infty)$；

(C) $[\frac{3}{2} - \sqrt{2}, \frac{3}{2} + \sqrt{2}]$；　　(D) $[0, \frac{3}{2} + \sqrt{2}]$.

反思:若"$\sin x \pm \cos x$"与"$\sin x \cdot \cos x$"在同一式子里同时出现,可以用换元法,只需令 $t = \sin x \pm \cos x$,用 $t$ 表示出"$\sin x \cos x$",则原函数化成关于 $t$ 的一元二次函数,从而求解.

几天后参加的期中考试又有这样的一道题目:

若 $a > 0$,求函数 $y = (a + \sin x)(a + \cos x)$ 的最大值.

当其他同学还在冥思苦想时,我联想到前面那道题的解法,仅用几分钟就把这道题解完了.考试后,听老师讲,我们班竟有一半的同学不会做.我体验到了成功的快乐,反思对我的学习帮助太大了.通过反思,我学会了求解多种类型的数学题,积累了一定的解题规律及技巧和比较丰富的解答数学题的经验,我再也不害怕数学考试了.

学生自评:反思的确是一种非常好的学习习惯,它让我尝到了成功的快乐.

教师点评:看到你的进步,我很高兴.这说明你已经掌握了学习数学的诀窍.我相信,只要你坚持不懈地努力,会有更大的进步.实际上,你定会把反思的习惯用到其他科目的学习中去,甚至可以把它用到生活中去,要记住"一个不断进步的人总是一个勤于反思的人".

**案例 2**

### 我是这样反思的

以前我对题目的反思,仅仅是"照着葫芦画瓢",把老师的解题过程一字不差地搬到典型题目本上,写得是很认真,也很规范,但效果不明显.最近,通过老师的指导才明白,这不是反思,只是机械地生搬硬套,没有经过大脑的思考,形不成自己的观点.要反思所做题目的题型、解法、技巧及规律,要一题多变,一题多解,融会贯通,真正做到"反思一题,学会一类",从而提高解决数学问题的能力.

如,有这样一题:(1)若 $A+B=\dfrac{\pi}{4}$,求证$(1+\tan A)(1+\tan B)=2$;(2)若已知 $A,B$ 都是锐角,且$(1+\tan A)(1+\tan B)=2$,求证 $A+B=\dfrac{\pi}{4}$.做了此题后,我有如下的反思.

1. 此题可用和角正切公式的变形公式:$\tan(A+B)\cdot(1-\tan A\tan B)=\tan A+\tan B$ 来解决.因而对于一个公式,不仅要会"正用"、"逆用",而且还要掌握其变形的应用.

2. 这道习题中(1)的题设和结论与(2)的题设和结论有"正逆"的感觉,但要特别注意的是(2)的条件加强了.当已知角的函数值求角时,应特别注意角的范围.

3. 将此题经过变形演化,则会出现下面相应的特色题.(拓展)

(1) $A+B=\dfrac{\pi}{4}$ 是 $(1+\tan A)(1+\tan B)=2$ 的 _____ 条件;

(2) $(1+\tan 21°)(1+\tan 22°)(1+\tan 23°)(1+\tan 24°)=$ _____;

(3) $(1-\tan 41°)(1-\tan 23°)(1+\tan 68°)(1+\tan 86°)=$ _____;

(4) $(1+\tan 1°)(1+\tan 2°)(1+\tan 3°)\cdots(1+\tan 44°)=$ _____.

**学生自评**:解题后的反思就是对题目的升华,这样的反思可使知识与方法前挂后连,融会贯通,真正提高解题能力.

**教师点评**:①你的这种解题后的反思方式做得很好,这证明你是一个善于动脑思考,勤于反思的学生.②对题目的反思是不能就题论题的,要总结到这类题目所涉及的知识与方法,以及做此题容易犯的错误,应注意的问题,等等,把题目学透、学会.③随着学习的深入,知识与方法的增加,你还会遇到新的问题,要把新知识、新方法不断融入到旧的知识和方法中,使它们成为一个体系,构建成知识网与方法网,这样才能更进一步提高分析问题与解决问题的能力.

(五) 学生考试记录案例

**内容**:对每学期的期中、期末考试情况,从各方面进行总结反省(学生认真填写学生考试成长反省表).

**目标**:①通过反省每次考试的得与失,培养学生独立学习、主动学习、自我评价与自我反思的习惯.②通过反省记录,诊断学生在数学答卷中存在的问题,确定在答题方面的指导策略.

**案例1**

**我会永远记住你(高一上学期期中考试成长反省表)**

1. 本次考试失分的主要原因

(1)应考心理:由于是高中入学来的第一次大型考试,不免有些紧张,因担心自己考不好,在考场上不能心平气和、沉着冷静地答题.

(2)答题速度与时间分配:由于初中养成了"快做题"的习惯,加上本次考试题目比较简单,所以做题速度太快,用了一个小时就完成了,时间分配不合理.

(3)审题:由于心浮气躁,有5道题没看清题意,就匆匆下笔解答,造成失误.如第2、7、10、14、20题,共扣去20分,多可惜!

(4)规范:由于很重视本次考试,所以书写认真、清楚、卷面整洁,步骤也较合理;但由于做题速度快,有几个细节没考虑全面,不细心、不规范.如第12、16两题,共扣去9分.

2. 本次考试我做得比较好的方面

书写认真清晰,卷面整洁,运算熟练准确.(以后继续保持.)

3. 我觉得自己已经得到改进的方面

运算方面,我原先觉得自己很聪明,只重列式,不重结果;所以每次考试因运算而失去不少分.这次考试前,经过老师的指导,我明白了,运算能力也是体现一名学生数学成绩好坏的一种标准,也能反映出水平的高低.以后算就要算对.所以本次考试我在运算方面特别细心,结果成功了,要继续保持.

4. 我有待改进的一些方面

以后要在考试心理、答题速度与时间分配、审题、规范等方面,进一步改进,提高自己的应考能力.

自我评价:这次期中考试是失败的,教训是惨痛的、深刻的.可以说,我还不适应高中数学学科的学习与考试.在今后的学习中,要重视解题训练,珍惜每套题的模拟机会,努力提高考试水平.

教师点评:这次考试的确不理想,但高兴的是,你已经找出了自己没有考好的原因.下一步,首先要加大学习数学的投入,不要浮躁,扎扎实实,把基础夯实.其次,考试时要心态平和,用心思考,稳扎稳答,追求完美.相信只要你肯努力,对症下药,一定会成功的.

**案例2**

我会成功的(高一上学期期末考试成长反省表)

1. 本次考试失分的主要原因

(1)应考心理:由于考前准备充分,自信心强;再者,吸取了上次期中考试的教训,本次考试心态很好,不是那么紧张,能比较沉着冷静地答卷.

(2)答题速度与时间分配:比平时有进步,但仍有超时间的趋势,时间分配前紧后松,并且有个别题目耗时太多.

(3)审题:理解题意、分析题意方面有进步.本次考试仅第3题理解不彻底,其余题还行,要继续加强.

(4)规范:书写认真清晰,卷面整洁,但由于个别题漏掉单位(第14题)或考虑不全面(第22题的分类讨论)而造成了失分.

(5)运算:基本没失误,但算起来有点慢.

2. 本次考试我做得比较好的方面

考试时心理素质还行,能冷静答卷;书写、卷面及运算方面仍做得不错,要继续保持和发扬.

3. 我觉得自己已经得到改进的方面

心理素质方面,审题方面都有不同程度改进,要坚持!

4. 我有待改进的一些方面

答题速度仍有点快,时间分配也不太合理,仍有审错题现象,规范方面做得不太好.所有这些都需进一步改进和提高.

自我评价:这次考试有了一点进步,但仍不尽如人意,总感觉自己的水平没有真正发挥出来.以后做题要养成严谨、细致的良好习惯,要主动积极地学习,多在平日的练习中提高自己的综合素质.

教师点评:首先对你这次期末考试取得的成绩表示祝贺,看到你的进步,我很高兴.没想到你在短短两个月的时间里,就克服了这么多的不良习惯与作法.我想要是没有顽强的毅力、持之以恒的决心和坚持不懈的努力,是不可能取得这么大的进步的.但你要清醒地认识到,你在平日学习和考试答卷过程中仍有许多不足,还需要下大气力改进和提高.要记住,"没有最好,只有更好."希望你通过更艰苦的努力,取得更辉煌的成绩.

(六)问题解决记录案例

内容:结合平日学习,就自己解题过程的体会,总结出规律.

目标:①让学生主动发现问题中知识点间的联系,总结对知识的体会,寻找解题的规律.②通过记录,提升学生灵活运用知识的能力,培养学生动手能力、数形结合思想的应用能力等.

案例1

### 动手的好处

以前,由于空间想像能力欠佳,我在立体几何的学习过程中困难重重.当老师给我们讲解了"我们的教室与立体几何"、"粉笔盒与立体几何"后,我深受启发:立体几何图形与我们生活中的实际物体联系异常密切.因而学习立体几何就要经常将立体几何图形与现实生活中的物体相对照,找出它在现实生活中相对应的几何体.若经常这样做,肯定会使我的空间思维更加清晰,空间想像能力越来越强.如正方体可联系粉笔盒,斜四棱柱可联系倾斜的一摞课本的外观形状等.

如:一个无盖正方体盒子的表面展开图如图,$A$、$B$、$C$ 为其上三点,则$\angle ABC =$ _____.我动手把图剪了下来,折叠成正方体.然后我发现$\angle ABC$ 实为由三个相同的正方形的对角线构成的一个正三角形的内角,故$\angle ABC = 60°$.

学生自评:别人都是通过想像把平面展开图恢复成正方体求解,我却动手剪了下来,我觉得更直观,有利于提高我的空间想像能力.

教师点评:做题方法相当灵活,弥补了你空间想像能力不足的遗憾,可以说是万无一失.数学题目有时比较抽象,多动手做一做、画一画,会收到意想不到的效果.

案例2

### 动手画图使我受益

以前,对于比较三角函数值的大小,我是手足无措,找不到合适的解题方法. 通过老师对三角函数图像的讲解,我受到启发;通过画各类三角函数的图像进行分析,我收到了不错的效果. 如求方程 $\sin x = \lg x$ 的解的个数,比较 $\sin x$ 与 $x$ 的大小等,可以用画图的方法分析.

如:若 $\dfrac{\pi}{4} < \theta < \dfrac{\pi}{2}$,则下列关系式中成立的是( )

(A) $\sin\theta > \cos\theta > \tan\theta$;　　　(B) $\cos\theta > \tan\theta > \sin\theta$;

(C) $\sin\theta > \tan\theta > \cos\theta$;　　　(D) $\tan\theta > \sin\theta > \cos\theta$.

只要在同一坐标中分别做出 $y = \sin\theta$、$y = \cos\theta$、$y = \tan\theta$,$\theta \in (\dfrac{\pi}{4}, \dfrac{\pi}{2})$ 的图像,大小关系就非常明显了.

**学生自评**:动手把多个函数的图像画到同一坐标系中,直观明了,使问题解答变得明白、易懂、快捷.

**教师点评**:①你已经领会了一种重要的数学思想——数形结合,并谈出了自己的体会,我认为你如此下去,数学成绩必有大幅度提高. ②数与形是数学研究中不可分割的两个方面,你通过动手、动脑,已有了一定的认识. 但并不是所有的函数都可借助图像分析,只有具体问题具体分析,多注意动脑总结规律,才能进一步提高自己的解题能力和思维水平.

**案例3**

一题多解,开阔了我的思路与眼界

**问题**:求证 $\sqrt{a^2 + b^2} + \sqrt{b^2 + c^2} + \sqrt{c^2 + a^2} \geqslant \sqrt{2}(a + b + c)$ $(a、b、c \in \mathbf{R})$.

**解法一**

**分析**:左面有根号,右面没有根号,考虑到把根号去掉,联想到用不等式 $\sqrt{\dfrac{a^2 + b^2}{2}} \geqslant \dfrac{a + b}{2}$ 去解.

**解**:$\because \sqrt{\dfrac{a^2 + b^2}{2}} \geqslant \dfrac{a + b}{2}$,$\sqrt{\dfrac{b^2 + c^2}{2}} \geqslant \dfrac{b + c}{2}$,$\sqrt{\dfrac{c^2 + a^2}{2}} \geqslant \dfrac{c + a}{2}$.

$\therefore \sqrt{\dfrac{a^2 + b^2}{2}} + \sqrt{\dfrac{b^2 + c^2}{2}} + \sqrt{\dfrac{c^2 + a^2}{2}} \geqslant (a + b + c)$.

$\therefore \sqrt{a^2 + b^2} + \sqrt{b^2 + c^2} + \sqrt{c^2 + a^2} \geqslant \sqrt{2}(a + b + c)$

**解法二**

分析:将 $\sqrt{a^2+b^2}$, $\sqrt{b^2+c^2}$, $\sqrt{c^2+a^2}$ 看作向量 $\vec{AB}$、$\vec{BC}$、$\vec{CA}$ 的模.

解:令 $\vec{AB}=(a,b)$, $\vec{BC}=(b,c)$, $\vec{CA}=(c,a)$,则

$$|\vec{AB}|=\sqrt{a^2+b^2}, |\vec{BC}|=\sqrt{b^2+c^2}, |\vec{CA}|=\sqrt{c^2+a^2}.$$

$$\because |\vec{AB}|+|\vec{BC}|+|\vec{CA}| \geq |\vec{AB}+\vec{BC}+\vec{CA}|,$$

$$\therefore \sqrt{a^2+b^2}+\sqrt{b^2+c^2}+\sqrt{c^2+a^2} \geq \sqrt{2}(a+b+c).$$

**解法三**

分析:将 $\sqrt{a^2+b^2}$, $\sqrt{b^2+c^2}$, $\sqrt{c^2+a^2}$ 分别视为三个直角三角形的斜边,构造如下的直角三角形.因折线 $A—D—C$ 的长度不小于直线段 $AC$ 的长度,故要证的结论成立.

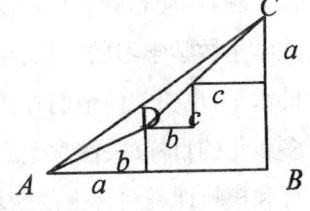

**学生自评**:一题多解的关键是对题中条件的正确联想,该题中的几种解法正是由于对 $\sqrt{a^2+b^2}$ 的几种联想而得来的,所以,读题——理解——联想是寻找解题思路的最有效的方法.

**教师点评**:①你已经对解题思路的形成过程进行了较为深入的思考,说明你的解题能力及独立思考能力有了较大的提高,老师为你的进步感到由衷的高兴.②正如你所体会到的对题中"条件"的"联想与构建"是形成解题思路的关键.望你在这方面多作些探讨,如怎样挖掘题中的隐含条件?联想与构建的常用方法有哪些?等等.

## 四、终结性评价案例

### (一) 终结性评价的涵义

终结性评价,有的学者称作事后评价.顾名思义,它是事后所进行的评价.所谓终结性评价,是指在活动后为判断其效果而进行的评价.一个单元、一个模块、一个学期、一个学年、一个学段的教学结束后对最终效果进行的评价,都可以说是终结性评价.实际上,终结性评价是一个相对概念,一个单元教学结束后的测验相对于这个单元来说是终结性评价,但相对于整个模块或整个学期的教学来

说,又发挥着形成性评价的功能.终结性评价,就某项活动而言,对其进行评价的时间应视活动结束的时间而定;时间尽管有长有短,但必须把握一点,终结性评价是对活动的最终效果所进行的评价.在本小节中,我们主要探讨的是针对模块教学结束后的学业评价案例.

数学新课程评价理念,要求建立发展性评价制度,实行学生学业成绩与成长记录相结合的综合评价方式.应根据目标多元、方式多样、注重过程的评价原则,综合运用观察、交流、测验、实际操作、作品展示、自评与互评等多种方式,为学生建立综合、动态的成长记录手册,全面反映学生的成长历程.终结性评价既要关注学生数学学习的结果,也要关注他们数学学习的过程;既要关注学生数学学习的水平,也要关注他们在数学活动中所表现出来的情感态度的变化.评价应建立多元化的目标,关注学生个性和潜能的发展.为此,终结性评价必须适应教育目标和模块课程目标上的变革,促进评价内容的多元化.除了关注"双基"的掌握情况,还要重视评价学生数学素养与潜能的发展.因此,新课程理念下的终结性评价不能简单地等同于学业测验,因为有些学业目标(如数学表达和交流的能力、合作能力、批判性的思维习惯、数学的理性精神)通过传统的纸笔测验是很难进行客观评价的,需要建立合理、科学的评价体系(如成长记录、表现性评价等).

(二) 形成性评价、成长记录在终结性评价中的应用

形成性评价、成长记录等在前面形成性评价案例中已进行了较详尽的论述,这里不再赘述.但在对学生终结性评价,尤其是对学生学分认定过程中,都应注重形成性评价、成长记录的功能、作用和权重.

(三) 表现性评价在终结性评价中的应用

表现性评价就是教师让学生在真实或模拟的生活情境中,运用先前所获得的知识解决某个新问题或创造某种新东西,以考查学生知识与技能的掌握程度,以及实践问题解决、交流合作和批判性思考等多种复杂能力的发展状况.概括地说,表现性评价就是让学生通过实际任务来表现学习目标掌握情况的评价方式.这里的学习目标包括三个方面:知识与技能,过程与方法,情感、态度与价值观.针对数学而言,可就某单元或某模块的具体内容为学生设计一些案例——如探究性学习、研究性学习或学习报告总结等,让学生去完成,有意识地应用表现性

评价来评价学生的学业成绩和综合素质.

(四)终结性评价与学分认定设想

根据上述终结性评价的涵义和新课程理念精神,应建立终结性评价和形成性评价有机结合的评价体系,注重成长记录、表现性评价等在终结性评价中的应用.为此,终结性评价应包含终结性评价学业测验、形成性学业测验、成长记录、表现性评价等多个方面的评价.各学校应根据新课程理念精神和实际,制定出有利于学生发展和教师提高的科学评价体系,这里仅提出一种设想供读者参考.

首先,按下列公式计算出每名学生的终结性学业测验分数(以模块为例).

终结性学业测验分数=模块学业测验分数×60%+(第一次形成性学业测验分数+…+第 $n$ 次形成性学业测验分数)÷$n$×40%.

第二,据此分数,按一定比例(如90%),多少分以上(因考虑到测试题的难度、效度、信度等因素)者定为合格.

第三,合格的学生再根据他的成长记录、表现性评价,定出 A、B、C、D 四个等级.不合格的学生如果他的成长记录、表现性评价等方面表现特别突出者,也可直接定出 A、B、C、D 四个等级.否则,可给予补考的机会再确定等级.

第四,据第三,凡是 C 等以上的学生可进行学分认定,获得本模块的相应学分.

等级评定和学分认定是发展性学生评价工作的组成部分,为了促进学生全面而有个性地发展,对学生终结性评价等级认定后,应给予被评价为 D 级的学生进行补考的机会,提出存在的问题和努力的方向,实施二次评价.

(五)终结性评价案例

必修模块数学 4 评价案例

一、选择题(每小题 3 分,共 30 分,正确答案惟一.)

1. $-1755°$是( )

  A.第一象限角;      B.第二象限角;

  C.第三象限角;      D.第四象限角.

2. 已知 $\cos\alpha=-\dfrac{\sqrt{3}}{2}$,且 $\alpha$ 的终边经过点 $P(m,2)$,则点 $P$ 的横坐标 $m$ 等于( )

A. $2\sqrt{3}$;      B. $\pm 2\sqrt{3}$;      C. $-2\sqrt{2}$;      D. $-2\sqrt{3}$.

3. 已知 $\tan(\alpha+\beta)=\dfrac{2}{5}$，$\tan(\beta-\dfrac{\pi}{4})=\dfrac{1}{4}$，则 $\tan(\alpha+\dfrac{\pi}{4})$ 的值是（ ）

    A. $\dfrac{13}{18}$;      B. $\dfrac{3}{22}$;      C. $\dfrac{13}{22}$;      D. $\dfrac{3}{18}$.

4. 设 $e_1$、$e_2$ 是互相垂直的单位向量，且 $a=2e_1+3e_2$，$b=ke_1-4e_2$，若 $a\perp b$，则实数 $k$ 的值为（ ）

    A. $-6$;      B. $6$;      C. $3$;      D. $-3$.

5. 设函数 $f(x)=\sin(\omega x+\varphi)\cos(\omega x+\varphi)$ $(\omega>0)$ 的最小正周期是 $2$，且当 $x=2$ 时取最大值，则 $\varphi$ 的一个值是（ ）

    A. $\dfrac{7\pi}{6}$;      B. $-\dfrac{5\pi}{4}$;      C. $\dfrac{\pi}{2}$;      D. $-\dfrac{3\pi}{4}$.

6. 要得到函数 $y=\sin 2x$ 的图像，只需将 $y=\sin(2x+\dfrac{\pi}{3})$ 的图像（ ）

    A. 向左平移 $\dfrac{\pi}{3}$ 个单位；      B. 向右平移 $\dfrac{\pi}{3}$ 个单位；

    C. 向左平移 $\dfrac{\pi}{6}$ 个单位；      D. 向右平移 $\dfrac{\pi}{6}$ 个单位.

7. 若 $\alpha\in(\dfrac{\pi}{4},\dfrac{\pi}{2})$，则 $\sin\alpha$、$\cos\alpha$、$\tan\alpha$ 的大小顺序是（ ）

    A. $\sin\alpha<\cos\alpha<\tan\alpha$;      B. $\cos\alpha<\sin\alpha<\tan\alpha$;

    C. $\tan\alpha<\sin\alpha<\cos\alpha$;      D. $\cos\alpha<\tan\alpha<\sin\alpha$.

8. 函数 $y=-\dfrac{2}{3}\cos x$，$x\in[0,2\pi]$ 上的单调性是（ ）

    A. 在 $[0,\pi]$ 上是增函数，在 $[\pi,2\pi]$ 上是减函数；

    B. 在 $[\dfrac{\pi}{2},\dfrac{3\pi}{2}]$ 上是增函数，在 $[0,\pi]$ 上是减函数；

    C. 在 $[\pi,2\pi]$ 上是增函数，在 $[0,\pi]$ 上是减函数；

    D. 在 $[\dfrac{3\pi}{2},2\pi]$，$[0,\dfrac{\pi}{2}]$ 上是增函数，在 $[\dfrac{\pi}{2},\dfrac{3\pi}{2}]$ 上是减函数.

9. 若 $a=(\dfrac{3}{2},\sin\alpha)$，$b=(\cos\alpha,\dfrac{1}{3})$ 且 $a\parallel b$，则锐角 $\alpha$ 为（ ）

    A. $30°$;      B. $60°$;      C. $45°$;      D. $75°$.

10. $O$ 是平面上一定点，$A$、$B$、$C$ 是平面上不共线的三点，动点 $P$ 满足 $\overrightarrow{OP}=\overrightarrow{OA}+$

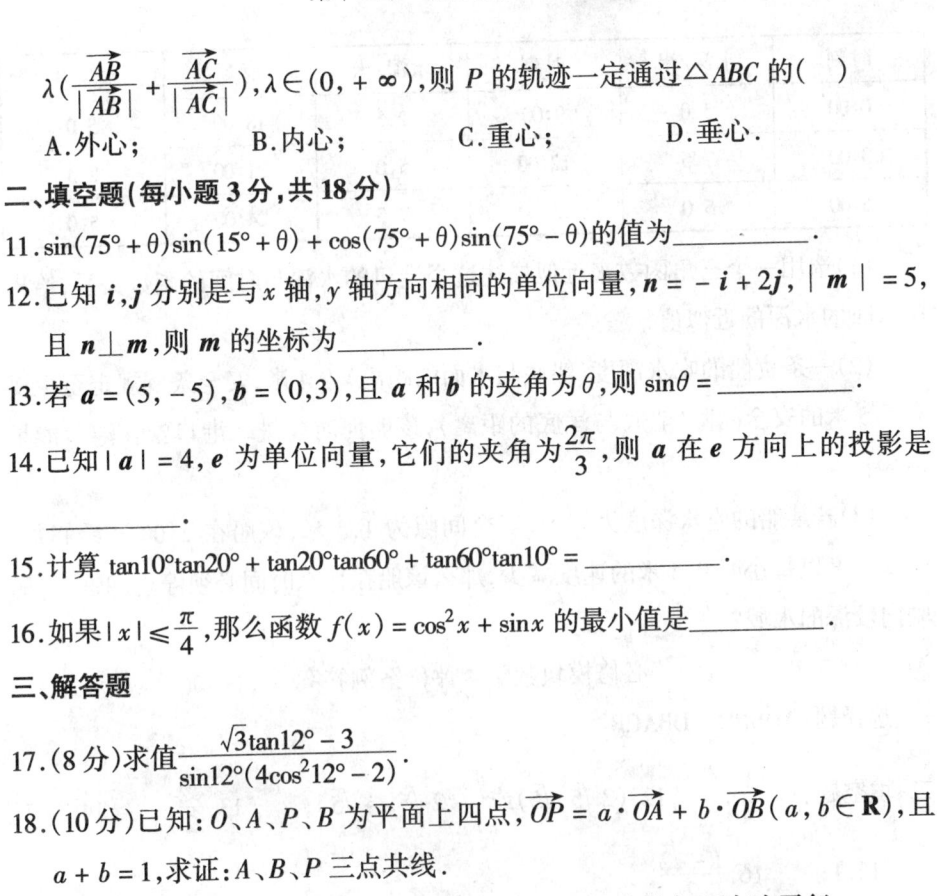

$\lambda(\dfrac{\overrightarrow{AB}}{|\overrightarrow{AB}|}+\dfrac{\overrightarrow{AC}}{|\overrightarrow{AC}|})$, $\lambda\in(0,+\infty)$, 则 $P$ 的轨迹一定通过 $\triangle ABC$ 的( )

A.外心； B.内心； C.重心； D.垂心．

## 二、填空题(每小题3分,共18分)

11. $\sin(75°+\theta)\sin(15°+\theta)+\cos(75°+\theta)\sin(75°-\theta)$ 的值为_____．

12. 已知 $i$, $j$ 分别是与 $x$ 轴, $y$ 轴方向相同的单位向量, $n=-i+2j$, $|m|=5$, 且 $n\perp m$, 则 $m$ 的坐标为_____．

13. 若 $a=(5,-5)$, $b=(0,3)$, 且 $a$ 和 $b$ 的夹角为 $\theta$, 则 $\sin\theta=$_____．

14. 已知 $|a|=4$, $e$ 为单位向量, 它们的夹角为 $\dfrac{2\pi}{3}$, 则 $a$ 在 $e$ 方向上的投影是_____．

15. 计算 $\tan10°\tan20°+\tan20°\tan60°+\tan60°\tan10°=$_____．

16. 如果 $|x|\leq\dfrac{\pi}{4}$, 那么函数 $f(x)=\cos^2 x+\sin x$ 的最小值是_____．

## 三、解答题

17. (8分)求值 $\dfrac{\sqrt{3}\tan12°-3}{\sin12°(4\cos^2 12°-2)}$．

18. (10分)已知: $O$、$A$、$P$、$B$ 为平面上四点, $\overrightarrow{OP}=a\cdot\overrightarrow{OA}+b\cdot\overrightarrow{OB}$ ($a,b\in\mathbf{R}$), 且 $a+b=1$, 求证: $A$、$B$、$P$ 三点共线．

19. (12分)用向量的知识证明:梯形两对角线中点的连线与两底边平行．

20. (10分)单摆从某点开始来回摆动,离开平衡位置的距离 $S$(厘米)和时间 $t$(秒)的函数关系为 $S=6\sin(2\pi\cdot t+\dfrac{\pi}{6})$．

(1)作出该函数在长度为一个周期的闭区间上的图像;

(2)单摆开始摆动时,离开平衡位置多少厘米?

(3)单摆摆动到最右边时,离开平衡位置多少厘米?

(4)单摆来回摆动一次需要多少时间?

21. (12分)海水受日月的引力,在一定的时候发生涨落的现象叫潮,一般地早潮叫潮,晚潮叫汐.在通常情况下,船在涨潮时驶进航道,靠近船坞,卸货后落潮时返回海洋.下面是某港口在某季节每天的时间与水深关系表:

| 时刻 | 水深/米 | 时刻 | 水深/米 | 时刻 | 水深/米 |
|---|---|---|---|---|---|
| 0:00 | 5.0 | 9:00 | 2.5 | 18:00 | 5.0 |
| 3:00 | 7.5 | 12:00 | 5.0 | 21:00 | 2.5 |
| 6:00 | 5.0 | 15:00 | 7.5 | 24:00 | 5.0 |

(1)选用一个三角函数来近似描述这个港口的水深与时间的函数关系,给出整点时的水深的近似值.

(2)一条货船的吃水深度(船底与水面的距离)为4米,安全条例规定至少要有1.5米的安全间隙(船底与洋底的距离),该船何时能进入港口?在港口能呆多久?

(3)若某船的吃水深度为4米,安全间隙为1.5米,该船在2:00开始卸货,吃水深度以每小时0.3米的速度减少,那么该船在什么时间必须停止卸货,将船驶向较深的水域?

### 必修模块数学4评价案例答案

一、选择题:ADBBD DBACB

二、填空题:11. $\dfrac{1}{2}$; 12. $(2\sqrt{5}, \sqrt{5})$ 或 $(-2\sqrt{5}, -\sqrt{5})$; 13. $\dfrac{\sqrt{2}}{2}$; 14. $-2$;

15. 1; 16. $\dfrac{1-\sqrt{2}}{2}$.

三、解答题:

17. 解:原式 $= \dfrac{\sqrt{3}\left(\dfrac{\sin 12°}{\cos 12°} - \sqrt{3}\right)}{2\sin 12°\cos 24°} = \dfrac{\sqrt{3}(\sin 12° - \sqrt{3}\cos 12°)}{2\sin 12°\cos 12°\cos 24°}$

$= \dfrac{4\sqrt{3}\left(\dfrac{1}{2}\sin 12° - \dfrac{\sqrt{3}}{2}\cos 12°\right)}{\sin 48°}$

$= \dfrac{4\sqrt{3}\sin(12° - 60°)}{\sin 48°} = -4\sqrt{3}$.

18. 证明:∵ $a + b = 1$, ∴ $b = 1 - a$.

∴ $\overrightarrow{OP} = a \times \overrightarrow{OA} + b \times \overrightarrow{OB} = a \times \overrightarrow{OA} + (1-a) \times \overrightarrow{OB}$

$= a \times \overrightarrow{OA} + \overrightarrow{OB} - a \times \overrightarrow{OB}$.

$\therefore \overrightarrow{OP} - \overrightarrow{OB} = a(\overrightarrow{OA} - \overrightarrow{OB}). \therefore \overrightarrow{BP} = a \times \overrightarrow{BA}.$

$\because a \in R, \therefore \overrightarrow{BP} // \overrightarrow{BA}. \therefore A、B、P 三点共线.$

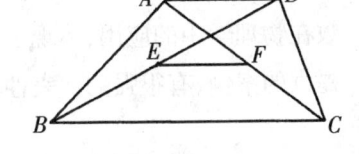

19. 解:如图,设 $\overrightarrow{AB} = \boldsymbol{a}, \overrightarrow{AD} = \boldsymbol{b}, \because AD // BC,$

$\therefore \overrightarrow{BC} = \lambda \overrightarrow{AD} = \lambda \boldsymbol{b}, \because E$ 为 $BD$ 中点,

$\therefore \overrightarrow{BE} = \frac{1}{2}\overrightarrow{BD} = \frac{1}{2}(\boldsymbol{b} - \boldsymbol{a}),$

又 $F$ 为 $AC$ 中点, $\therefore \overrightarrow{BF} = \frac{1}{2}(\overrightarrow{BA} + \overrightarrow{BC}) = (\lambda \boldsymbol{b} - \boldsymbol{a}).$

$\therefore \overrightarrow{EF} = \overrightarrow{BF} - \overrightarrow{BE} = \frac{1}{2}(\lambda \boldsymbol{b} - \boldsymbol{a}) - \frac{1}{2}(\boldsymbol{b} - \boldsymbol{a}) = (\frac{1}{2}\lambda - \frac{1}{2})\boldsymbol{b}.$

$\therefore \overrightarrow{EF} = (\frac{1}{2}\lambda - \frac{1}{2}) \cdot \frac{1}{\lambda} \cdot \overrightarrow{BC}, \therefore EF // BC.$

20. 解:(1)图略.

(2) 当 $t = 0$ 时, $S = 6\sin\frac{\pi}{6} = 6 \times \frac{1}{2} = 3,$

即单摆开始摆动时离开平衡位置 3 厘米.

(3) $\because S = 6\sin(2\pi \cdot t + \frac{\pi}{6})$ 的振幅为 6,

$\therefore$ 单摆摆动到最右边时,离开平衡位置 6 厘米.

(4) $\because S = 6\sin(2\pi \cdot t + \frac{\pi}{6})$ 的周期为 1,

$\therefore$ 单摆来回摆动一次需要 1 秒钟.

21. 解:略.

重点内容点评:

　　必修模块数学 4 与全日制普通高级中学教科书(必修)内容比较变化不大. 其中三角函数内容,诱导公式仅要求 $\frac{\pi}{2} \pm \alpha$、$\pi \pm \alpha$ 的正弦、余弦、正切;正弦、余弦函数的性质仅要求在 $[0, 2\pi]$ 上的理解;正切函数的性质仅要求在 $(-\frac{\pi}{2}, \frac{\pi}{2})$ 上的理解;同角的三角函数关系式去掉了倒数关系 $\tan\alpha \cot\alpha = 1.$ 更加重视了学科之间的联系和结合的内容. 平面向量增加了平面向量的正交分解及其坐标表示,向量在平面几何问题、力学问题与其他一些实际问题中的应用,删去了线段定比分点、平移等内容,其他内容基本上没有变化. 三角恒等变换内容要求与原新课程相同,惟一有变化的是用向量的数量积推导出两角差的余弦公式,进一步体会向量方法的作用,强调了向量的"工具"作用.

  本测试题 19 体现了向量知识在平面几何中的应用.试题 20 体现了三角函数在物理学中的应用,体现了学科之间的联系和综合.试题 21 是《课程标准》中提供的案例,有很强的代表性,体现了数学应用意识和数学建模活动.

# 后　记

　　高中课程方案体现了全新的课程理念．新的课程理念如不能体现于课堂，转化为教师的教学行为，课程改革就不可能成功．让新理念走进课堂，促成教和学的方式的转变，是一项更加富有创造性的艰巨任务．让新课程理念走进课堂的关键之一是对教师的培训和指导．这种培训和指导不仅仅要使教师认同、接受新理念，更重要的是帮助他们感悟新理念，这就要学习理论，研究案例，亲身实践．通过学习、研究和实践，不断了解新课程是什么、为什么、怎么做，从而真正感受新理念的魅力，展现新课程的价值．为此，我们编写了这样一本指导教师实施高中数学新课程的培训用书，以期对教师有所助益．

　　本书的撰写分工如下：

　　理念篇

　　第一章新课程理念(朱恒杰)；第二章新课程培养目标(张玉起)；第三章新课程内容要求(张玉起)；第四章新课程倡导的教学方式(杨本春)；第五章新课程的教学评价观(艾志刚)；第六章新课程与教师专业发展(艾志刚)．

　　探索篇

　　第七章新课程的数学教学方法探讨(田明泉)；第八章新课程的数学教学设计框架(田明泉)；第九章新课程的教学实施，一、数学双基教学(秦玉波、何锡冰、牟善彬、接迎)，二、数学探究教学(秦玉波、何锡冰、牟善彬、接迎)，三、数学建模教学(傅海伦)，四、数学文化教学(傅海伦)，五、运用信息技术教学(傅海伦)，六、情感态度的培养(秦玉波、何锡冰、牟善彬、接迎)，七、学习策略的培养(傅海伦、刘坦)；第十章新课程教学评价方式(尹玉柱、张颉、张合钦、李明照)；第十一章教师专业发展的模式(傅海伦)．

　　案例篇

第十二章教学设计与案例(于善胜、王强);第十三章教学评价实施案例(尹玉柱、张颉、张合钦、李明照、黄继芳、王树臣).

本书的结构提纲和最后的统稿工作由韩际清、田明泉完成.

由于时间仓促,不妥之处在所难免,我们非常乐意倾听广大读者及同行的批评指正,以使我们进一步地加深对新课程的理解.

编　者

2006年6月于泉城

# 参 考 文 献

1. 中华人民共和国教育部制订.《普通高中数学课程标准(实验)》.人民教育出版社.2003年4月第1版

2. 教育部基础教育司、数学课程标准研制组.《全日制义务教育数学课程标准(实验稿)解读》.北京师范大学出版社.2002年5月第1版

3. 叶尧城.《高中数学课程标准教师读本》.华中师范大学出版社.2003年9月第1版

4. 史绍典编著.《高中课程方案教师读本》.华中师范大学出版社.2003

5. 徐玉珍著.《校本课程开发的理论与案例》.人民教育出版社.2003

6. 靳玉乐著.《新课程改革的理论与创新》.人民教育出版社.2003

7. 任长松著.《新课程学习方式的变革》.人民教育出版社.2003

8. 丁朝蓬著.《新课程评价的理论与方法》.人民教育出版社.2003

9. 黄甫全著.《新课程中的教师角色与教师培训》.人民教育出版社.2003

10. 马忠林编.《数学学习论》.广西教育出版社.2001

11. 傅海伦著.《数学教育发展概论》.科学出版社.2001

12. 黄立俊、方水清.增强应用意识,培养建模能力.《中学数学》.1985年第5期

13. 单文海等.中学课程如何进行数学建模.《数学教学》.1997年第2期

14. 王梓坤.今日数学及其应用.《数学通报》.1989年第2期

15. 丁石孙.《数学·我们·数学》丛书,前言.湖南教育出版社.1990

16. 董奇主编.《教学中的测验与评价》.中国轻工业出版社.2003

17. 陈闻晋、薛玉刚.教育评价中的伦理问题研究.《中国教育学刊》.2004年第3期

18. 刘志军. 教育评价的反思和建构.《教育研究》.2004 年第 2 期

19. 邵光华、王建磐. 教师专业发展取向的观课活动.《教育研究》.2003 年第 9 期

20. 刘明远. 教师专业发展的制度构想.《人民教育》.2003 年第 9 期

21. 王彦波、孙德芳. 行动研究：教师专业发展的国际视野.《中小学教师培训》.2004 年第 2 期

22. 殷赪宇. 校本培训与教师专业发展问题相关分析.《中小学教师培训》.2004 年第 3 期

23. 钱佩玲. 如何认识数学教学的本质.《中学数学教与学》.2004 年第 3 期

24. 王家正、杨世国、李 伟、郭世平、朱广化. 新课程理念与数学教学实践.《中学数学教与学》.2004 年第 3 期

25. 张奠宙、李士锜. 数学"双基教学"研讨的学术综述.《中学数学教学参考》.2003 年第 1~2 期

26. 张奠宙、邵光华. "双基"数学教学论纲.《数学教学》.2004 年第 2 期

27. 王晓东. 计算机辅助数学教学的体会与思考.《中学数学教与学》.2004 年第 3 期

28. 卢家楣. 心理学. 上海人民出版社.1998

29. 卢家楣. 教学内容的情感性处理策略.《教育研究》.2002 年第 12 期

30. 石志群. 浅议数学课堂人文气息的营造.《中学数学》.2003 年第 8 期

31. 许兴华. 对数学美育的初步认识与实践.《数学通报》.2001 年第 12 期

32. 王 敏. 我国当代教学观的反思与重建.《课程·教材·教法》.2003 年第 5 期

33. 杨开城、李文光. 教学设计理论的新框架.《中国电化教育》.2001 年第 6 期

34. 朱德全. 数学新课程标准与主题式教学设计.《课程·教材·教法》.2002 年第 12 期

35. 王策三.《教学论稿》. 人民教育出版社.1985

36. 肖 川. 新课程与学习方式变革. 中国教育报.2002.6.1

37. 余胜泉、何克抗. 基于 Internet 的教学系统. 全国现代远程教育资源建设第一期研讨班讲义

38. 普通高中课程标准实验教科书·数学(A 版). 人民教育出版社. 2004

39. 普通高中课程标准实验教科书·数学(B 版). 人民教育出版社. 2004